JN176326

エリア・スタディーズ
48
バルカンを知るための66章
【第2版】
柴　宜弘（編著）
明石書店

はじめに

日本の面積の二倍ほどしかないバルカン半島には、現在、9カ国がひしめき合っている。1991年から92年にかけて、旧ユーゴスラヴィア連邦が解体した結果、それまでの5カ国からいっきに9カ国に増加した。セルビア・モンテネグロはここ1、2年のうちにセルビアとモンテネグロに分離し、さらにセルビアからコソヴォが独立しかねない情勢にあるので、バルカン半島の国の数はまだ増えることになるかもしれない。2004年にEUの大幅な東方拡大が実現し、ヨーロッパの統合過程が大きく進展していることを考えると、ヨーロッパの一地域にもかかわらず、バルカンでは状況が大きく異なっていることがわかる。ボスニア・ヘルツェゴヴィナ、クロアチア、マケドニア、スロヴェニアの4カ国は、旧ユーゴスラヴィアの解体にともなって建国された新しい国家なのである。

このような地域にあって、本書が対象とするのは現在の国でいえば巻頭の各国データにある9カ国のうち、北西部に位置するスロヴェニアを除く8カ国である。バルカンとは歴史的にビザンツ帝国とオスマン帝国に支配された地域と考えるので、神聖ローマ帝国の支配下に長く置かれたスロヴェニアはこの地域に含まれない。しかし、バルカンと密接な関係を持つスロヴェニアについては必要に応じて言及されることになる。

9部から構成されている目次を見るとわかるとおり、本書はバルカンにある現在の8カ国を一国ずつ知るための体裁をとっていない。19世紀以降、現在までに建国されたバルカン諸国を個別に知ることは重要ではあるが、近代の産物である国民国家の国境に捕らわれすぎてしまうと各国の個別性ばかりに目が向いてしまい、バルカン地域に共通するものが見えなくなる危険性があるからだ。そこで、本書を編集する際の方針として①国別のトピックスの束にしないこと、②地域としてのバルカンに共通する面を積極的に描くこと、③比較の視点を重視することの3点をあげ、これらのことを執筆者全員の共通事項として確認することにした。特に、第Ⅰ部の「歴史から」、第Ⅱ部の「都市めぐり」、第Ⅲ部の「民族を超える、国を超える」ではこれらの点を十分に考慮して執筆していただいたが、それが成功しているかどうかは読者の判断に委ねたいと思う。

１９９０年代から現在もまだ続く、一連の旧ユーゴスラヴィア紛争と関連してバルカンに対する一般的な関心は飛躍的に高まったが、バルカンに対するイメージは決して好ましいものではなかった。紛争が一段落してしまうと、バルカンへの関心は潮が引くように薄まり、好ましくないイメージだけが残ってしまった。今こそ、バルカンは紛争地域といったステレオタイプな見方を考え直してみる絶好の機会のように思われる。本書を通じて、国民国家の枠を超えたバルカンという地域の特徴や面白さを読み取ってもらえると幸いである。

執筆者には新進気鋭の研究者に多数加わってもらったが、いずれも豊富な現地体験を持っているだけでなく、バルカン諸国の現地語を駆使してそれぞれの国の事情にも精通している。わが国において、ようやくバルカン地域研究を共同で進めてゆける条件がそろいつつある。本書がこれからバルカン地域研究を志そうとする若い人たちに知的刺激を与え、バルカン地域研究がさらに進展することを願ってやまない。それだけでなく、バルカン諸国を訪れてみようと考えている人たちのガイドブックとして読まれることがあれば、これに勝る喜びはない。

本書の執筆者は29名にも及んだため、刊行が当初の予定を大幅に遅れてしまった。この間、2年以上も前に原稿をいただいた執筆者には多大な迷惑をかけてしまった。その一人に川又一英さんがいた。川又さんは本書の刊行を待たずに2004年10月16日、59歳の若さで逝去された。写真の選定と校正には奥様が当たられたと聞いている。改めて、川又さんのご冥福をお祈りする。

最後に、各章の理解を図る上で必要と思われる写真や地図をできるだけ多く挿入するよう努めた。その際、執筆者の一人であるみやこうせいさんからは、バルカンの各地で撮影された貴重な写真を数多く提供していただいた。この場をお借りしてお礼を申し上げる。本書の企画を立ち上げてくださった明石書店取締役の大江道雅氏、そして若いパワーと緻密さをもって精力的に編集作業に取り組んでくださった編集部の今井芳樹氏に心から感謝を申し上げたい。

2005年3月4日　春雪の舞う松戸で

柴　宜弘

初版が出版されてから5年以上が経過した。この間、旧ユーゴ諸国では政治的な変化が生じたため、第三刷の出版に際して、可能な限り新たな情報を盛り込むよう心がけた。

なお、執筆者の一人で、バルカン文化史研究の先駆者、田中一生さんが2009年3月9日逝去された。心からご冥福をお祈りする。

柴　宜弘

『バルカンを知るための66章【第2版】』はじめに

本書の初版の刊行から10年が経過した。初版の出版に際して、編者が試みたのはバルカンを国民国家の国境にとらわれず、地域としてその共通性を積極的に描きだしてみることだった。しかし現実には、２００６年にモンテネグロがセルビア・モンテネグロから独立し、２００８年にはコソヴォ自治州がセルビアから独立した。この結果、バルカン諸国の数は11カ国になった。いまだに国民国家が増大するというバルカンの流動的な状況にあって、地域の共通性に目を向け、相互の協力関係を築こうとする動きが、現地では必ずしも大きいとは言えない。

一方、この10年間で、バルカン諸国、特に「西バルカン」諸国もヨーロッパ統合過程に深く関与するようになった。ＮＡＴＯとの関係では、クロアチアとアルバニアが２００９年に加盟し、２０１６年夏にはモンテネグロの加盟が予定されている、ＥＵとの関係では、２００７年のブルガリアとルーマニアについで、２０１３年にクロアチアが加盟し、モンテネグロとセルビアが加盟交渉を続けている。「西バルカン」諸国は最後になってしまったが、ＥＵやＮＡＴＯへの加盟を通じ、ヨーロッパの一員として近隣諸国相互の友好関係を保持せざるを得ない。同時に、ヨーロッパの中でバルカン地域の共通性を改めて考えてみる必要性にも直面するだろう。

本書は変貌するバルカン地域の動向を踏まえ、今後を展望しながら、現在バルカン諸国が共通にかかえるヨーロッパの難民問題に関する1章を新たに設け、66章とした。コラム「バルカンの映画」を新設し、コラム「20年目を迎えるリュブリャナ大学の日本研究」を全面的に改訂した。そのほか、最近のこの地域の変化を考慮し、必要な章やコラムの加筆・修正を行った。「バルカン各国・地域概要」も最新のデータに基づき大幅に修正した。バルカンに関心をもち、さらに学んでみようとする人たちのために、巻末の文献案内をいっそう網羅的にして充実させた。

変動の激しい「バルカン各国・地域概要」と詳細な「主要参考文献」については、今回も鈴木健太さん（日本学術振興会・特別研究員ＰＤ）の全面的な協力を得た。カバー写真は鈴木さん、執筆者の中島崇文さん、ベオグラード在住のカメラマン、吉田正則さんから提供していただいた。この場を借りてお礼を述べさせていただく。

最後に、大幅に遅れてしまった本書改訂の作業を暖かく見守り、丁寧かつ迅速に編集作業を進めてくださった明石書店編集部の佐藤和久さんに深くお礼を申し上げたい。

２０１６年１月

柴　宜弘

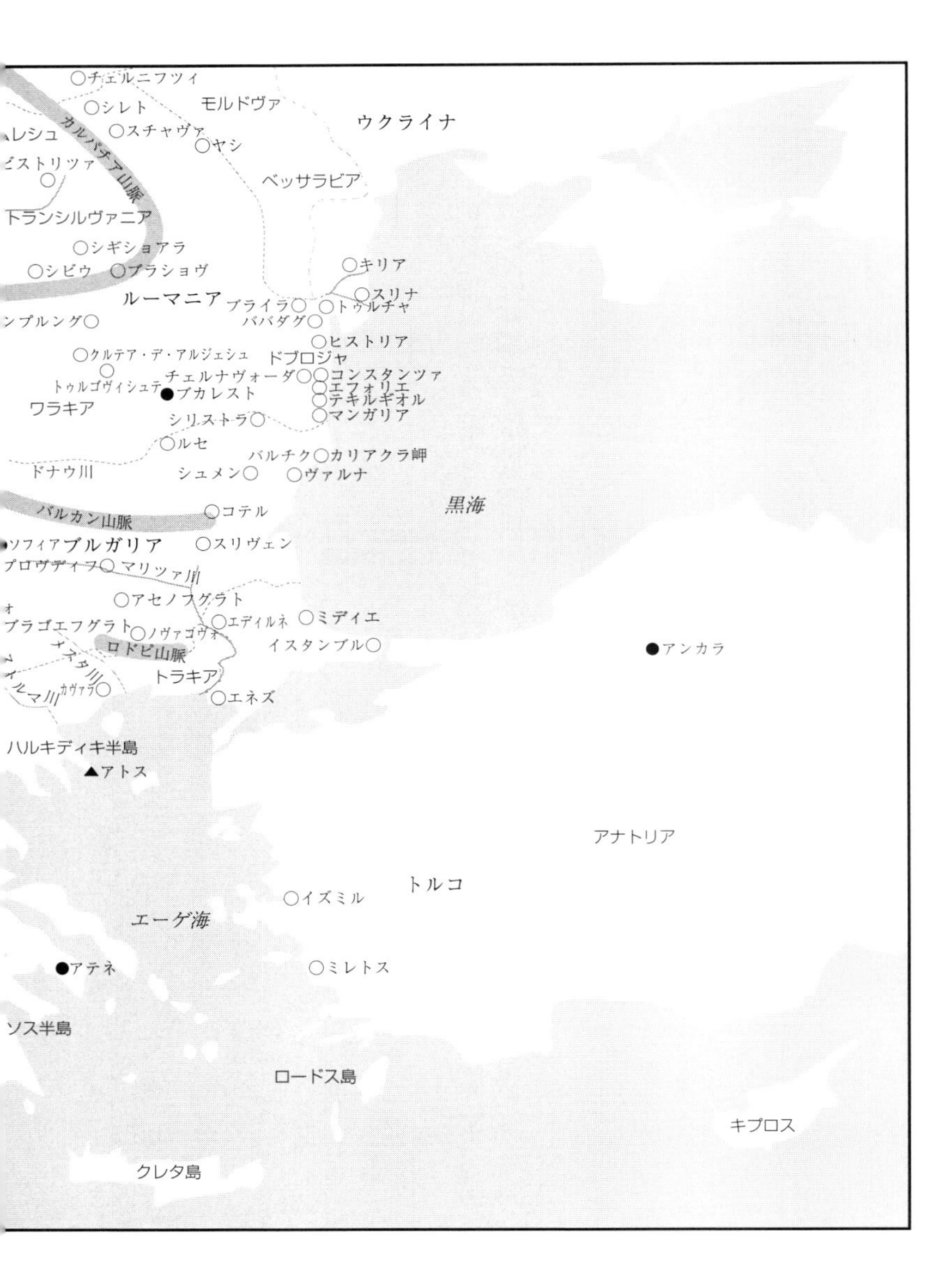

チェルニフツィ
シレト
モルドヴァ
ウクライナ
カルパチア山脈
スチャヴァ
ヤシ
ベッサラビア
トランシルヴァニア
シギショアラ
シビウ
ブラショヴ
キリア
スリナ
ルーマニア
ブライラ
トゥルチャ
ババダグ
ヒストリア
クルテア・デ・アルジェシュ
ドブロジャ
チェルナヴォーダ
コンスタンツァ
トゥルゴヴィシュテ
ブカレスト
エフォリエ
テキルギオル
ワラキア
マンガリア
シリストラ
ルセ
バルチク
カリアクラ岬
ドナウ川
シュメン
ヴァルナ
黒海
バルカン山脈
コテル
ブルガリア
スリヴェン
マリッァ川
アセノフグラト
エディルネ
ミディエ
ブラゴエフグラト
ノヴァゴヴォ
ロドピ山脈
イスタンブル
アンカラ
ネストス川
トラキア
カヴァラ
エネズ
ハルキディキ半島
アトス
アナトリア
トルコ
イズミル
エーゲ海
アテネ
ミレトス
ロードス島
キプロス
クレタ島

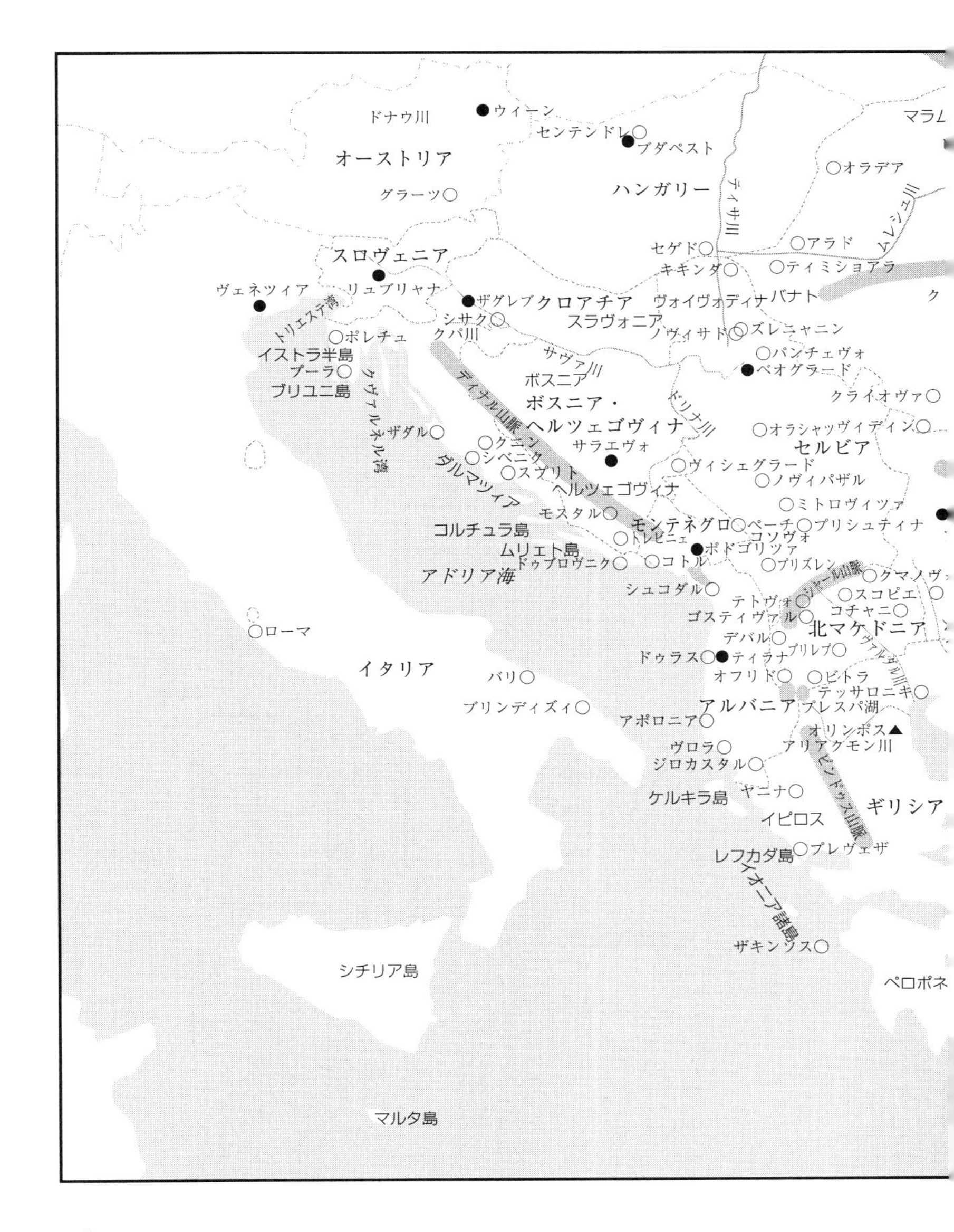

ドナウ川
ウィーン
センテンドレ
ブダペスト
オーストリア
グラーツ
ハンガリー
ティサ川
オラデア
マラム
ムレシュ川
セゲド
アラド
スロヴェニア
キキンダ
ティミショアラ
ヴェネツィア
リュブリャナ
ザグレブ
クロアチア
ヴォイヴォディナ
バナト
トリエステ湾
シサク
スラヴォニア
クパ川
ノヴィサド
ズレニャニン
ポレチュ
イストラ半島
パンチェヴォ
プーラ
サヴァ川
ベオグラード
ブリユニ島
ボスニア
クヴァルネル湾
ディナル山脈
ボスニア・
ヘルツェゴヴィナ
ドリナ川
クライオヴァ
オラシャッツ
ヴィディン
ザダル
クニン
サラエヴォ
セルビア
シベニク
ダルマツィア
スプリト
ヴィシェグラード
ノヴィパザル
ヘルツェゴヴィナ
ミトロヴィツァ
モスタル
モンテネグロ
ペーチ
プリシュティナ
コルチュラ島
トレビニェ
コソヴォ
ムリエト島
ポドゴリツァ
ドゥブロヴニク
コトル
プリズレン
アドリア海
シャール山脈
クマノヴォ
シュコダル
テトヴォ
スコピエ
ゴスティヴァル
コチャニ
ローマ
北マケドニア
デバル
プリレプ
ヴァルダル川
ドゥラス
ティラナ
イタリア
バリ
オフリド
ビトラ
テッサロニキ
ブリンディズィ
アルバニア
プレスパ湖
アポロニア
オリンポス
ヴロラ
アリアクモン川
ジロカスタル
ピンドゥス山脈
ケルキラ島
ヤニナ
ギリシア
イピロス
プレヴェザ
レフカダ島
イオーニア諸島
ザキンソス
シチリア島
ペロポネ
マルタ島

経済・貿易（括弧内の数字は西暦年）	ひと口メモ
面積：28,748km^2／人口：282 万人（11 年）／首都：ティラナ（75 万人）	
1 人あたり GDP：4,633 米ドル（13 推定） 通貨：1 レク（lek, ALL）＝ 0.97 円 輸出額：24.3 億米ドル（14）　対日 5.4 億円（14） 輸入額：52.3 億米ドル（14）　対日 5.0 億円（14） 伝統的にイタリアとの経済的結びつきが強い。	97 年のネズミ講式投資の破綻に伴う社会混乱より、経済も停滞したが、近年は成長を続ける。09 年に念願の NATO 加盟を果たし、14 年には EU 加盟候補国となった。
面積：51,209km^2／人口：379 万人（13 年）／首都：サラエヴォ（44 万人）	
1 人あたり GDP：4,601 米ドル（13） 通貨：兌換マルク（KM, BAM）＝ 69 円 輸出額：58.9 億米ドル（14）　対日 6.5 億円（14） 輸入額：110 億米ドル（14）　対日 2.5 億円（14） 90 年代の戦争からの復興を経て、EU 加盟をめざす。	首都サラエヴォは旧ユーゴスラヴィア時代、ソ連を除く東欧諸国で唯一オリンピックが開催された都市（84 年第 14 回冬季大会）。男子サッカー元日本代表監督 I･オシムや現監督 V･ハリルホジッチはこの国の出身。
面積：110,994km^2／人口：736 万人（11 年）／首都：ソフィア（120 万人）	
1 人あたり GDP：7,532 米ドル（13） 通貨：1 レフ（lev, BGN）＝ 69 円 輸出額：309 億米ドル（14）　対日 113 億円（14） 輸入額：300 億米ドル（14）　対日 83.9 億円（14） 07 年 1 月に EU 加盟。	日本ではヨーグルト、また鳴門親方（元大関琴欧洲）の国として知られる。会話の際の身振りが特徴的で、「はい」の意思表示で首を横に振り、「いいえ」のときは首を縦に軽く振る。
面積：56,594km^2／人口：428 万人（11 年）／首都：ザグレブ（79 万人）	
1 人当たり GDP：13,569 米ドル（13） 通貨：1 クーナ（kuna, HRK）＝ 18 円 輸出額：137 億ドル（14）　対日 72.6 億円（14） 輸入額：225 億ドル（14）　対日 36.9 億円（14） 13 年 7 月に EU 加盟（28 カ国目）を果たした。	90 年代の紛争で観光産業も打撃を受けたが、00 年代以降、以前の水準に回復した。一番の魅力、アドリア海沿岸地域は、毎年世界から多くの観光客を集め、近年日本でも知られるようになった。
面積：131,957km^2／人口：1,082 万人（11 年）／首都：アテネ（383 万人）	
1 人当たり GDP：21,903 米ドル（13） 通貨：1 ユーロ（€）＝ 135 円（旧単位：ドラクマ） 輸出額：358 億米ドル（14）　対日 119 億円（14） 輸入額：633 億米ドル（14）　対日 174 億円（14） バルカン最初の EU（EC）加盟国（1981 年）。	10 年に財政赤字が上方修正された結果、信用不安の拡大とともに財政危機に陥った。欧州の金融危機に波及した一連の騒動のなか、支援と改革の狭間で EU と交渉を続けながら、緊縮と財政再建に取り組む。
面積：25,713km^2／人口：202 万人（02 年）／首都：スコピエ（51 万人）	
1 人当たり GDP：5,215 米ドル（13） 通貨：1 デナル（denar, MKD）＝ 2.2 円 輸出額：48.8 億米ドル（14）　対日 15.2 億円（14） 輸入額：72.3 億米ドル（14）　対日 9.4 億円（14） 05 年から EU 加盟候補国。	マザー・テレサの生地は現在のスコピエで、アルバニア系の家庭に生まれた。世界遺産のオフリド湖は国内随一の観光地として知られ、景観もさることながら固有種が豊富に生息する。

◆バルカン各国・地域概要

国名と基本データ	
政治（2016年1月現在）	社会（少数グループは省略）
アルバニア共和国　Republika e Shqipërisë	
元首：ブヤール・ニシャニ大統領 首相：エディ・ラマ 社会主義期の鎖国的な政策から、90年以降の体制転換後は「民主化」と国際協調の道を歩む。13年の総選挙で8年ぶりに政権交代。	住民：アルバニア人 主要言語：アルバニア語 宗教：イスラム教、アルバニア正教、カトリック 国内には南高北低の地域格差が見られる。
ボスニア・ヘルツェゴヴィナ　Bosna i Hercegovina / Босна и Херцеговина	
元首：ドラガン・チョヴィチ大統領評議会議長 首相：デニス・ズヴィズディッチ閣僚評議会議長 国家はボスニア・ヘルツェゴヴィナ連邦とセルビア人共和国の2政体から成る。95年のデイトン和平合意のもと、国際的監督機関が置かれる。	住民：ボスニア人（ムスリム）、セルビア人、クロアチア人 主要言語：ボスニア語、セルビア語、クロアチア語 宗教：イスラム教、セルビア正教、カトリック
ブルガリア共和国　Република България	
元首：ロセン・プレヴネリエフ大統領 首相：ボイコ・ボリソフ 14年の総選挙では、過半数を制する政党がないなか、第1党GERBを中心とする連立2党と閣外協力2党のもと、第二次ボリソフ政権が発足。	住民：ブルガリア人、トルコ人、ロマ 主要言語：ブルガリア語、トルコ語 宗教：ブルガリア正教、イスラム教 EU加盟国のなかで、唯一キリル文字が用いられる。
クロアチア共和国　Republika Hrvatska	
元首：コリンダ・グラバル＝キタロヴィチ大統領 首相：ティホミール・オレシュコヴィチ 15年の総選挙では、HDZ中心の野党右派連合とSPD中心の与党左派連合が拮抗し、前者が第3勢力MOSTとの連立政権を形成した。	住民：クロアチア人、セルビア人 主要言語：クロアチア語 宗教：カトリック、セルビア正教 90年代の戦争で、多数のセルビア系住民が国外に逃れ、民族構成が変化した。
ギリシア共和国　*Ελληνική Δημοκρατία*	
元首：プロコピス・パヴロプロス大統領 首相：アレクシス・チプラス 近年は財政危機の混乱のなか、反緊縮の急進左派連合（SYRIZA）が勢力を拡大。15年には2度の総選挙に勝利し、政権を獲得・保持した。	住民：ギリシア人 主要言語：現代ギリシア語 宗教：ギリシア正教 隣国トルコとの外交面ではキプロス問題やエーゲ海問題といった懸念を抱える。
北マケドニア共和国　Република Северна Македонија	
元首：ギョルゲ・イヴァノフ大統領 首相：ニコラ・グルエフスキ 14年の総選挙では、06年から政権を担う中道右派のVRMO-DPMNEを中心とする政党連合が勝利し、グルエフスキ政権は4期目に入った。	住民：マケドニア人、アルバニア人 主要言語：マケドニア語、アルバニア語 宗教：マケドニア正教、イスラム教 01年の紛争後、オフリド合意に基づきアルバニア人の権利拡大と地方自治再編が進められる。

経済・貿易（括弧内の数字は西暦年）	ひと口メモ
面積：13,812km^2／人口：62 万人（11 年）／首都：ポドゴリツァ（19 万人）	
1 人あたり GDP：7,093 米ドル（13） 通貨：1 ユーロ（€）＝ 135 円 輸出額：4.47 億米ドル（14）　対日 3.3 億円（14） 輸入額：23.7 億米ドル（14）　対日 9.3 億円（14） EU 加盟国ではないがユーロが使用通貨。	国名はヴェネチアの言葉に由来し、海岸からのディナル山脈の眺望を形容した「黒い山」を意味する。現地語では「ツルナ・ゴーラ」。アドリア海沿岸を中心とした観光業の推進に力を入れる。
面積：238,391km^2／人口：2,012 万人（11 年）／首都：ブカレスト（188 万人）	
1 人あたり GDP：9,570 米ドル（13） 通貨：1 レウ（leu, RON）＝ 30 円 輸出額：699 億米ドル（14）　対日 524 億円（14） 輸入額：779 億米ドル（14）　対日 354 億円（14） 07 年 1 月に EU 加盟。	面積・人口ともにバルカン最大。ドナウ川はここで黒海に通じる。古代地域名「ダチア（ダキア）」を社名に冠した自動車企業「Dacia」（ルノー傘下）は、バルカン各国、欧州市場にも展開する。
面積：88,361km^2／人口：719 万人（11 年）／首都：ベオグラード（166 万人）	
1 人あたり GDP：6,354 米ドル（13） 通貨：1 ディナール（dinar, RSD）＝ 1.1 円 輸出額：148 億米ドル（14）　対日 45.1 億円（14） 輸入額：204 億米ドル（14）　対日 27.7 億円（14） 14 年 1 月に EU 加盟交渉が開始。	日本ではサッカーの選手や監督を通して知られるが、その他、バスケット、バレー、ハンドボール、水球等の球技が伝統的に盛ん。N・ジョコヴィチの活躍もあり、近年はテニス人気も高まる。
面積：10,908km^2／人口：174 万人（11 年）／首都：プリシュティナ（20 万人）	
1 人当たり GDP：3,898 米ドル（13） 通貨：1 ユーロ（€）＝ 135 円 輸出額：4.31 億米ドル（14）　対日 0 円（14） 輸入額：33.7 億米ドル（14）　対日 0.40 億円（14）	独立への対応は各国で議論が分かれ、バルカンではセルビアをはじめ、ボスニア・ヘルツェゴヴィナ、ギリシア、ルーマニアが未承認。日本は承認している。
面積：20,273km^2／人口：205 万人（11 年）／首都：リュブリャーナ（28 万人）	
1 人当たり GDP：23,164 米ドル（13） 通貨：1 ユーロ（€）＝ 135 円（旧単位：トラール） 輸出額：305 億米ドル（14）　対日 70.3 億円（14） 輸入額：301 億米ドル（14）　対日 95.3 億円（14） 04 年 5 月 EU 加盟。07 年 1 月にユーロ導入。	緑に覆われた風光明媚な国土。西部のクラス地方の台地はカルスト地形が発達し、その語源の発祥地でもある。国内最高峰トリグラウ山は国旗にも描かれる国のシンボル。ソバ料理も知られる。

注 5：セルビアの統計値は、その実効支配が及んでいないコソヴォ（第 25 章参照）の数値を含まず（面積は除く）。

注 6：2015 年 12 月の時点で、国連加盟の 193 カ国中 111 カ国がコソヴォを国家承認。

注 7：各国通貨の為替相場は 2015 年 10 月時点の値。

注 8：参考サイト：日本国外務省公式サイト「国・地域（欧州）」（http://www.mofa.go.jp/mofaj/area/europe.html）の各国ページ。また「経済・貿易」欄の出典は次の通り。1 人あたり GDP：IMF「World Economic Outlook Database, October 2015」（ウェブ）、輸出・輸入額：UNdata「Monthly Bulletin of Statistics」（ウェブ）、対日輸出・輸入額：「財務省貿易統計」（ウェブ）。なお、コソヴォに関する 1 人あたり GDP と輸出・輸入額はコソヴォ統計局の数値を参照。

国名と基本データ	
政治（2016年1月現在）	社会（少数グループは省略）
モンテネグロ　Crna Gora / Црна Гора	
元首：フィリップ・ヴヤノヴィチ大統領 首相：ミーロ・ジュカノヴィチ 06年6月に独立。体制転換後の90年代から長期政権を担う、ジュカノヴィチ率いる社会主義者民主党主導の連立政権。EU加盟を目指す。	住民：モンテネグロ人、セルビア人、ボスニア人（ムスリム） 主要言語：モンテネグロ語、セルビア語 宗教：セルビア正教、イスラム教、カトリック 独立後、モンテネグロ語の整備が進む。
ルーマニア　România	
元首：クラウス・ヨハニス大統領 首相：ダチアン・チョロシュ 大統領は中道右派の国民自由党の元党首。国会内では社会民主党が最大政党だが、15年11月以降の現首相は無所属でテクノクラート内閣。	住民：ルーマニア人、ハンガリー人、ロマ 主要言語：ルーマニア語、ハンガリー語 宗教：ルーマニア正教、カトリック 中東欧で唯一のラテン系民族の国家。ただし、現大統領はドイツ系少数民族の出身者。
セルビア共和国　Република Србија / Republika Srbija	
元首：トミスラヴ・ニコリッチ大統領 首相：アレクサンダル・ヴチッチ 00年のミロシェヴィチ政権崩壊後、国際社会へ復帰。EU加盟を志向する。12年の政権交代以降、進歩党と社会党中心の連立政権が政局を担う。	住民：セルビア人、ハンガリー人、ボスニア人（ムスリム）、ロマ、アルバニア人 主要言語：セルビア語 宗教：セルビア正教、イスラム教、カトリック 北部にヴォイヴォディナ自治州。
コソヴォ共和国　Republika e Kosovës / Република Косово	
元首：アティフェテ・ヤヒヤーガ大統領 首相：イサ・ムスタファ 08年2月に独立を宣言。EUの仲介のもと、独立反対のセルビアとの対話が続けられる。	住民：アルバニア人、セルビア人 主要言語：アルバニア語、セルビア語 宗教：イスラム教、セルビア正教、カトリック 国旗の6つの星は居住する6民族を象徴する。
スロヴェニア共和国　Republika Slovenija	
元首：ボルト・パホル大統領 元首：ミロ・ツェラル 14年の総選挙で、中道の新党を中心とした連立政権が発足。近年の財政危機不安からの脱却に向け、緊縮政策や財政再建に取り組む。	住民：スロヴェニア人 主要言語：スロヴェニア語 宗教：カトリック 91年の旧ユーゴスラヴィアからの独立によって初めて独自の国家を手にした。

注1：ボスニア・ヘルツェゴヴィナの国家元首にあたる大統領評議会議長は、大統領評議会を構成する3名（3民族それぞれの代表）が8カ月ごとに交代で就任する。2016年1月現在ではクロアチア人が担当し、残る2名はボスニア人（ムスリム）のバキル・イゼトベゴヴィチ、セルビア人のムラデン・イヴァニッチ。

注2：マケドニア共和国の国名は、国連をはじめとする国際機関の多くでは暫定名称「旧ユーゴスラヴィア・マケドニア共和国（Former Yugoslav Republic of Macedonia -FYROM）が用いられている（第30章参照）。政権与党のVMRO-DPMNEとは「内部マケドニア革命組織・マケドニア民族統一民主党」の略称。

注3：セルビアとモンテネグロは、90年代初頭の旧ユーゴスラヴィア解体の際に「ユーゴスラヴィア連邦共和国」を形成し、03年に国家連合の「セルビア・モンテネグロ」となった。その後、モンテネグロ共和国は06年、国民投票の結果を経て、独立した（セルビア・モンテネグロの承継国はセルビア）。なお、独立後の新憲法（07年）によって国名が「モンテネグロ」となった。

注4：人口は基本的に、最新の各国国勢調査の結果に基づく（2015年12月現在）。ただし、ボスニア・ヘルツェゴヴィナは、2013年国勢調査の仮集計結果（同年11月発表）。マケドニアでは、予定された2011年の国勢調査が実現せず、02年調査が最新結果（同国統計局の推定値では2014年末で207万人）。コソヴォは、セルビア系住民が多数の北部地域など、調査の拒否が起きた一部自治体の結果は含まれない。スロヴェニアは国勢調査ではなく、行政記録情報から作成した統計に基づく。

バルカンを知るための66章【第2版】

I 歴史から

II 都市めぐり

III 民族を超える、国を超える

IV 暮らしと社会

V　フォークロア

Ⅵ　言　葉

Ⅶ　食文化

※本文中、とくに出所の記載のない写真については、原則として執筆者の撮影・提供による。

I

歴史から

1

神話化される中世バルカン王国

★生き続けるナショナリズム★

バルカン諸民族は中世から近代にかけて、400年以上にわたってオスマン帝国の支配を受けた。中世のバルカン王国が次々とオスマン軍によって征服されたのは、14世紀末から15世紀中頃にかけてである。スルタンを頂点とするオスマン帝国は極めて中央集権的な統治形態をバルカンに築いたが、支配下に置いた諸民族に対し宗教別に区分して一定の自治を認める寛容で巧みな統治を行った。オスマン統治がこれほど長い期間続いたのはこのためだといえる。しかし、オスマン帝国統治下のバルカンを多民族共存の理想郷と考えることには無理があるだろう。確かに、この時期のバルカンでは支配民族と被支配民族の区分は存在しなかったが、ムスリムであるか否かは大きな違いであった。キリスト教徒は統治される存在であり、支配層にはなれなかった。帝国支配下で宗教だけが自他を区分する基準であり、近代ヨーロッパで生み出される「ネイション（国民、民族）」という観念はまだ存在しなかったに過ぎない。

ヨーロッパ近代の所産である「ネイション」がバルカンにもたらされるのは19世紀のことである。17世紀から18世紀にかけて、西欧では近代国家の下で統合過程が進み、国内のさまざまな民族集団や宗教上の少数派や言語の違いなどが乗り越えられて一つになり、均質的な社会が形成されていった。イギリスやフランスでは産業革命と市民革命を通して、産業化や都市化が進行し、均質的な市民による国民意識が作られた。一方、約３００の領邦国家からなるドイツでは18世紀末から、それまでの合理的なヨーロッパ世界を唱える啓蒙主義から国民主義の源泉となるロマン主義が主流となる。西欧で生み出される「ネイション」といった考えやそれに基づくナショナリズムが、オスマン帝国支配下で国家を持たないバルカンにも波及した。バルカンでのナショナリズムは均質的な個人と結び付くのではなく、民族集団の解放と国家を求めるイデオロギーとしての役割を担うことになる。

バルカンの近代ナショナリズムのきわだった特色は、その基礎に神話化されながお息づいていた中世の王国の輝かしい歴史が置かれ、中世の王国が強調されることであろう。例えば、ギリシア人にとっては古代ギリシアの民主制と並んでギリシア人の国家と考える中世のビザンツ帝国マケドニア王朝（８６７～１０５６年）の繁栄が、セルビア人にとっては中世セルビア王国最盛期（14世紀）のドゥシャン王や１３８９年のオスマン軍に敗北したコソヴォの戦いがそれに当たる。また、ブルガリア人にとっては中世ブルガリア第一次帝国の最盛期を築いたシメオン皇帝（10世紀）が、クロアチア人にとっては中世クロアチア王国黄金期のクレシミルとズヴォニミル（11世紀）が、ボスニアにおいては中世ボスニア王国を建国したクリン（12世紀）やボスニアとヘルツェゴヴィナを統一したコトロマニッチ（14世紀）が神話化された。１８３０年に独立を承認されたギリシアや自治公国となったセルビアでは、中世の王国の領域が国土と見なされて、まだオスマン帝国支配下にある領域の回復が目指された。

中世の王国が神話化されて国民的な記憶の王国となった例はセルビアにおいて典型的に見られる。

セルビアには中世以来、口承文芸の形で叙事詩が残されている。叙事詩はグスラールと呼ばれる盲目の語り部により一弦琴（グスレ）に合わせて語り継がれ、文字の読めない農民たちの間にも広まっていった。19世紀の初め、オスマン帝国に対するセルビア蜂起が展開されていた時期に、ドイツ・ロマン主義の影響を受けたセルビアの文学者・言語学者のカラジッチが、民衆の間に伝わる叙事詩を採集し、1814年にウィーンで出版した。これら叙事詩の中心はコソヴォの戦いに関するものであり、オスマン軍によって捕らえられ斬首されたセルビア王国ラザル侯の自己犠牲の精神を謳いあげている。よく知られた叙事詩「セルビア帝国の滅亡」では、ラザル侯の敗北がこの世のはかない王国よりも、永遠の天上の王国を選択した結果であったとされる。19世紀のセルビア・ナショナリズム運動において、ラザル侯の死は善き社会を求めての犠牲的な行為であったと捉えられ、犠牲的精神に基づく反オスマンの戦いが鼓舞された。さらに、ラザル侯こそセルビア人精神の象徴であるとされ、彼の遺体が神聖化されることになる。

叙事詩「見つけられたラザル侯の首」では、コソヴォの戦いの40年後にオスマン軍によって斬首されたラザル侯の首が泉から発見され、泉から首が引き上げられると、それはひとりでにグラチャニツァ修道院までコロコロと転がり、遺体と合体したとされる。実際には、ラザル侯の首のない遺体はミリツァ妃の遺体とともに、ミルティン王が建立（1321年）したコソヴォが原近くのグラチャニツァ修道院に安置されることになる。この聖なる遺体は17世紀末、コソヴォのセルビア正教会総主教を先頭に四万家族を超えるセルビア人がドナウ川の北に広がるハプスブルク帝国領のキリスト教世界に向けて移動した「大移住（ヴェリカ・セオバ）」の際、移住の隊列とともにこの地に運ばれた。一時、聖なる遺体はブダペスト近郊のセンテンドレに建てられた木造の教会に置かれたが、１６９７年にヴォイヴォディナ地方のフルシュカゴラにかつてラザル侯が建立したラヴァニツァ修道院にようやく安置された。

それから３００年後、第二次世界大戦期に神聖化されたラザル侯の遺体は再び移送されねばならなかった。ドイツをはじめとする枢軸軍の侵攻を受けて、ユーゴスラヴィア王国が分割・占領され、セルビアはドイツの占領下に置かれた。クロアチアのファシスト集団ウスタシャがラヴァニツァ修道院を荒らす事件が生じると、ドイツはラザル侯の遺体を安全なベオグラードに移送する許可を与えた。１９４２年、ドイツの保護を受けながら遺体はベオグラードの大聖堂（サボールナ・ツルクヴァ）に移され、戦後、社会主義の時代を平穏に過ごすことになる。聖なる遺体がセルビア・ナショナリズムのシンボルとして政治に利用されるようになるのは、旧ユーゴが解体に向けて動き出した時期のことである。１９８８年６月28日、コソヴォの戦いの記念日（聖ヴィドの日）に、遺体はラヴァニツァ修道院にまた移された。１９８８年から翌89年のコソヴォの戦い６００周年記念にかけての時期、当時のミロシェヴィチ大統領がラザル侯の遺体を先頭にしたセルビア人の行列を組織し、セルビアとボスニア各地のセルビア正教会の修道院を巡回させて、セルビア・ナショナリズムを煽ったことはよく知られている。セルビアでは中世の王国の神話が現在でも、なお生き続けているのである。

（柴　宜弘）

ラヴァニツァ修道院から出発するラザル侯の遺体を先頭とする巡回の行列
（出典：Prodanović, Mileta, *Stariji i lepši Beograd*〔古く、麗しきベオグラード〕, Beograd, 2002）

2

歴史と口承文芸

★今に生きるコソヴォ史観★

バルカンの歴史と口承文芸の興味深い関係は、ホメロスの『イリアス』と『オデュッセイア』をめぐる諸問題である。しかしこれを論じた良書はどこでも容易に入手できるので、本項ではもっぱらバルカンの中世以降を論ずることにしよう。

中世のバルカン諸民族も、あらゆる他の諸民族と同じように異教時代の神話や抒情詩、民間説話や叙事詩などさまざまなジャンルの口承文芸に富んでいた。しかし、14世紀後半から15世紀前半にかけてオスマン・トルコがバルカンを征服すると、口承文芸の内容ががらりと変わった、そうアルバート・ロードは述べている。簡単にいえば、トルコ支配下のバルカンではもっぱら叙事詩、それも支配者に抵抗する義賊（ギリシアではクレフテス、ブルガリアとマケドニアではハイドゥティ、ルーマニアとセルビアではハイドゥク）をたたえる英雄譚が盛行し、それまでの抒情詩は征服者トルコ人やイスラム教に改宗したバルカンのムスリムが引き継いだ、というのである。もちろんこれはロードも断っているように単純化されすぎているが、トルコ人を敵に戦ったバルカン人を謳った歌は数も多く、優れているのも事実であって、それは特にセルビアの英雄譚に見てとることができよう（山崎洋／淑子共訳編『ユーゴスラビアの民話Ⅱ　セルビア英雄譚』恒文社、１９８０年）。中でもセルビアのみならずバルカンの死命をも制したコソヴォの戦いを謳うコソヴォ・チクルス（叙事詩群）は、多くの名篇からなる。それらが描く歴史はおおよそ次のようなものだ。

中世セルビアの黄金時代はドゥシャン大帝の死（１３５５年）によって終わりを告げた。四分五裂した帝国の東半分はまもなくオスマン・トルコ軍に征服された。残る西半分の盟主はラザル帝である。ある日ラザル帝の下へ、イルダリン（稲妻）として恐れられたトルコのスルタン・ムラトから手紙が届く。おとなしく臣従の誓いをせよ、さもなくば一戦に及べと居丈高に述べていた。ラザル帝はさっそく全域にお触れを出した。もしコソヴォの戦場に馳せ参じない者は、将来「家には子なく名を成すもなし」という有名な呪いの言葉を添えて。その夜ラザル帝は、聖イリヤが鷹に身を変え聖母マリアの手紙を運んできた夢を見た。「ラザル帝よ栄えある家門／汝が愛するは孰（いず）れの国ぞ?」。地上の帝国を望むなら、軍装を調え直ちに突撃せよ、トルコ軍が滅ぶは必定。だが天上の帝国を望むなら、正絹にて御堂を建て兵士を聖別すべし、汝ら全員は野に斃れる定めだからだ。これを読み彼は深く悩むが、結局「天が下なる帝国ならば／余りに狭き帝国ならん／天上国ぞ無窮なるべし」といって天上の帝国、つまり全員の死を選ぶ。

運命の１３８９年６月28日（旧暦15日）、朝早くミロシュ・オビリッチ将軍は裏切り者をよそおってトルコ陣営に奔（はし）る。彼は重大な話があるのだとスルタンに近づき、恭順の意を表すると見せかけてひざまずくや、毒ぬりの短刀でスルタンを突き刺した。

日の出とともにトルコ軍とセルビア軍は戦闘を開始したが、ヴーク・ブランコヴィチ将軍の裏切りにより、戦況は一気にトルコ軍へ傾く。やがてセルビア軍の総大将ラザル帝も落馬して捕らわれの身となった。ラザル帝が他の武将たちとともに瀕死の床に横たわるスルタンの前に引き据えられたとき、そこにオビリッチを見いだし、事の真相を知る。真の勇者は誰か、裏切り者は誰かは明らかだった。死にゆくスルタンへの餞（はなむけ）に、まずオビリッチが首を撥ねられた。ついでラザル帝も「おお神よ、我が魂を受けたまえ」と述べたところで断首された。

以上がセルビア人にとってのコソヴォの戦いである。彼らはこうして自分たちは長く苦しい屈辱の時代に入ったのだ、と教えられてきた。だが事実はどうであったか。

まずコソヴォの戦いでセルビア軍は本当に大敗したのだろうかという問題がある。双方の総大将が仆（たお）れ、やがて双方の軍隊が退去したのだから結果は引き分けだと主張する人びともいる。ファインによれば、この日戦死した実数はセルビア軍で２０００人から2万人、トルコ軍は2万７０００人から3万人と推定される。ただセルビア軍はこれでほぼ全員だったのに対し、トルコ軍は東方にまだ数倍の軍団を残しており、それゆえセルビア人は戦闘に負けなかったが戦争には敗れたのだ、とファインは断じた（Fine, John V.A., *The late medieval Balkans*, University Press of Michigan, 1987）。

また侯でしかないラザルが皇帝になったり、セルビア軍勢が32万を数えるなど誇張やアナクロニズムが至るところに見られる。

コソヴォ・チクルスを口伝した人びとはラザル帝をキリストに見立てて、最後の晩餐を考案したり、ユダに見合う人物を登場させたりもした。その結果、確かに文学作品としては完成度が増したかもしれないが、ますます史実からは遠ざかったといえよう。しかし一般の人びとを行動に駆り立てるのは、

コソヴォの戦い当時のバルカン

ランケを始祖とする近代の科学的な歴史ではなく、情念に味付けされた物語の歴史、ここではコソヴォ史観なのである。例えば１９１２年のバルカン戦争で、５００年ぶりにコソヴォをトルコから奪回したセルビア兵の中には、はるか前方に自分たちを導く中世の聖者や勇者を実際に見たといいはるものがいたことを忘れてはならない。

周知のとおり１９１４年６月28日（ヴィードヴダン、聖ヴィトスの日）、第一次世界大戦の引き金となったサラエヴォ事件が起こった。１９４８年６月28日、社会主義ユーゴスラヴィアはコミンフォルムから追放された。１９８９年のこの日、コソヴォが原に１００万人（主催者側発表）を動員してコソヴォの戦い６００年記念祭を催したミロシェヴィチは、やがてユーゴスラヴィアを解体して内戦に引きずり込み、コソヴォ紛争でセルビアを世界の悪者に仕立ててしまった。そういえば彼がハーグの戦犯法廷に引き立てられた日も２００1年の6月28日だった。

昔からバルカンは夢と現実が分かちがたく結び付いてきた土地柄だが、彼らの思いがけぬ行動からしばしば世界に激震が走った。それを思えば、ラザル帝の呪いならぬヴィードヴダンの呪いに我々は今後とも気をつける必要がありそうである。

（田中一生）

3

ドラキュラのふるさと

★ヴラド串刺公と吸血鬼伝説★

自分は伯爵の身辺から鍵を捜し出さなければならないから、木箱の蓋をとって、そっと壁へ立てかけ、中をひょいとのぞきこんだとたんに、肝の縮まるほどアッと驚いた。木箱のなかに長々と寝ている伯爵が、ふしぎなことに、けさはばかに若々しくなっていたからである。まっ白だった髪の毛やひげがごま塩になり、頬にも肉が付き、白い肌が桃色に血の気をみせている。口がいつもより赤いのは、唇に血がベットリついているからで、その血が、口のすみから顎と咽喉にかけて、タラタラとすじを引いている。窪んでギラギラしていた目も、けさはふっくらとふくらんだ瞼の下に、せりだしたように見える。まるで、体じゅうが血でたぶついているようだ。たらふく血を吸って、身動きができなくなった吸血鬼みたいな格好で、長々と寝ている。

これは1847年にアイルランドのダブリンで生まれたエイブラハム（略称ブラム）・ストーカーがワラキア公ヴラド・ツェペシュ（在位は1448年、1456～62年、1476年）をモデルとして著した、かの有名な小説『吸血鬼ドラキュラ』（1897年）

の一節である。ロンドンの不動産の取引をするためトランシルヴァニアを旅した若い弁理士ジョナサン・ハーカーがドラキュラ伯爵の城に閉じ込められたことに気が付き、脱出するために玄関のところにある大きな錠前を開ける鍵を何とかして手に入れようとして遭遇した伯爵の正体である。ロンドンではジョナサンの婚約者のミナ・マリーが彼を待ち焦がれる。後に伯爵はロンドンへ旅したが、そこでミナの友人のルーシー・ウェステンラが伯爵の最初の犠牲者となる。伯爵は彼女の血を飲み、彼女を吸血鬼にしたのである。彼女の友人たちはしかし、伯爵をトランシルヴァニアへ追いやり、そこで遂に首尾良く伯爵を刺殺する。

ストーカーは現地を訪れたことはなかったが、現在のルーマニアに含まれるこの地域について文献や地図によって綿密に調べており、その情報はかなり正確である。ママリガと称するトウモロコシの粉を練った料理やトランシルヴァニアで食されるパプリカーシュという肉料理さえ記述されている。ジョナサンはクラウゼンブルク経由でビストリッツに向かうが、これらはいずれもクルージュ・ナポカ、ビストリツァ両市の独語名である。また、ボルゴ峠（Borgo Pass）なるものが出てくるが、実際、ビストリツァの東に標高1600メートルを上回るブルガウ山地（Munţii Bîrgăului）が存在する。

ただし、小説の冒頭で雰囲気たっぷりに描写した断崖絶壁の上にそそり立つドラキュラ城のモデルとなったのは、現在は全く痕跡がないビストリツァ城ではなく、ずっと南のブラン城であるようである。これはブラショヴ市から当時のワラキア公国の首都トゥルゴヴィシュテに通じる街道を南西方向に30キロメートルほど進んだ所にある、標高750メートルのブラン村の山の上にそびえ立っている。1212年以降にドイツ騎士団のディートリヒが木造で建てたものを1377年頃、ザクセン人が石造りで建て替えたものであるが、15世紀には城主となっていたハンガリー王国の摂政フニャディ・ヤーノシュに招かれてヴラド・ツェペシュはこの城に短期間滞在したものと考えられている。薄暗い回廊、狭間胸壁、ゴシック様式の礼拝堂、質素なドイツ風の家具、そして中庭には秘密の抜け穴となっていた井戸を持つこの城を第一次世界大戦後、トランシルヴァニアがルーマニア領となった頃にブラショヴ市より寄贈されたロマンチックな王妃マリアはここが大いに気に入っていたということであるが、今日でも多くの観光客を惹き付けてやまない。ちなみにビストリツァ城自体は1449年頃にフニャディが建てたものであって、ヴラド・ツェペシュ自身が建てた城はクルテア・デ・アルジェシュの北のアルジェシュ川沿いの狭い峡谷に存在したアルジェシュ城を再建したものである。しかし絶壁の上にあるため城の規模はかなり小さく、また老朽化と崩壊が甚だしく、さらに辺鄙な所にあるため訪れる人はあまり多くない。

ブラン城の中庭――中央の井戸は秘密の抜け穴（中島崇文）

目下のところ計画は頓挫しているが、2001年にはルーマニア政府がシギショアラ市郊外にドラキュラ・パークと称する巨大なテーマパークを建設することを決定し、大きな話題を呼んだ。トランシルヴァニアのこの城塞都市の旧市街の時計塔の前の通りを歩いていくと「1431～35年にこの家にワラキアの君主ヴラド・ドラクル即ちミルチャ老公の息子が住んだ」と刻まれた石碑が壁に掲げられた家が見つかる。現在はレストランになっているこの建物で1431年頃にヴラド・ドラクルの息子であるヴラド・ツェペシュが生まれたと考えられている。その後、ドラキュラ・パークの候補地は修道院にヴラド・ツェペシュが埋葬されたとされるブカレスト近郊のスナゴヴ村に移された。

ヴラド・ツェペシュ自身は、1461年から翌年にかけてジュルジュやブライラなどのドナウ沿岸地域で圧倒的な軍勢を誇るオスマン軍をゲリラ的な奇襲戦法で壊滅させた英雄としてルーマニア人に知られている。コンスタンティノープルの征服者メフメト二世さえ、彼による夜襲で危うく命を落とすところであった。とりわけ無数の戦友が串刺しとなってさらされている杭が林立するおぞましい風景を目にして、オスマン軍はすっかり戦意を喪失して撤退した。こうして歴代スルタンの中で最も攻撃的な性格のメフメト（1457年から翌年にかけてはボスニアに侵攻、59年にはセルビアのセメンドリア要塞を奪取した後、ペロポネソス半島に出撃）は、ワラキアもドナウの南の地域のように完全支配領とするという当初の意図を放棄してこれを貢納国とすることに甘んじたのである。串刺しという残酷な処刑方法は中世ではかなり一般に行われていたが、このワラキア公の場合は処刑された人の数が膨大であったことから、人びとによってツェペシュ（串刺公）という異名が与えられた。

これに対し、ドラクラ（英語ではドラキュラ）という名は彼の父に由来するらしい。父ヴラドはハンガリー国王かつ神聖ローマ皇帝であったルクセンブルク家のジギスムントからシギショアラに宿を提供され、ワラキアの公位獲得の支援を得ていたが、国王から竜騎兵の勲章を授けられるという名誉にも恵まれた。ルーマニア語のdracは「竜」も意味することから彼はドラクル（Dracul）と呼ばれるようになったが、これに縮小語尾のeaがついてDrăculeaとなり、これが一般にDraculaと呼ばれるに至ったと考えられることが多い。

なお、古代においてもダキア人の軍旗が竜の身体を持つ一頭の狼を描き出していたことはよく知られている。帝政末期ローマ帝国軍隊の中に「ドラコ」（draco）を具備した軍旗が浸透していたが、これはパルティアやダキアの影響を蒙ったものである。ちなみにストラボン（紀元前後のローマ帝国の地理学者）によると、ダキア人は最初のうち自らを「狼」を意味する「ダオイ」（dáoi）と呼んでいたという（『地誌』第七巻の3、12）。P・クレッチマーによれば、この単語の語源は「押し付ける、締め付ける、絞め殺す」という意味を持つ「ダーウ」（dhāu）に見いだされる。現代ルーマニア語で「狼」はlupであるが、これを固有名詞化したLupuはモルドヴァ地方でよく見られる苗字であり、今日でも狼とルーマニア人の結び付きは残されているといえる。ただし、この単語の語源はラテン語のlupusに求められるものであり、例えば１９０６年にローマ市は母親の狼の銅像をラテン性の象徴としてブカレスト市に寄贈しており、これは今もなおローマ

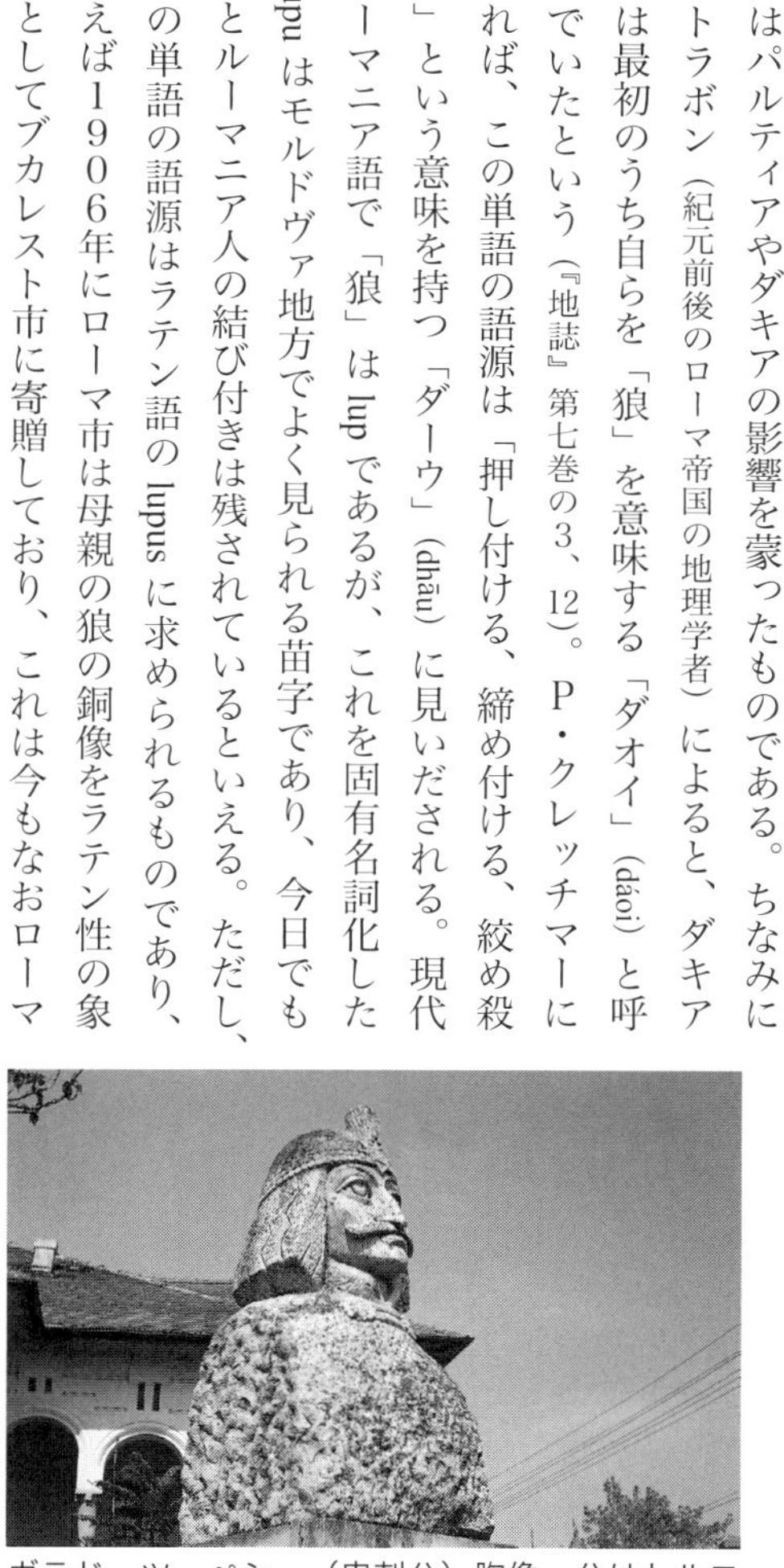
ヴラド・ツェペシュ（串刺公）胸像。公はトルコの侵略から国を守った英雄と敬われる
（みやこうせい）

広場に設置されている。

ところで14世紀の文献より、セルビア人も自らを狼と同一視していたことがうかがえる。また、男の子が丈夫に育つことを願ってVuk（狼）という名を付けることは現在でも少なくない。スラヴ民族の場合、その故地も移住先のバルカンも森林に覆われており、牧畜が主要な生業であり続けたが、狼ほど牧畜にとって危険なものはなかったため、狼崇拝が根付くこととなった。「人狼」を意味するルーマニア語のvîrcolacはブルガリア語に由来するが、アルバニア語、ギリシア語もおいてもこれに相当する単語はやはりスラヴ語から借用されている。

吸血鬼信仰は人狼信仰より後に現れたものと推定されるが、この二つは密接に結び付いており、特に旧ユーゴ地域においては吸血鬼と人狼は完全に同一視され、語源的に「狼の毛衣を着た者」を意味するvukodlakは「人狼」のみならず「吸血鬼」をも意味するようになる。しばしばドイツのヤーコプ・グリムに比せられるセルビアの言語学者ヴーク・カラジッチ（1787～1864年）の『セルビア語辞典』（1818年）によると、吸血鬼とは死の40日後にある種の悪霊が入り込んで生き返った人のことである。それから吸血鬼は夜中に墓の中から出てきて家々で人びとを絞め殺し、彼らの血を吸うとも記されている。

吸血鬼については伝説にとどまらず、中には新聞にさえ取り上げられた事件も起こっている。とりわけハンガリー南部のキシロヴァ村のセルビア人農夫ペタル・ブラゴイェヴィチが死亡した10週間後の1725年に吸血鬼になり、同じ村の9人が夜中に血を吸われて8日間で相次いで死亡したという事件は同年7月25日付の*Wiener Diarium*（『ウィーン日誌』）紙に報道され、西欧でも一大センセーションを巻き起こした。村人たちの陳情によりオーストリア駐屯軍の司令官が彼の墓を開けると、ペタルの肉体は生き生きとしており、口の中は血で一杯であったが、胸に杭を打ち込まれると傷口と鼻と口からおびただしい量の新鮮な真っ赤な血が吹き出したという。また、1923年にボスニアのヴラセニツァ地方のトゥパナリ村に吸血鬼が出現し、たまりかねた村人たちが故事にならって墓を暴き、サンザシの杭で吸血鬼の胸を刺し貫き、その後に屍体を焼却したという事件が同年5月23日付のベオグラードの *Vreme*（『ヴレーメ』）紙に掲載されたという例もあるように、20世紀に入っても人びとは吸血鬼の存在を信じていた。マケドニアの作家ペトレ・M・アンドレエフスキは畑を荒らしたり盗みを働いたりする吸血鬼を村人たちが退治するという、吸血鬼伝説の伝統にのっとった短編小説「吸血鬼」（沼野充義編『東欧怪談集』河出文庫、1995年）を1973年に発表したが、他方、ルーマニアの宗教学者かつ小説家のミルチャ・エリアーデは1936年に『令嬢クリスティナ』（住谷春也訳、作品社、1995年）を出版し、若死にしても現世を諦めきれない女性が画家を誘惑するという官能的な吸血鬼小説を描き出した。

バルカンではこのように現代文学の中でも吸血鬼がしばしば出現している。

（中島崇文）

4

柔らかな専制

★オスマン帝国の統治と宗教★

16世紀、スレイマン一世の時代に最盛期を迎えるオスマン帝国は、スルタンを頂点とする中央集権的な支配を行った。しかし、その支配はスルタンに忠誠を誓う場合には柔軟なものであった。イスラムの伝統に基づきキリスト教徒やユダヤ教徒を「啓典の民」として庇護し、また貢納や治安維持業務の見返りに、さまざまな制約は存在したものの、統治下の地域、住民に対して伝統的な自治も認めた。バルカン地域においてオスマン帝国統治が数世紀にも及んだ一因は、こうした「柔らかな専制」によるものと考えられる。

14世紀半ばから始まるオスマン帝国のバルカン進出は、16世紀までには現在のクロアチア、ハンガリー、ルーマニアにまで及び、その後、地域によってその統治の及んだ期間、統治のあり方には差があるものの、20世紀初頭までバルカン半島はオスマン帝国の支配を受けることになる。バルカン進出時にオスマン帝国は抵抗する貴族たちを破り、それにともない都市や平野部からキリスト教徒住民の移動が生じた。移動の波は平野部から山岳地帯へ、またアドリア海を渡ってイタリア半島へ、ドナウ川を越えてモルドヴァ、ワラキア、さらにハンガリー平原へ及んだ。帝国のバルカン支配は直接統治地域のほかに、ワラキア、モルドヴァ、トランシルヴァニアのように公国として間接統治下に置かれた地域もあった。しかし、いったんオスマン帝国下の「平和」が確保されれば、バルカン地域住民、とりわけ、農民たちにとって新しい体制は抑圧的なものではなかったと考えられる。そして帝国の臣民はアスケリーという軍事、政治のエリート層で免税特権を持つ階層とレアーヤーという農民、手工業者、商人など税を負担する層に大別された。

帝国の軍事・行政機構の基礎をなしていたのは、ティマール制であった。ティマール制とは、スルタンから軍事封土を与えられたスィパーヒーが、戦時には武装し騎士として従者を率いて戦場に赴く制度である。こうした軍事封土はその大きさに応じてティマール、ゼアメト、ハスと呼ばれたが、封土の保有は一代限りで世襲ではなかった。帝国行政はエヤーレト（州）、サンジャク（県）、カザー（郡）に区分され、スィパーヒーは戦時にはサンジャクの長であるサンジャク・ベイの指揮下に入り、平時には自らの封土内の治安維持に当たった。常備歩兵軍団であるイェニチェリ軍団が形成され、軍事面での集権化が進むにつれ、スィパーヒーに率いられた地方の従者による軍団の役割は減少し、軍事と行政の分化が進むことになる。

ティマール制は、帝国の農業生産を維持する制度としても重要だった。スィパーヒーは、自身の封土に住む農民たちから主に穀物など現物税を徴収する代わりに、農民たちを保護しなければならなかった。農民たちはオスマン帝国の「平和」の下で、比較的安定した生活を営むことができたと考えられる。

１４５４年、征服王メフメト二世はゲンナディオス・スコラリオスを世界総主教に就任させ、スルタンがビザンツ皇帝に代わる支配者となったことをキリスト教徒臣民に示した。世界総主教にはその管轄下の聖職者に対する管轄権、裁判権、常設の主教会議であるシノドとともに教義に関する裁量権が与えられ、結婚、離婚、相続など民事裁判、キリスト教徒同士の刑事裁判にも権限が及んだ。また、15世紀にはスラヴ系の教会組織の管轄下にあったバルカンの大部分は世界総主教座の管区に統合され、モルドヴァ、ワラキアの教会にもその影響は及んだ。オフリド大主教座と1557年に再建されたペーチ総主教座では例外的にスラヴ語典礼が維持されたが、両者とも18世紀後半に廃止され、世界総主教の下に統合された。世界総主教は、以上のような特権を与えられる代わりに、キリスト教徒がオスマン帝国の支配を受け入れ、税の支払いを円滑にするよう保証しなければならなかった。

バルカン村落社会では地域差に配慮した統治が行われ、征服以前の制度が存続される場合もあり、支配受け入れに肯定的な異教徒には特権が与えられた。武器携行を禁じられたキリスト教徒の中にも、武装を許される集団は存在した。地方の村落、都市部の街区は宗教的帰属に従って形成されており、キリスト教徒の場合、それらの共同体は教会組織の末端と重なっていた。共同体はオスマン帝国に納める税（スィパーヒーに対する税と中央政府に対する人頭税など）、教会に納める十分の一税と共同体維持費を負担し、個々の納税者への負担割り当てや徴収は共同体において一括して行われた。共同体は自治組織としての機能も果たすが、教会を中心として信仰、慣習の維持が図られた。裁判には慣習法が用いられ、征服以前の伝統が受け継がれ多様な様相を呈していた。共同体の自治組織としては村会などがそれに当たり、さらにカザーなどを単位として共同体間の紛争の裁定を行い、代表を選出する場合もあった。代表はキリスト教徒がイスラム法廷に出廷する場合の立会人や治安維持活動、各共同体への税負担の割り当てを行った。

幹線路に沿った共同体や山岳地帯の共同体は、税の減免や武器の携行が認められることもあり、軍役補助や幹線路の治安維持に当たった。ほかにも、オスマン帝国統治への奉仕への代償として特権が与えられる場合が多く見られた。ボスニア・ヘルツェゴヴィナの現地ムスリムの中には要塞の守備を任され治安維持に当たるカペタンが存在したし、アルバニアの山岳地帯の部族は、貢納と軍役を担う一方、自治単位としての機能を果たした。

オスマン帝国の「啓典の民」に対する庇護政策は、イベリア半島や中部ヨーロッパ地域を追われたユダヤ教徒の受け入れにも見られた。ユダヤ教徒は征服初期からバルカンに住んでいたギリシア語を共通語とするロマニオテスと呼ばれる人びとに加え、スペイン語の影響を受けたラディーノ語を共通語とするスファラディム、ドイツ語の影響を受けたイディシュ語を共通語とするアシュケナジムが帝国下バルカンの諸都市に住み、宗派や出身地別にカハルと呼ばれる共同体を形成した。一般的に個々の共同体の街区は礼拝所であるシナゴーグを中心に形成され、指導者ラビを精神的な支柱としていた。シナゴーグは礼拝だけでなく、ユダヤ教の律法（トーラー）やその注釈（タルムード）を学ぶ場であり、ラビは婚姻や相続、共同体内部の調停を図る宗教裁判所（ベド・ディン）を主催した。また、ラビとは別に世俗の指導者であるバルナシーが選出され共同体内の行政や徴税に当たった。

オスマン帝国統治下のバルカン諸地域では、キリスト教徒のイスラム受容（改宗）も生じたが、それはデヴシルメ（キリスト教徒の少年を徴用して改宗させ、教育を施し宮廷使用人、役人、イェニチェリなどとして登用する制度）のような人材採用の場合を除けば、組織的、政策的な場合は少なかったと考えられる。

（木村　真）

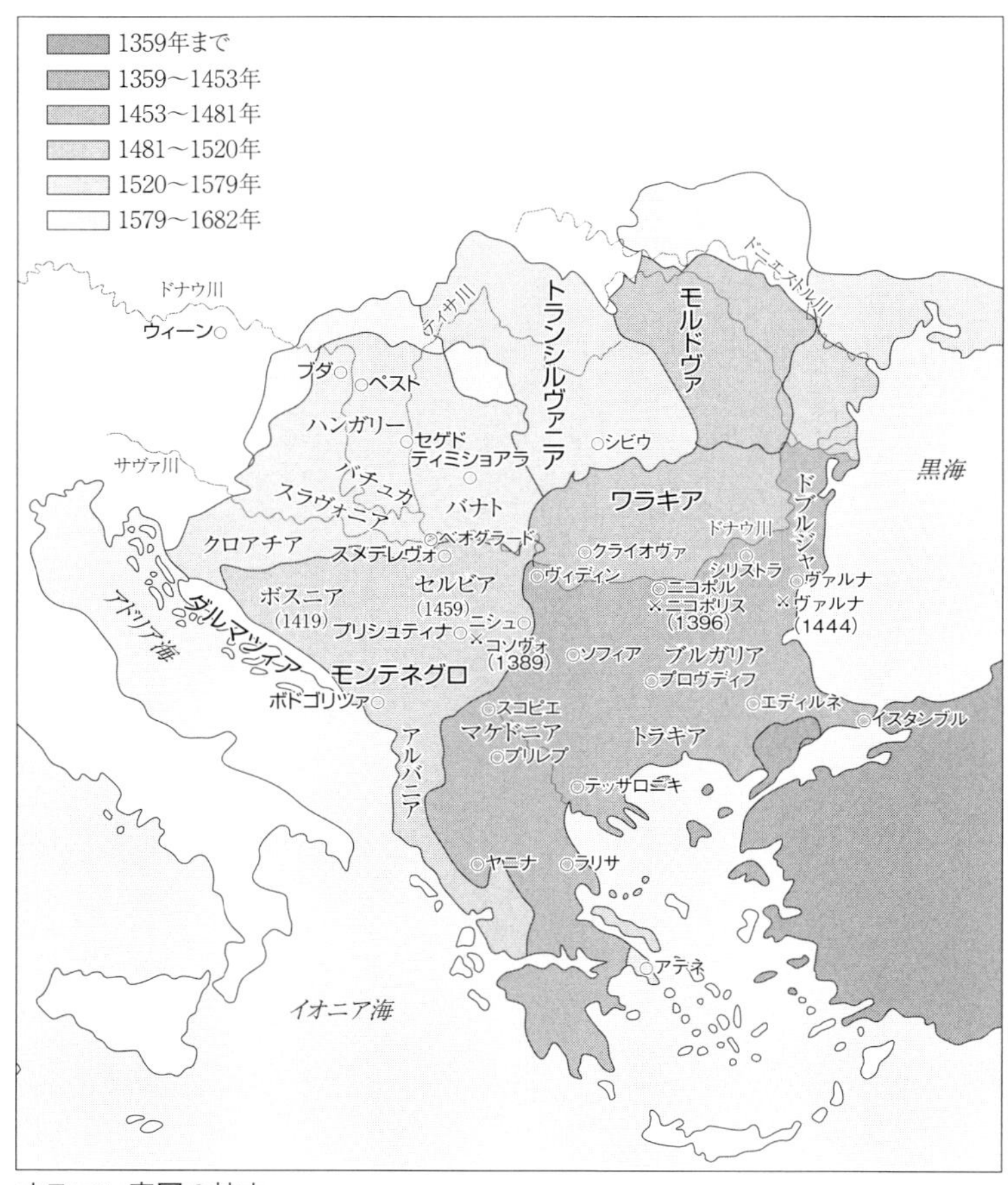

1359年まで
1359～1453年
1453～1481年
1481～1520年
1520～1579年
1579～1682年
ドナウ川
ウィーン
ティサ川
トランシルヴァニア
モルドヴァ
ドニエストル川
ブダ
ペスト
ハンガリー
セゲド
ティミショアラ
シビウ
サヴァ川
バチュカ
スラヴォニア
バナト
ワラキア
黒海
ドブルジャ
クロアチア
ベオグラード
スメデレヴォ
ドナウ川
クライオヴァ
シリストラ
ヴィディン
セルビア
(1459)
ボスニア
(1419)
ニコポル
×ニコポリス
(1396)
ヴァルナ
×ヴァルナ
(1444)
アドリア海
ダルマツィア
プリシュティナ
ニシュ
×コソヴォ
(1389)
ソフィア
ブルガリア
モンテネグロ
プロヴディフ
ポドゴリツァ
エディルネ
イスタンブル
スコピエ
マケドニア
トラキア
アルバニア
プリレプ
テッサロニキ
ヤニナ
ラリサ
アテネ
イオニア海

オスマン帝国の拡大

5

地方の名望家アーヤーン

★バルカンの地域権力体現者★

アレクサンドル・デュマの小説『モンテ・クリスト伯』にモルセール伯という人物が登場する。[*] 彼はエデの父親アリ・テブランを裏切り、その財産を奪ってフランス社交界で台頭する。このアリ・テブランはヤニナ（ギリシア中西部の町）を拠点としたアーヤーンであるテペデレンリ・アリー・パシャのことである。彼はフランスなどと独自に外交を展開していた。最後にはスルタンのマフムート二世（在位1808～39年）によって討伐された。

ではアーヤーンとはどのような人びとのことであろうか。ムスリム名士を指す一般的言葉である。ただしオスマン帝国において狭義には、行政・軍事・宗教ヒエラルキーにおける地位及び財産を保持する人びとを指す。具体的にはスィパーヒー（封建騎士）を含む封建軍事層、イェニチェリ（常備歩兵軍団）幹部及びウラマー（イスラム知識人層）を指し示す。しかし彼らの財産に着目した研究から多様な社会的背景が明らかにされた。富裕な都市民や地主などもこのカテゴリーには含まれた。彼らに共通する経済基盤としてチフトリキが指摘されている。チフトリキとは「私有地」のことである。土地の国有が前提である帝

サラエヴォに残る名士スヴルゾ家の邸宅前庭の風景。
（稲葉光俊）

国において本来非合法な、このチフトリキ形成にはさまざまな手段がある。その一つとして世襲封土としてのオジャクルークが考えられていた。しかし近年これが給与を指す用語で世襲特権をともなうものではないことが指摘されている。チフトリキ形成は地域によって大きく異なり、18世紀後半のアルバニアの地中海沿岸、テッサロニキ後背地及びブルガリア黒海沿岸においてチフトリキ形成が顕著に見られる。ただしチフトリキは中小地片の集合体であり、分益小作制（地主と小作人との間で収穫を分割し、危険負担する経営形態）によって維持されるのが一般的であった。また商品作物に特化する経営はなされていなかった。チフトリキ経営を過大視することは危険であり、現在徴税請負のような徴税業務との関係に目が向けられている。この徴税請負は徴税業務を地方の請負人に委託することであり、従来財政を通じて州当局が把握していた軍事層に対する支配手段を失い、権威を喪失していく原因ともなった。このような事例は18世紀末ボスニアにおけるカペタン制度（国境など交通要地防衛のために設置された軍）と州の関係について指摘されている。経済基盤としては、これ以外にも商業や投資のような手段があり、必ずしも一つに特化するわけではなかった。

地方の名士に過ぎない人物がなぜフランスの小説における主要な登場人物にまでなったのであろうか。それは彼らがオスマン帝国の地方行政において大きな役割を担うようになったためである。17世紀以後、従来の軍事封土制度の形骸化、チフトリキ増大と治安の不安定化によって地方の現状を把握できなくなった中央はアーヤーンに依存せざるを得なくなった。当初治安維持業務に姿を現したが、徴税にも関与するようになった。これはオーストリアなどとの対外戦争が相次ぎ、さまざまな臨時税（後に恒常化）が導入されたことと関連している。徴税請負に対するアーヤーンの関与は好例である。このような徴税や治安維持などへの関与は郡レベルにおいて発生した。このような関与は18世紀前半以降アーヤーン職としてまとまり始め、同世紀後半には公になっていった。地方における必要性から生じてきたため、その業務内容には地域によって偏差が存在した。また登場年代にも差が存在した。このアーヤーン職は「住民」による選挙を通じてアーヤーンの中から選ばれた。しかし徴収される税金の中に手数料が付加されるようになり、この職は有益なものとなっていった。そのためアーヤーン同士の争奪戦が激化するようになった。多くの郡を支配下に置き、大きな勢力を握るようになる者も登場した。その好例が前述したアリー・パシャである。これ以外にもルセ（ブルガリア北部ドナウ河畔の町）のアレムダール・ムスタファ・パシャやヴィディン（ブルガリア北西部ドナウ河畔の町）のパスヴァンオウル・オスマン・パシャが代表的である。1831年のフセイン・カペタン・グラダシュチェヴィチが叛乱時に協力を求めたシュコダル（アルバニア北部シュコダル湖畔の町）のブシャトリ・ムスタファ・パシャも有名である。

このような強大化したアーヤーンに対する対策は検討された。同時に徴税請負制度の存在も検討された。しかし、二度の露土戦争（1768～74年と1787～92年）による動員や軍需物資徴発におけるアーヤーンから協力を得る必要性から成功はしなかった。また19世紀初頭の露土戦争（1806～12年）やセルビア蜂起においても同様であった。1807年のクロブク（トレビニェ東部にあった町）の戦いに参戦したモスタルのアリー・アガ・ダディチのように、アーヤーン自身が戦争に参加することもあった。これには戦後の論功行賞によって自らの地位に対する公的保証を得ようとする戦略が存在してもいた。同時に戦時の徴発などを通じて利益を得られた。このようにバルカンにおける18世紀以来の対外戦争や叛乱がアーヤーンを強化することにもつながった。1808年中央はアーヤーンと「同盟の協約」を締結し、彼らの存在を保証せざるを得なかった。しかし、マフムート二世はイェニチェリ廃止（1826年）やティマール制廃止（1831年）のように封建軍事層を排除し、アリー・パシャ討伐のように軍事力も動員してアーヤーンの排除を図った。アーヤーンは消滅したように思われる。しかし公文書上において把握できる指標としての称号保持者が消えただけである。徴税請負が残存したように彼らの経済基盤は維持されていた。注意すべきは、「住民」は名士の名望の基底としてテクストにおいて析出される表象であり、この外部あるいは以前に存在する何物かではない。故に両者はテクスト上で相即的に現れる。今後研究はこの関係を再現するのではなく、その生成を脱構築的に読解することに取り組まなくてはならないであろう。

（稲葉光俊）

＊作品中の人名は岩波文庫版『モンテ・クリスト伯』（山内義雄訳、1956～57年）によった。

6

匪賊のネットワーク

★クレフテスの理想と現実★

ニコツァラスは三つの地域と戦っている、
ジフナ、ハンダカ、そして哀れなプラヴィと。
三日間戦っている、三日三晩。
雪を食べ、雪を飲み、砲撃に耐えていた。
四日目にニコツァラスは手下に叫んだ、
「数は少ないが、勇敢なお前たち、よく聞け、
心に鉄を身につけよ、胸に銅を身につけよ、
明日トルコ人たちとの困難な戦があるだろう、
明日襲撃しようではないか、プラヴィを獲得しようではないか。」
朝、彼らは出発し、そして橋に到着した、
ニコツァラスはダマスカスの剣で橋の鎖を断ち切る、
トルコ人たちが山羊のように逃げていく、プラヴィを放り出したまま。

これは、ギリシアの民衆歌謡のジャンルの中で、クレフテス歌謡と呼ばれるものの一つだ。クレフテスとは、本来「盗賊・略奪者」を意味する。しかし、今日のギリシア人のイメージの

中では、クレフテスは特別の地位を与えられている。彼らは、オスマン帝国支配に屈せず、ギリシア人の自由と独立の精神を守り続け、ついにはギリシアを独立に導いた、民族の英雄と見なされている。残されているクレフテス歌謡やクレフテスについての逸話は、トルコ人やムスリムのアルバニア人と戦う英雄としてのクレフテスの姿を伝えている。そこに描かれている彼らの肉体の強靭さや軍事能力は、明らかに現実味を欠いており、一種の伝説と見なすべきである。しかも、歌謡や逸話は、英雄のイメージを作り上げるため、後年になって、脚色されたものも多い。それらは、民族の英雄であるのみならず、支配者の不正を暴き、弱い者を助ける社会的匪賊の典型としてのクレフテスの姿も伝えている。

しかし、現実のクレフテスは、今日語られるようなギリシア民族の英雄でもなければ、ギリシア版ロビン・フッドでもなかった。オスマン帝国のクレフテスは、武装したキリスト教徒のアウトロー集団で、山岳部を拠点にゲリラ戦術による略奪と戦闘を生業としていた。クレフテスと同じような集団は、バルカン半島全域で見られた。彼らは、セルビアではハイドゥク、ブルガリアではハイドゥティと呼ばれた。クレフテスは、支配者であるイスラム教徒だけを攻撃したのではない。彼らは、イスラム教徒だろうとキリスト教徒だろうと、そしてときにはヨーロッパからの旅行者であろうと、無差別に攻撃し、略奪を働いた。その最大の犠牲者はキリスト教徒農民で、彼らにとってクレフテスは、英雄ではなく抑圧者そのものだった。

クレフテスは、「武器を持つ者」としての特権を利用して、あわよくば権力の側に与しようと、常にその機会をうかがっていた。そして、イスラム教徒支配者やキリスト教徒名望家とのネットワークを築いて、自らも徴税権を行使するなどして農民を搾取した。歴史家ホブズボウムが指摘しているように、匪賊は表向きには全く体制外にありながら、実際は自分たちを取り巻く社会的・文化的な枠の外に踏み出すことは少なかった。クレフテスは、オスマン帝国社会の既存の枠組みを固定する役割を担っていた。彼らは、個人の、あるいは一族の利益を守ることに専念していて、目的のためなら、帝国の支配者や名望家と結託することをも厭わない現実主義者だった。

18世紀末から19世紀初頭、ヤニナを中心に、今日のギリシアのイピロス地方と南アルバニア一帯を支配したテペデレンリ・アリー・パシャは、クレフテスの権力欲を巧みに利用して、帝国内で半ば独立した権力をふるう地位を築いた。アリーは、反抗するクレフテスを執拗に追跡して処罰した一方で、服従の意を示したクレフテスに対しては、相応の権利を与えて優遇した。例えば、1800年に、アリーに追跡されてレフカダ島に逃れたクレフテスのヴラホヨルガキスは、賄賂を贈ってアリーに許しを乞い、1805年に殺害されるまでアリーの軍の指揮官を務めた。1801年に、アリーに迫害されイオニア諸島に避難したカツィコヤンニスも、1803年には賄賂によって、アリーから支配領域を

18世紀末のクレフテス、レオニダス・アンドルツォス
（出典：*Η Καθημερινή, Επτά Μέρες*, 1999/3/21, σ. 12.）

賜った。アリーは、クレフテスの全滅を望んではいなかった。なぜなら、彼らが作り出す恒常的に不穏な状況に乗じてこそ、アリーは自分の裁量でこれらの地域を支配する権限をオスマン帝国の中央当局から引き出していたからである。したがって、クレフテスとアリーとの間には、相互に依存する関係があったといえる。

１８３０年にギリシアが独立を達成した後も、クレフテスの活動はなくならなかった。それどころか、独立直後から20世紀初頭までギリシアが遂行した領土拡張政策は、彼らが活発に活動することを促しさえした。オスマン帝国とギリシア王国の国境地帯は常にクレフテスの巣窟で、彼らは、日和見主義的に、ときにギリシア側に、ときにオスマン側に与して、利益にあずかろうとした。さらに、19世紀末から20世紀初頭にかけて、マケドニア地域をめぐる、ギリシア、セルビア、ブルガリアの対立が激化し、武力衝突が避けられなくなったとき、有力な戦闘員となったのは、それぞれの民族や国の正規軍ではなく、クレフテスやハイドゥティの流れを汲む不正規軍だった。

第一次大戦後、ようやくクレフテスは姿を消した。それは、バルカン諸国の国境が、ほぼ今日のような形で画定されたのと時期を同じくしている。国境の画定と第一次大戦後に本格化したバルカン諸国の近代化が、匪賊の移動の自由と、彼らの存在そのものを不可能にした。

しかし、クレフテスは、歴史の中に忘却されてしまったわけではない。第二次大戦時の枢軸国に対するレジスタンス運動の中で、彼らへの記憶はよみがえった。レジスタンスの兵士は、クレフテスを理想化し、その姿を自分たちのそれに重ね合わせて戦った。事実はどうであれ、ギリシア人にとって、クレフテスは、ヒロイズムの象徴としての役割を今日においても果たしている。

（村田奈々子）

7

「東方問題」とバルカン

★国際関係の中の独立運動★

19世紀のバルカン半島をめぐる問題は、ヨーロッパ国際政治史において「東方問題」と呼ばれる。「東方問題」とは、広義にはヨーロッパ大陸南東部を舞台に古来、ヨーロッパが東方の諸勢力と接触することで生じてきた問題といわれるが、1821年に始まったギリシア独立戦争のときにイギリスの外交用語として使われるようになった。オスマン支配に対するバルカン諸民族の抵抗は1804年のセルビア蜂起を皮切りに、民族的な規模での独立運動へと進展し、1878年にはほとんどの民族が独立を達成することになった。ここに19世紀の「東方問題」は、オスマン帝国の衰退にともなう同帝国の領土喪失と、それに相関して活発化するバルカン諸民族の独立運動、及びこれをめぐるヨーロッパ列強とりわけロシア、イギリス、オーストリアの利害対立という三つの要因が錯綜する問題として捉えることができる。この時期、列強は独立運動に介入し始めるが、とりわけ南下政策を推し進め、1768~74年のオスマン帝国との戦争（露土戦争）に勝利したロシアは、この地での影響力を強めることになった。オスマン帝国の解体を目論むロシアは、黒海沿岸の拠点の獲得に成功し、自国と同様の正教徒であるバルカンのキリスト教徒を保護する権利を得て、この後、彼らの独立運動を支援していくことになる。このことはまた、バルカン諸民族の側で「解放者」としてのロシアへの期待を高めることになり、独立運動の指導者の間ではロシアをはじめ列強の介入や、列強間の対立を利用する一面も見られた。

オスマン軍（イエニチェリ）の暴虐に対する抵抗で始まったセルビア蜂起は、ナポレオン戦争のさなか、1806年にオスマン帝国と開戦したロシアの支援を受けて、独立を求める戦いへと発展した。しかし1807年に露土戦争が休戦に至ると蜂起は孤立し、1813年にはいったん鎮圧されるが、1815年に再燃するとロシアが本格的に仲介に入り、セルビアはオスマン帝国内での自治を獲得した。1821年、秘密組織フィリキ・エテリアのモルドヴァでの蜂起で火蓋が切られたギリシア独立戦争は、またたく間にペロポネソス半島からエーゲ海諸島に拡大した。1822年にはギリシア国民議会が結成され独立を宣言したが、戦いは長期化し、1826年、エジプト太守の援軍を受けたオスマン軍によりついに鎮圧された。この機に及びロシア、イギリス、フランスはギリシア自治案をオスマン政府に提案した。提案が拒否されると、三国はナヴァリノにおいてオスマン・エジプト連合艦隊を攻撃して全滅させ、さらにロシアは1828年、単独でオスマン帝国に宣戦し領内に侵入した。この戦争に敗北したオスマン帝国はギリシアの自治を認め、ギリシアは1830年には独立国となった。

このように19世紀前半の独立運動は、列強の介入によって一定の成果を得た。しかし結果的にはバルカンへの列強の干渉を深め、独立が認められたギリシアや自治を獲得したセルビアに対して、列強はオスマン帝国に代わって内政、外交に干渉する権利を新たに持つこととなった。中でもロシアはワラキア、モルドヴァを保護下に置き、バルカンにおいて多大な影響力を持つに至った。ロシアに対する他の列強の警戒が強まっていた状況の中で、1853年にクリミア戦争が始まると、イギリスとフランスはオスマン側に立ってロシアに宣戦した。戦場となったワラキアとモルドヴァでは、統一を願うルーマニア人がイギリス、フランスに接近を試み、一方、ロシアに解放の期待を寄せるブルガリア人はロシア軍の進軍に合わせて蜂起を計画した。クリミア戦争はロシアの敗北で終結し、この後ロシアはしばらく国際的に威信を失うことになった。一方ワラキアとモルドヴァはパリ講和条約により列強の共同管理下に置かれ、1861年になって正式に統一が認められた。

1860年代に入ると、バルカン諸民族の間でもこの地域をめぐる国際関係が「東方問題」と認識され、バルカン連邦化構想などの解決策が模索されるようになった。また現実には、ギリシア、セルビア、モンテネグロ、ルーマニアが同盟を結成し、国境の修正や完全独立を目指してオスマン帝国との戦争を準備したが、列強の反対などの理由で同盟は解体した。

バルカン情勢が再び緊迫化してくるのは1875年である。1875年から1878年はバルカンの危機と呼ばれ、最終的には1878年のベルリン会議を導くことになった。1875年にボスニア・ヘルツェゴヴィナで始まった農民反乱は、反オスマン闘争に発展し、1876年にはブルガリアでも民族の解放を求めて蜂起が勃発した。さらに同年、隣接するセルビアとモンテネグロが、スラヴの同胞の支援を大義にオスマン帝国に宣戦布告したのであった。ボスニア・ヘルツェゴヴィナでの蜂起が始まった時点で列強は直ちに事態収拾に乗り出し、両地域の改革案を作成していたが、1876年末あらためてイスタンブルで列国会議を開き、ボスニア・ヘルツェゴヴィナの改革案とブルガリアの自治州案をオスマン政府に提出した。これに対し帝国初の憲法発布をもってオスマン政府が列強の提案を拒否したため、不満を覚えたロシアは列強に呼びかけて改革案を再度作成し、これを最後通牒とした。オスマン政府が内政干渉としてこれを拒否すると、1877年、ロシアは単独で宣戦し再び露土戦争が始まった。ロシア軍がドナウ川を渡ると、進路であるブルガリアでは各地で民衆の広汎な戦争参加が見られ、またセルビア、ルーマニア、ギリシアもロシアとの同盟を探った。

戦争はロシアの勝利で終わり、1878年、サンステファノ講和条約が締結された。しかし講和内容がロシアの利益を大きく反映するものであったため、イギリスやオーストリアの反対を呼び、あらためてベルリン会議が開かれた。ベルリン条約によりセルビア、モンテネグロ、ルーマニアの独立とブルガリアの自治が認められたが、ボスニア・ヘルツェゴヴィナはロシアの領土拡大の対抗措置として、オーストリアに占領権が与えられた。ベルリン会議によってバルカン諸民族の独立運動には最初の終止符が打たれたが、諸民族の意思にかかわりなく国境が画定されたために、オスマン帝国下に残された領域をめぐる新たな相克を生み出すことになった。また列強間では戦勝国にもかかわらず利益を大きく削減されたロシアと、バルカンにおける足場を築いたオーストリアの対立を深めることになった。

（菅原淳子）

第7章

「東方問題」とバルカン

ベルリン条約後のバルカン

8

「マケドニアに自治を」

★VMROとイリンデン蜂起★

19世紀を通じてオスマン帝国統治下にあったバルカン地域では、各地域の固有の要因から武装蜂起が組織され、それへの列強の介入などの結果、オスマン帝国からの自治の獲得、あるいは独立国家の形成が行われた。ベオグラード・パシャリクでの武装蜂起は一次、二次の蜂起を経て、その後の交渉の継続によってセルビア公国の形成を見たし、ペロポネソスをはじめとするギリシアでの蜂起は、列強の介入の結果、独立ギリシア王国を生んだ。1878年のベルリン条約によりセルビア、モンテネグロ、ルーマニアは独立し、ブルガリアはオスマン帝国を宗主国とする自治公国として成立した。19世紀半ば以来ギリシアとセルビアは、それぞれ「メガリ・イデア（大いなる構想）」、「大セルビア」主義と呼ばれる領土拡張を目指す国家方針を持っていた。一方、ロシア・トルコ戦争後に結ばれたサンステファノ条約により、一時はエーゲ海に達し、オフリド湖、スコピエをも領域とする自治国家となるはずだったブルガリアは、ベルリン会議後、自治国家領域がソフィアを含むバルカン山脈以北に限定された。キリスト教徒が総督となる東ルメリ自治州は、1885年の武装蜂起の結果、事実上ブルガリアに併合された。

残る地域は、オスマン帝国直接支配地域としていくつかの州に区分された。バルカンに残されたオスマン支配地域として「東方問題」の中心となり、新興バルカン諸国の領土拡大の関心の的となる、マケドニアである。

当時のマケドニアは、オスマン帝国下のコソヴァ州、マナストゥル州、セラーニク州に区分され、スラヴ人、トルコ人、ギリシア人、アルバニア人、ヴラフ、ユダヤ人、ロマなどが住む、混住地帯であった。セラーニク、マナストゥルなど都市部はさまざまな宗派の人びとが住み、多言語、多文化的なオスマン帝国都市の特徴を持っていた。一方、村落部はイスラム教徒とともに正教徒の農民が住み、その多くはスラヴ系言語を話していた。住民の帰属意識は宗教共同体の違いにより規定される面が強く、後に見られるような「ブルガリア人」「セルビア人」「ギリシア人」といった意識はそれほど普及していなかった。あるいは、「民族」の大義のために闘うよりも、より安全な生活を求める中で意識的にあるいは無意識にさまざまな帰属意識を持っていたともいえよう。

19世紀後半から20世紀にかけて、独立国家、自治国家を形成していったギリシア、セルビア、ブルガリアは、教会、協会、学校などを通じてマケドニア地域住民への影響の拡大を試みた。世界総主教座の管轄下に長年置かれてきた正教徒住民は、たとえスラヴ語を話していても「ギリシア人」意識を持つ人びとであるとの主張が行われ、ギリシアではギリシア語普及活動のため協会が組織された。1870年にオスマン政府により設置を認められた総主教代理座（ブルガリア正教会）はマケドニア地域でも管区を拡大し、さらにブルガリアではキリル・メトディ協会が組織され、マケドニアでの文化・教育活動に力を注いだ。マケドニアへの活動普及でやや遅れたセルビアは聖サヴァ協会を設立し、やはり教育活動により地域住民への勢力拡大を目指した。また、それぞれの「民族学校」では、かつて中世の「民族」王朝がマケドニア地域を統治下に治めたことが引き合いに出された。

こうした周辺諸国からの教育活動が展開される一方で、マケドニア地域出身者はセルビアやブルガリアで教育を受ける機会を得る。マケドニア地域の「解放」「マケドニア人のためのマケドニア」を掲げて蜂起する内部マケドニア革命組織の設立者の一人、ダメ・グルエフや1894年から参加するゴツェ・デルチェフもこうした経歴の持ち主だった。グルエフは聖サヴァ協会の奨学金でベオグラードのヴェリカ・シュコラ（高等学校、後のベオグラード大学）に学んだ後、ソフィアの古典ギムナジウム付属高等教育課程（後のソフィア大学）でも学び、マケドニアに戻ってからは教師となっていた。デルチェフはソフィアの士官学校で学んでいた。

1893年セラーニクにおいて六人のメンバーが集まり、後にVMRO（内部マケドニア革命組織）として知られる解放運動が結成されるが、そのうち四人はマケドニアで教師をしていた。運動は当初ブルガリア人マケドニア・オドリン革命委員会の名前を持っていたが、1903年の蜂起前にはマケドニア・オドリン秘密革命委員会と名称を変えている。マケドニア地域からも多くの人びとが移り住んでいたブルガリア自治公国では、各地に組織されたマケドニア協会組織を統合する最高マケドニア委員会がVMROとは別に設立された。最高委員会がマケドニアのブルガリアへの統合を目的としていたのに対して、VMROはマケドニア地域の自治を掲げ、必ずしもそれをブルガリアとの統合の中で位置付けていたわけではなかった。VMROには、社会主義者たちとの接触を通じて、マケドニア地域を一構成単位とするバルカン連邦を形成するという将来像を描く人びとも参加していた。教師のネットワークを中心にマケドニア内部で組織を農民層にまで拡大した解放運動は、ソフィアに在外代表部を置いて、武器の調達などにおいてソフィアの最高委員会との提携を継続したが、その傘下に入ることはなくマケドニア地域住民の「解放」のため組織化を進めた。

1903年夏、8月2日の聖イリヤの日にVMROによって蜂起が開始されたことから、この蜂起はイリンデン蜂起と呼ばれることになるが、マケドニア西部の高地クルシェヴォではヴラフ系住民も参加する蜂起の中で共和国宣言が出された。8月19日のキリスト変容の祝日には、エディルネ州東部のストランジャでも蜂起が開始された。蜂起はエディルネ州、マナストゥル州で広がりを見せたが、オスマン軍に鎮圧され報復として多くの村々が焼き払われた。こうした犠牲にもかかわらず、「マケドニアに自治を」という蜂起側の要求は受け入れられず、ロシアとオーストリアはミュルツシュテーク綱領によってオスマ

「自由か、さもなくば死か」イリンデン蜂起の際に掲げられた旗
（出典：МУЗЕЈ НА МАКЕДОНИЈА, 1903-2003 ИЛИНДЕН〔1903-2003 イリンデン〕, Скопје, 2003）

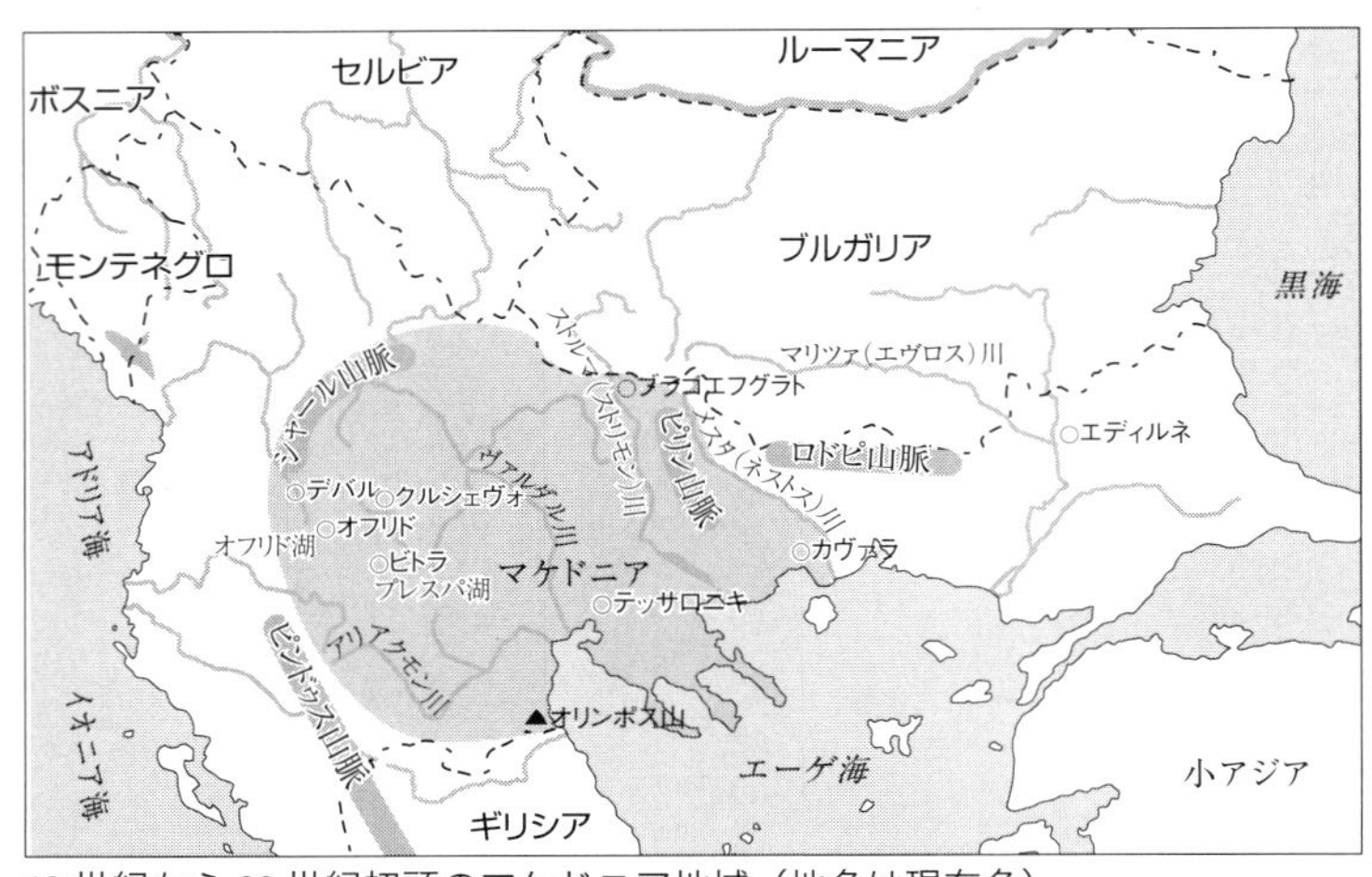

19 世紀から **20** 世紀初頭のマケドニア地域（地名は現在名）

ン領マケドニアの改革案を提示するのみだった。隣接各国が送り込む武装集団は地域住民の脅威となり、ＶＭＲＯはブルガリアへの統合を目指す最高派とマケドニアの自治を目指すグループへと分裂した。

マケドニアはバルカン戦争後分割され、セルビア領となった地域は第二次世界大戦後ユーゴスラヴィアを構成する共和国となり、主要民族（ナロード）としてマケドニア人が承認される。そして１９９１年には、マケドニア共和国は独立を宣言する。クルシェヴォの共和国宣言は、今日マケドニア人として民族意識を持つ人びとによって、何よりもまずマケドニア共和国の歴史叙述の中で、近代マケドニア国家樹立の最初の試みとして解釈されている。

（木村　真）

9

オスマンの遺産をめぐって

★バルカン戦争★

20世紀初頭、バルカン半島の名称がヨーロッパにおいて普及し始めた頃、この地域では蜂起が相次ぎ、それに対するオスマン帝国の鎮圧行動も繰り返された。このようなできごとに影響されながら、ヨーロッパにおけるこの地域に対する否定的な「イメージ」が形作られていく。1914年のサラエヴォ事件とともに、こうした「イメージ」の強化に大きな役割を果たしたのがバルカン戦争である。

1908年、青年トルコ人革命の波及を恐れたハプスブルク帝国は、占領統治下にあったボスニア・ヘルツェゴヴィナを併合し、一方ロシアは日露戦争後、再びバルカンに関心を傾けた。こうした列強の思惑だけではない。当初、青年トルコ人革命に期待を寄せながら、中央集権化に失望し自治を求めて開始されたアルバニア人の蜂起は、北アフリカにおいてイタリアとオスマン帝国の間で始められた戦争とともに、バルカン諸国間に同盟関係樹立の前提を与えることになった。

セルビアとブルガリアはマケドニアの将来像をめぐり対立し、分割を求めるセルビアとそれに反対するブルガリアは、アルバニア人がコソヴァ（コソヴォ）、イシュコドラ（シュコダル）、ヤニヤ（ヤニナ）、マナストゥル（ビトラ）の四州統合と自治を求めて再度蜂起し、イタリアとオスマン帝国が北アフリカで戦闘を開始すると、1912年3月ようやく同盟関係を結んだ。このとき調停役を果たしたロシアの外交官たちは、この同盟をハプスブルク帝国を見据えた防衛的な同盟関係と位置付けていたが、秘密議定書にはオスマン帝国の遺産の分配について、つまりマケドニアや隣接地域などオスマン領獲得後の分配について明記されていた。ノヴィパザル県やコソヴァ州の多くはセルビア領とし、ロドピ山脈以東とストルマ川流域はブルガリア領とすること、さらにユスキュプ（スコピエ）、クマノヴァ（クマノヴォ）を含みオフリド湖に至る地域については、自治州（ブルガリア側主張）とするか分割（セルビア側主張）するか「係争地域」とし、ロシアを調停者とすることが盛り込まれていた。五月にはギリシアとブルガリアの間で同盟条約が結ばれるが、ここでは領土条項は盛り込まれていなかった。10月にはモンテネグロがセルビア、ブルガリアと同盟条約を結び、バルカン同盟が形成された。

10月8日モンテネグロが隣接するオスマン領に「治安維持」名目で兵を出し、18日には他の同盟諸国とオスマン帝国の戦争も開始された。第一次バルカン戦争である。東トラキアとストルマ川流域はブルガリア軍が進攻し、イスタンブルまで50キロのチャタルジャ防衛線まで兵を進めた。セルビア軍はクマノヴォ、ノヴィパザルに進軍し、さらに南のプリレプ、オフリド、マナストゥルなどマケドニア中部を占領し、アドリア海沿岸地域にも兵を進め、イシュコドラをモンテネグロ軍とともに包囲した。ギリシア軍は北上してプレヴェサを掌握し、さらにヤニヤへと向かう一方、11月初めには周辺各国の関心の的でもあったセラーニク（テッサロニキ）に兵を進めていた。開戦から数週間のうちに、オスマン帝国のバルカン領土はほとんど失われようとしていた。12月ロンドンで始められた列国会議は、翌1913年1月にイスタンブルにおける政権交代による戦闘再開後、一時中断される。しかし、戦場でのバルカン同盟軍の優位は変わらなかった。ヤニヤはギリシア軍、エディルネはブルガリア軍、イシュコドラはモンテネグロ軍が攻略した。再度、休戦の後、列国会議は再開された。

第一次バルカン戦争の講和条約であるロンドン条約によって、オスマン側は黒海沿岸のミディエからエーゲ海沿岸のエネズを結ぶ線より西の領土を放棄し、クレタ島をギリシアに割譲した。バルカン半島、ヨーロッパ地域からオスマン帝国領はほぼ姿を消すことになった。そして、1912年12月に臨時政府樹立を宣言していたアルバニアの独立が列強の保護下に承認された。オスマンの遺産ともいえる領土の分割をめぐって、戦勝国であるバルカン諸国の主張は対立していた。アルバニアを手中に収めたセルビアは列強のアルバニア独立承認の代償をマケドニア地域に求め、またギリシアはセラーニクの領有を譲らず、ともにブルガリアの主張と対立した。また、戦争に際して中立の姿勢をとっていたルーマニアはその代償としてドナウ川に面したシリストラ、黒海沿岸のバルチクを結んだ線から北側のブルガリア領ドブルジャ（南ドブルジャ）地域の割譲を求めた。ブルガリアは戦前の協定に基づき「係争地域」の調停をロシアに求めるようセルビアに主張したが、それを拒否したセルビアはギリシアとブルガリアに対する同盟条約を結び、6月29日ブルガリア軍はセルビア軍、ギリシア軍に攻撃を開始した。第一次バルカン戦争時の同盟諸国の間でオスマンの遺産をめぐる戦争、第二次バルカン戦争が開始された。

第一次バルカン戦争には参戦しなかったルーマニアは北からブルガリアに攻勢をかけ、オスマン軍もまたエディルネを奪回した。周辺国すべてを敵に回したブルガリアは講和を求め、第二次バルカン戦争は終結した。8月10日ブカレスト条約をセルビア、ギリシア、モンテネグロ、ルーマニアと9月30日イスタンブル条約をオスマン帝国と結んだ。バルカン半島に残されたオスマン帝国統治地域、イピロス、コソヴァ、トラキア、マケドニアは参戦諸国によって分割された。

マケドニアについてはオフリド湖、マナストゥル、スコピエ、テトヴォ、デバルなどはセルビア、オリンポス山、テッサロニキなどエーゲ海沿岸地域はギリシア、ストルマ川流域とピリン山脈地域はブルガリアが新領土とした。トラキアはマリツァ川の西地域をブルガリアがエディルネを含む東地域をオスマン帝国が領有した。また、ノヴィパザル県はセルビアとモンテネグロの間で分割された。

戦争の過程では各国軍隊の進攻、退却の波とともに、地域住民の避難、移住が繰り返された。また、正規軍、不正規軍による民間人に対する組織的な殺害行為もその後の調査で明らかになった。難民の定住化と少数民族の「保護」の名目で、20世紀を通じて一般化する「住民交換」もこの戦争の講和条約付属文書の中で、初めて規定されるのである。

バルカン同盟を結成した諸国間の戦争によって、オスマンの遺産は分割され、分割された諸地域では新行政が始められた。新たな「国民国家」による「国民」創生の始まりであった。しかし、新領土には多くの少数民族が居住し、隣接国との間では領土紛争の火種が尽きることはなかった。サラエヴォでの皇位継承者殺害事件をきっかけとして第一次世界大戦が開始され、バルカン半島は再び戦場となった。

（木村　真）

第９章

オスマンの遺産をめぐって

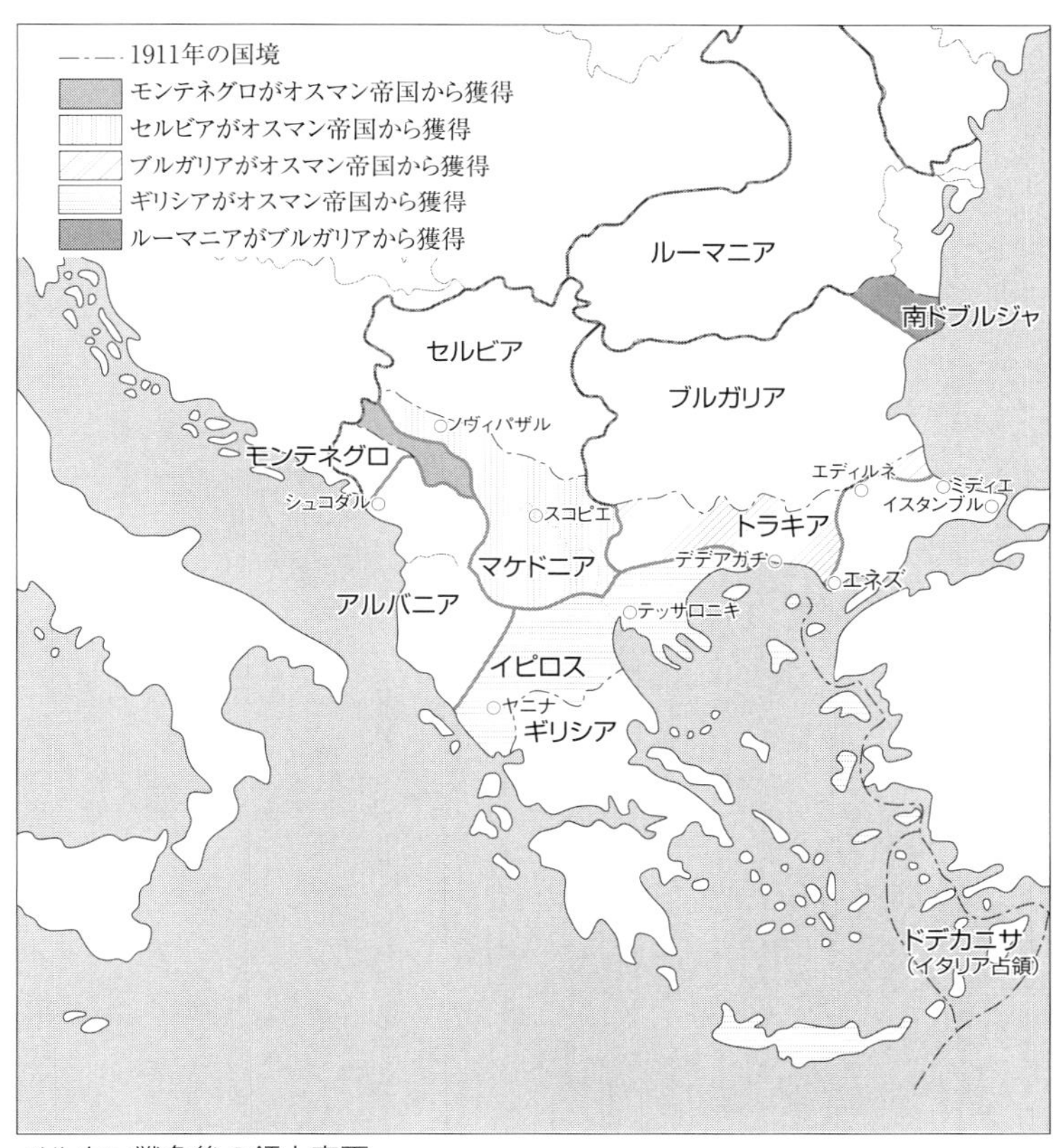

バルカン戦争後の領土変更

10

さまざまな人の移動

★バルカンにおける移民・難民★

バルカン半島は、古来より現在に至るまで時代を超えてさまざまな人の移動の舞台となってきた。多くの文明圏の影響を受けてきた「文明の十字路」としてのバルカン半島の性格もまた、それに寄与してきた。

近代以前の人の移動は、多くの場合、非常に漸進的なものであった。古代ギリシア人、ローマ人、スラヴ人のバルカン半島への定着も、何世代にも渡るゆるやかなものであった。ロマたちがバルカン半島にやってきたのも、その故地とされるインド北西部を後にして何世代にも渡る移動を続けたであろう後、11世紀のことであるとされる。彼らの一部は、近代以降20世紀に入ってからも、国境を越えて自由に移動していたという。

近代以降、バルカン半島において国民国家が形成される時代になると、新たな量と質をともなった人の移動が見られるようになる。バルカンの地に新たに生まれた国民国家がその領域を国境によって定め、また領域拡大のために戦争という手段をとるようになると、それまでの時代とは比較にならないほどの大きな規模で、人びとが住み慣れた土地を追われることを余儀なくされる事態が起こるようになった。それぞれの国民国家は、自国領域の拡大を志向し、その領域に住んでいた自民族以外の人びとは歓迎されざるよそ者として扱われた。とりわけ二度のバルカン戦争とそれに続く第一次世界大戦は、多数の戦争難民をもたらした。

小アジアからのギリシア系難民であふれる船（**1922**年）
（出典：John S. Koliopoulos and Thanos M. Veremis, Greece: *The Modern Sequel*, Hurst & company, London, 2002, p.216.）

また二国間の住民交換協定により、国家によ り組織的に移住を強制される例が見られるようになったのも、この時代の特徴である。最も大規模であったのは、ギリシア・トルコ間のものである。第一次世界大戦終結後の1921年、多くのギリシア系住民の住んでいた小アジアのイズミル周辺を占領下においていたギリシアは、小アジア中心部に軍を進めたもののトルコ軍の反撃に遭い、小アジアからの退却を余儀なくされた。その後、1923年に締結されたローザンヌ条約に付随する協定の結果、何世代にも渡り小アジアに住んできたギリシア系住民はギリシアへの移住を強制されることとなった。その数は、協定以前の戦争難民を含め約130万人とされる。またそれとは逆に、クレタ島などに住んでいたおよそ40万人のムスリム住民がトルコへの移住を強制された。そして、これら移住を強制された人びとは、新たな移住先となった国々で、「同胞」たちに決して順調に受け入れられたわけではなかった。

住民の強制追放の第二波は、第二次世界大戦によるものである。バルカン諸国が、あるいは枢軸側に立って参戦し、あるいは枢軸国の占領下に置かれるなどしてその「国境」が変化させられたのにともない、再び多くの住民が強制追放の憂き目に遭った。住民交換協定により、南ドブロジャのルーマニア人は北に、北ドブロジャのブルガリア人は南に移動させられ、北トランシルヴァニアのルーマニア人は南に、南トランシルヴァニアのハンガリー人は北に移住を余儀なくされた。また、第二次世界大戦後には、ユーゴスラヴィアとルーマニアからドイツ系住民の大多数が追放されている。

そして1990年代には、ユーゴスラヴィア紛争にともない再び大量の戦争難民が発生した。民族混住地であったボスニア・ヘルツェゴヴィナでは、紛争の結果、民族ごとの住み分けがほぼ固定化され、多くの住民が代々住む土地を追われ、現在でも難民生活を余儀なくされている。難民帰還への国際社会の努力も、現状では大きな成果を挙げているとは言い難い。こうした事態がもはや繰り返されない日はくるのであろうか。

戦争を契機とした強制的な住民の移動と並んで、近代以降のさまざまな人の移動の一形態として特徴的であるのは、経済的な理由による人の移動である。近代以前にも、バルカン半島の域内ないし近隣への小規模な人の移動は見られていた。しかし、19世紀末から20世紀初頭にかけて経済移民の主要な目的地となったのは新大陸アメリカであり、その規模も非常に大きなものであった。アメリカ合衆国への移民供給源は、旧来の西欧、北欧から東欧、南欧に移っており、彼らは「新移民」と呼ばれた。

バルカン半島からも、民族の別なく、多くの人びとが「新移民」として新大陸に渡った。その背景には、バルカン諸国が西欧への経済的従属を強める一方で人口増加が進み、農村の困窮が深まったことがあった。アメリカ合衆国への移民の数は、ギリシアの場合、1880年から1940年までの累計で、およそ50万人にのぼる。この時期のアメリカ合衆国への移民の動きは、1924年に移民制限法が成立した結果、一時的に減少することとなる。

経済移民の波が再び活発化するのは、第二次世界大戦後のことであった。1960年代以降、西側世界に属したギリシア、及び社会主義体制下にありながらソ連とは離れ独自の道を模索していたユーゴスラヴィアから西欧（主として当時の西ドイツ）へ、外国人労働者（ガストアルバイター）としての移動が見られるようになる。その供給源となったのは、ギリシアであれば北部、ユーゴスラヴィアであればヘルツェゴヴィナやセルビア東部などの国内後進地域の住民である。これらの外国人労働者は、送り出す側の国にとっても貴重な外貨獲得源となった。また、1989年に始まる社会主義諸国の体制転換の結果、90年代には、旧社会主義国からも西欧諸国への移民の回路が開かれ、多くの合法、非合法の移民が西欧諸国に流入している。旧ユーゴスラヴィア諸国においては、紛争による経済状況の極度の悪化と高失業率を背景に、直接の戦争難民だけでなく経済移民も増加した。しかし、欧州統合の進展の結果、欧州域内の人の移動が徐々に自由化され、またバルカン諸国の欧州連合加盟の日程も議論されるようになった現在、経済移民という現象もあるいはバルカンから徐々に消えてゆくのかもしれない。

（山崎信一）

歴史から

11

バルカン連邦構想の系譜

★相克を超える協調の動き★

19世紀に入るとバルカン諸民族は民族意識の覚醒を経て、オスマン帝国からの独立運動を展開していくが、その過程で彼らの間では、相互に協力し合う動きが生まれてきた。こうした動きは、1804年に始まったセルビア蜂起や1821年からのギリシア独立戦争時に見いだせる。この時期には隣接地域では蜂起が企てられ、周辺諸民族は武装部隊や義勇軍を結成して蜂起に参加するなど、共通の敵であるオスマン帝国に対する共闘の動きが見られた。またギリシア独立戦争では、初期においてはバルカン半島全体の解放も主張されていた。蜂起後セルビア人は自治を、ギリシア人は独立を、またクリミア戦争後にはワラキア、モルドヴァがルーマニア自治公国として統一を認められた。このように19世紀半ばには、バルカン諸民族の一部は独立あるいは自治を獲得し、近代国家として歩みはじめていた。依然としてオスマン帝国の支配下に置かれていたボスニア、ブルガリアなどの地域でも支配に対する抵抗が農民反乱などの形で頻発しており、次第に民族意識が高揚しつつあった。

こうした中で1860年代になると諸民族の間では、民族に独立をもたらし、かつバルカンでの列強の対立を退け、この地域に中立を打ち立てるためにもバルカンを連邦化する構想が生まれてきた。連邦化によって、すでにこの時期に生じてきていた領土をめぐる諸民族間の対立も解決できると考えていたのである。バルカン連邦構想は、19世紀初頭にバルカン共和国の樹立を考えていたギリシア人リガス・ヴェレスティンリスの思想にまでさかのぼることができる。しかし直接的には、1848年革命後のオーストリア帝国の再編を模索して、ハンガリー人コシュート・ラヨシュらによって打ち出されてきたドナウ連邦案などの影響を受けている。1860年代になると「東方問題」を解決する鍵として、セルビア人知識人の間で考察され始め、当時のヨーロッパ連邦案やスラヴ連邦案との関係からさまざまな構想が示された。その中で影響力を持ったのはヴォイヴォディナのセルビア人政治家ポリト＝デサンチッチの連邦案である。彼は1862年に、「東方問題」の問題点はバルカン諸民族の独立要求とバルカン半島における列強の利害関係の対立であると指摘し、バルカン連邦こそがバルカンにおいて内的には独立を、対外的には中立を保障すると論じた。具体的にはスラヴ人、ルーマニア人、ギリシア人の国家連合を考え、その中でスラヴ人であるセルビア人とブルガリア人が連邦を形成することを主張した。この構想はセルビア人やブルガリア人の革命家にも受け入れられた。ブルガリア人リュベン・カラヴェロフはブルガリア解放の手段として連邦案を取り入れ、1870年に設置した革命組織の綱領の中で、スイスやアメリカ合衆国をモデルにブルガリア人、セルビア人、ルーマニア人による連邦共和国を打ち出した。1870年代になると、バルカンにおける最初の社会主義者であるセルビア人スヴェトザル・マルコヴィチが、民族の解放と同時に社会変革を目指した連邦案を提示した。

1878年のベルリン会議で、ルーマニア、セルビア、モンテネグロは独立を、ブルガリアは自治を認められたが、諸民族の意思にかかわりなく国境が画定されたため、この後諸国は民族国家としての版図を求めて領土拡大政策を追求していくことになった。このような状況の下でバルカン連邦案は、オスマン帝国支配下に残された地方であり、諸国の領土拡大の対象であったマケドニアから打ち出された。マケドニア解放運動を導いていた革命組織は、マケドニアがすでに独立したバルカン諸国の領土になるのを避けるために、解放の手段としてバルカンの連邦化を提案したのであった。さらにこの時期には、帝国主義に対抗する社会主義者の間からも連邦案が打ち出された。第二インターナショナルの大会を機に1910年に、バルカン社会主義連邦が創設され、同組織はバルカン連邦のみが諸国の政治的独立と文化的発展を確実なものとすると主張していた。

第一次世界大戦後は多くのバルカン諸国で既存の政党が勢力を失い、社会変革を主張する農民政党や社会主義勢力が国民の支持を獲得した。これらの政党に共通することは、バルカンを連邦化することでマケドニア問題をはじめ諸国間の領土問題を解決し、「バルカン諸民族のためのバルカン」を作り出せると考えていたことである。ブルガリア首相となった農民同盟党首アレクサンダル・スタンボリースキは、パリ講和会議でマケドニアを組み込んだ南スラヴ連邦の形成を提案している。また新たに誕生したセルビア人・クロアチア人・スロヴェニア人王国では、セルビア人の中央集権主義に対抗するスチェパン・ラディチのクロアチア農民党が連邦主義の立場に立ち、その構想は国内の連邦的再編だけではなく次第にバルカンの連邦化へと発展した。これに対し戦前のバルカン社会主義連邦は、1920年にバルカン共産主義連邦と改称し、バルカン諸国の共産党間の密接な関係に基礎を置くことになった。ヨーロッパ諸国の帝国主義とバルカン諸国のショーヴィニズムの犠牲にならないためにも、プロレタリアート独裁によるバルカン共産主義連邦共和国の創設を綱領に掲げていた。しかし1930年代になると農民党も社会主義勢力も弾圧などで力を失い、連邦運動は後退した。

政治指導者の間で連邦案が現実に検討されてくるのは、第二次世界大戦中であった。戦争中、連合国イギリスは戦後の東欧における連邦構想を提唱していたが、それを受けてロンドンにあったユーゴスラヴィアとギリシアの両亡命政府は、戦後のバルカン連合を提案した協定を結ぶに至った。しかし実際にはソ連の強い反対や、戦後における亡命政権の権力への復帰が不明確なこともあり、結局は日の目を見ることはなかった。一方ユーゴスラヴィア国内では、1943年にチトー率いる人民解放反ファシスト会議が戦後の連邦化を決議し、これに基づき1945年11月、ユーゴスラヴィア連邦人民共和国が成立した。さらにユーゴ共産党とブルガリア共産党の間では、戦争末期からバルカン連邦が議論されていたが、1948年、この動きは東側陣営の一元的な支配を目指すソ連によって厳しく批判され挫折した。この後、冷戦が進行していく中で、バルカンでは東西両陣営が対峙することになり、1970年代後半までは地域に根ざした動きは押さえ込まれることになった。

（菅原淳子）

リュベン・カラヴェロフ

12

抵抗運動の中の内戦

★バルカンにおける第二次世界大戦★

第二次世界大戦は1939年9月のナチス・ドイツのポーランド侵攻に始まるが、バルカン半島に戦争が拡大するのは、1941年4月に枢軸軍がユーゴスラヴィアとギリシアに侵攻して以降のことである。バルカン諸国のうち、ルーマニアとブルガリアは枢軸国側に立って参戦した。アルバニアは、大戦以前の1939年4月、イタリアの侵攻を受け軍事占領下に置かれていた。ユーゴスラヴィアは、ドイツの圧力の下、いったんは枢軸国側に加わる三国同盟に調印したが、その直後に調印反対派のクーデターが発生し、枢軸軍の侵攻を受けることとなった。ドイツ、イタリア、ハンガリー、ルーマニア、ブルガリアよりなる枢軸軍は二週間足らずでユーゴスラヴィアを分割占領、また、クロアチア、ボスニア・ヘルツェゴヴィナの領域を中心に、傀儡国家「クロアチア独立国」が創設された。枢軸軍は引き続きギリシアにも侵攻し、1941年5月末までにはその全土を占領下に置いた。

占領下に置かれたユーゴスラヴィア、アルバニア、ギリシアにおいては、それぞれに枢軸軍への抵抗運動が展開された。ユーゴスラヴィアとアルバニアにおいては、その後の社会主義政権

第12章
抵抗運動の中の内戦

下、この抵抗運動は神話化されてゆく。ユーゴスラヴィアにおけるチトー、アルバニアにおけるエンヴェル・ホジャは、抵抗の指導者として個人崇拝の対象とされ、彼らに率いられるパルチザンによる英雄的な抵抗運動は、一種の建国神話となった。社会主義時代には、パルチザン闘争を描く数多くの歌がうたわれ、小説が刊行され、映画が製作された。

しかし、1989年に始まる冷戦終結と社会主義体制の崩壊にともない、こうした神話が神通力を失って相対化され、別の面から抵抗運動がかえり見られるようになる。それは、抵抗運動の内戦としての性格である。ギリシアを含め、これら三つの国の抵抗運動は、国内諸勢力の内戦としての性格が極めて強い。これらの国の抵抗運動を担ったのは、その成り立ちも政治的意図も異なる二つの勢力であった。一つは、共産党を中心に組織されたパルチザン勢力であり、もう一方は、旧体制に連なる王党派や民族主義勢力であった。両勢力は枢軸軍に対する抵抗運動を展開する一方で、戦後の政権獲得をめぐる対立関係から相互の戦闘も激化させていくことになる。

ユーゴスラヴィアにおける抵抗運動は、まず旧体制の軍将校であったミハイロヴィチ率いるチェトニクによりセルビア西部で開始された。チェトニクは、ロンドンの王国亡命政権と密接な関係を保っていたが、その「大セルビア」傾向ゆえにセルビア人以外への広がりを持たず、また組織の温存を図ったこともあり影響力を失っていった。一方、チトーを指導者とするユーゴスラヴィア共産党率いるパルチザン勢力は、独ソ開戦以後ようやく抵抗運動を本格化させた。パルチザンはボスニアの山岳部を中心に抵抗運動を展開し、農民層を中心に徐々に民族を超えた支持を獲得していった。やがてチェトニクの一部は枢軸軍と協力関係を結ぶようになり、パルチザンとの間で内戦が展開された。第二次世界大戦は、ユーゴスラヴィアにおいては、民族間の内戦の色彩も色濃く持っていた。「クロアチア独立国」を担ったパヴェリッチ率いるウスタシャの人種政策により、ユダヤ教徒とロマに加え、多くのセルビア人も強制収容所で命を落とした。第二次世界大戦による170万人の死者の大半は、枢軸国との戦闘によるものではなく、チェトニク、パルチザン、ウスタシャの間で戦われた三つ巴の内戦によるものであったとされる。

ギリシアにおいては、共産党が中心となり、1941年9月に民族解放戦線（EAM）が結成され、さらに翌年2月にはその軍事部門として国民解放人民軍が創設された。彼らはギリシア中部の山岳地帯を拠点に抵抗運動を組織し、農民層を中心に支持を拡大した。これとは異なり、旧体制の将校を中心に結成された抵抗運動組織であったのが、北西部山岳地域を拠点とした国民民主連盟などであった。両勢力は抵抗運動の過程で対立を深め、1943年には軍事衝突に至った。

既に開戦以前にイタリアの占領下に置かれていたアルバニアにおいて、最初に抵抗運動を組織したのは、ユーゴスラヴィア共産党の支援の下組織の統一を成し遂げたエンヴェル・ホジャを指導者とするアルバニア共産党に率いられるパルチザン勢力であった。パルチザンは、中部及び南部の山岳地帯を中心に活動した。アルバニアでは、この他、民族戦線（バリ・コンバタール）と呼ばれる抵抗運動の組織が共和主義者を中心に結成され、南部の地主層を中心に支持を得た。両組織は、一時は共闘関係にあったがコソヴォのアルバニア併合の是非をめぐって対立が激化し、内戦が繰り広げられることとなった。この両組織のほか、前国王ゾグを支持する勢力も内戦に関与した。

このように、バルカン諸国における第二次世界大戦中の抵抗運動は、共産党系勢力と旧体制に連なる勢力との内戦の色彩を非常に色濃く持っていた。いずれの国においても、抵抗運動への最大の支持を集め、内戦を有利に進めたのは共産党系の抵抗運動であった。全土において抵抗を組織化できたこと、人びとの間の旧体制への反感と新たな社会への希望をうまく活用できたことがその理由であった。この結果、ユーゴスラヴィアとアルバニアにおいては、共産党率いるパルチザン勢力がほぼ独力で国土を解放し、社会主義政権を樹立することとなる。旧体制に連なる抵抗勢力は、あるいは追放され、あるいは処刑され、第二次世界大戦の終結とともに内戦も終わりを告げた。一方ギリシアにおいては、第二次世界大戦後に内戦が本格化する。抵抗運動の中では最大の勢力を誇り戦後の新政権にも参加していたＥＡＭであったが、新政権内の対立により政府を去った後、政府軍との間で内戦になり、１９４９年に政府軍の勝利に終わるまで続いた。

バルカン諸国の抵抗運動は内戦としても展開され、それが終わった後もその傷跡は残り続けた。ギリシアでは、ＥＡＭの抵抗運動に果たした役割は長い間正当に評価されず、その参加者には偏見の眼が向けられた。ユーゴスラヴィアでは、社会主義体制の崩壊とともに抵抗運動の神話がはがれ落ち、今まで隠蔽されてきた内戦としての性格があらわになった。そしてかつての「兄弟殺し」の記憶を呼び起こそうとする言説は、ユーゴスラヴィア紛争の中で広く見られるものとなった。（山崎信一）

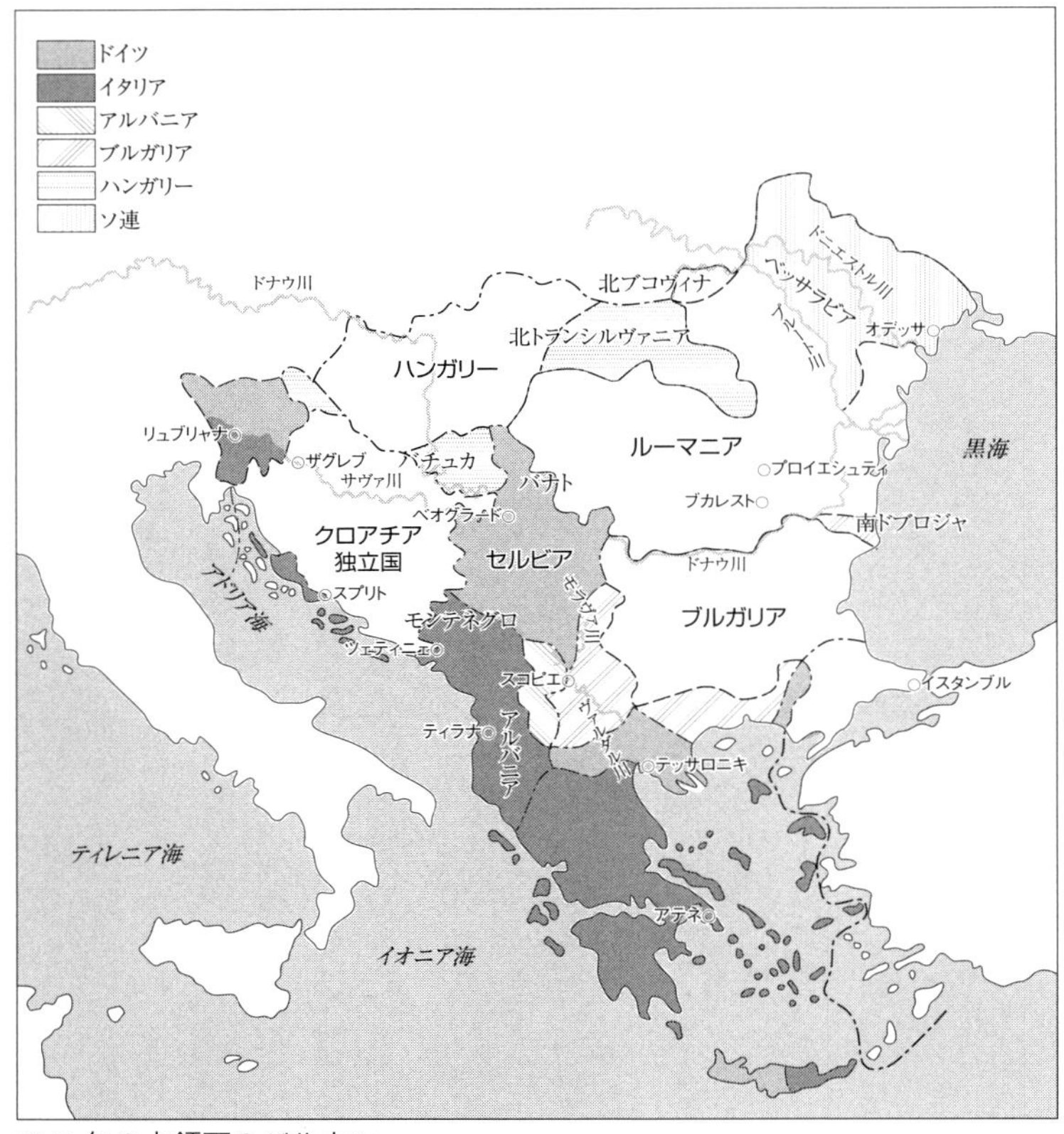

1942 年の占領下のバルカン

13

ギリシア内戦と冷戦

★西側陣営の「飛び地」ギリシア★

1989年に東欧の社会主義圏が、そして、1991年にソ連邦が解体するまでは、第二次世界大戦後の世界は、資本主義国の西側と社会主義国の東側という、二極構造で理解されていた。この間、東西陣営は、本格的な戦争には至らなかったものの、常に緊張をはらんだ冷戦状態にあった。

ところで、当時の地図を見ると、ある不自然さに気付く。「鉄のカーテン」は、東西ヨーロッパを地理的に完全に分断していたわけではない。バルカン半島の南端で、社会主義国に囲まれつつ、ギリシアは西側陣営の「飛び地」のように存在していた。なぜ、バルカン諸国の中で、ギリシアだけが西側陣営に属することになったのだろうか。

第二次世界大戦中、ギリシアは枢軸国（ドイツ、イタリア、ブルガリア）に分割統治されていた。チトー率いる共産党勢力がレジスタンスを主導したユーゴスラヴィアと同様、ギリシアでも、共産党（KKE）を中心とした民族解放戦線（EAM）が、占領軍に対するレジスタンスを展開した。その一方で、イギリスの保護の下、カイロに移ったギリシアの亡命政権も存在した。当初、枢軸国支配からのギリシア解放を第一の目標としたイギリスは、主義・主張の違いには目をつむり、ＥＡＭだけでなく、他の非共産党系のレジスタンス勢力とも手を結んで、枢軸国と戦った。しかし、枢軸国によって占領されていた地域を、ＥＡＭが次々と解放し、その勢力を拡大するにつれて、イギリスと亡命政権は、将来のギリシアに不安を抱くようになった。すなわち、ギリシアが共産国化することを恐れたのである。このため、イギリスはギリシアに積極的に介入するようになり、枢軸国がギリシアを占領している時期から、レジスタンス勢力同士の抗争を煽った。結果的に、この対立は、共産党系左翼勢力と非共産党系右翼勢力の内戦へと発展した。ギリシア内戦は、ユーゴスラヴィアで紛争が勃発するまでは、第二次大戦後のヨーロッパで最大規模の戦闘だったのである。

内戦が開始された正確な時期を確定することは難しい。少なくとも、枢軸国に占領されていた時期から、左翼と右翼のレジスタンス勢力は対立を深めていた。一つの解釈は、ＥＡＭに次ぐ勢力を誇ったＥＤＥＳがＥＡＭによって攻撃された、１９４３年10月の事件を、内戦の始まりとする見方である。さらに、翌44年12月には、枢軸国支配から解放されてわずか2カ月後のアテネで、「一二月事件」が勃発した。ＥＡＭが組織したデモ行進中に、警察が発砲し、十数人の死者が出たのである。このデモ行進は、戦後どの政治勢力が国防と軍事の責任を担うかをめぐって意見が対立し、イギリスが影響を及ぼしていた当時の政府から、ＥＡＭ系の閣僚が辞任したことがきっかけとなったものだった。警察の発砲により騒擾は拡大したが、翌45年2月のヴァルキザ協定で、ギリシアはいったんは平穏さをとり戻した。「一二月事件」の原因とその意味についての解釈はさまざまであり、現在も論争が続いている。しかし、確実にいえるのは、この事件をさかいにして、それまで優勢を誇っていた、しかも、

共産党スパイの嫌疑をかけられた者たちを裁く裁判：**1948** 年のテッサロニキにて
（出典：Browning, R. ed., *The Greek World: Classical, Byzantine and Modern*, London, 2000, p.278.）

一般民衆の間で、決して否定的に捉えられていなかったＥＡＭが、権力争いの場で、初めて圧倒的に不利な立場に置かれたことである。右翼と王党派からなる政府は、かつて枢軸国軍に協力していた兵士をも取り込んだ国民軍を創設し、ＥＡＭの後身で共産党が主導する人民軍の殲滅を目指すことを明らかにした。以後、内戦は本格化し、１９４９年に人民軍が敗北するまで続いた。

ところで、ギリシア共産党（ＫＫＥ）の一連の動きに対してソ連はどのような態度を示したのだろうか。スターリンは、権力掌握を目指して内戦に突入することを、ＫＫＥに命じたり、助言したりすることはなかった。確かに、彼はＫＫＥの戦いを支持してはいた。しかし、それは同志への連帯意識によるものではなかった。彼の本意は、イギリスが混乱するギリシアの処理に没頭すればするほど、その間に、ソ連が東欧における地位を固めることができるというところにあった。ＫＫＥは知る由もなかったが、１９４４年10月には、チャーチルとスターリンの間で、戦後のバルカンの勢力圏分割について密談が行われていたのである。このときスターリンは、ソ連にとっては遠すぎるという理由で、ギリシアはイギリスの勢力圏に入ることを認めた。それと引き換えに、チャーチルは、ルーマニアとブルガリア、そして最終的には、ユーゴスラヴィアとアルバニアもソ連の勢力圏に入ることに同意した。

したがって、ある意味では、ギリシア人同士の「兄弟殺し」は、それが本格化する以前に、結末が既に見えていたのだといえる。ＫＫＥは、ソ連の協力なしに、権力を掌握することができただろうか。果たして、戦後のギリシアについて、ＫＫＥはどの程度まで自らの指導力についての見通しを持っていただろうか。なぜＫＫＥは、枢軸国が撤退した直後の、最も勢力の充実していた時期に、権力掌握のための行動に踏み切らなかったのだろうか。これらの疑問には、未だ明確な回答が得られていない。

いずれにしても、チャーチルとスターリンの密談と、そして何より、イギリスの役割を引き継いだアメリカの軍事・経済的介入が、戦後世界におけるギリシアの位置を決定的なものにしたことは間違いない。１９４７年3月、アメリカ議会で、共産主義の脅威にさらされている「自由世界の人びと」を救う緊急援助の必要を訴えた、いわゆる「トルーマン・ドクトリン」で、ギリシアはトルコとともに、その最優先対象国となった。皮肉なことだが、ソ連からの支援のないＫＫＥ率いるギリシア人民軍が、共産主義の脅威の象徴として捉えられ、それに対する資本主義国の防衛という形で冷戦が始まったのである。

内戦後のギリシアは、西側世界、特にアメリカの圧倒的な影響力の下に置かれた。共産党は非合法化され、左翼運動は弾圧された。政治的に自由な発言が許されるようになったのは１９７４年の軍事政権崩壊と、１９８１年の全ギリシア社会主義運動（ＰＡＳＯＫ）による、初の社会主義政権発足を経てからのことである。

１９８０年代後半以降のソ連・東欧圏の社会変動は、第二次大戦以降のギリシアについての研究が活発化するきっかけを提供した。戦後50年を経て、内戦期と冷戦期のギリシアの客観的な歴史評価をめぐる研究が、今ようやく、本格的に始まっている。

（村田奈々子）

14

庶民の知恵「居酒屋政治」

★社会主義と小話★

ベオグラードでは、小話は「カファナ」と呼ばれる居酒屋で生まれ、語り継がれる。トルコの支配下に最初のカファナが開店してから、社会主義体制が崩壊した現在に至るまで、体制は変わっても小話の絶えたことはない。「社会主義の下では自由が制限されているので、庶民は政治的不満を小話に託して表現するほかはない。だから、社会主義国では小話が盛んなのだ」という説は、セルビアでは、一面の真理でしかない。

小話には艶笑小話や人間の弱点を笑いの種にしたものなどがあって、人情に人種や国による違いがあまりないように、世界各地に似たような話が流布している。これに対して政治小話は特定の時代、体制、人物に結び付いていて、国境を越えて類似品が広まることは少ないと考えられそうだが、実はそうでもない。同じ話が人物の名を変えて、他の国にも見られるという例は少なくないのである。ここでは、社会主義時代のユーゴスラヴィアで、特に印象に残った小話を取り上げるが、読者の中には、エジプトのナセルやルーマニアのチャウシェスクの登場する形で記憶している向きもあろう。旧ユーゴスラヴィアではチトー批判や民族主義を煽る言動はタブーであり、犯罪でさえあったが、チトーの登場する小話や他民族を揶揄した小話をよく耳にした。

ケネディーとフルシチョフとチトーが車を並べて走っていたら、道が二股に分かれている。運転手がそれぞれどちらに曲がるか聞いた。

ケネディー「もちろん、右だ」

フルシチョフ「もちろん、左だ」

チトー「方向指示器を左に出して、右に行こう」

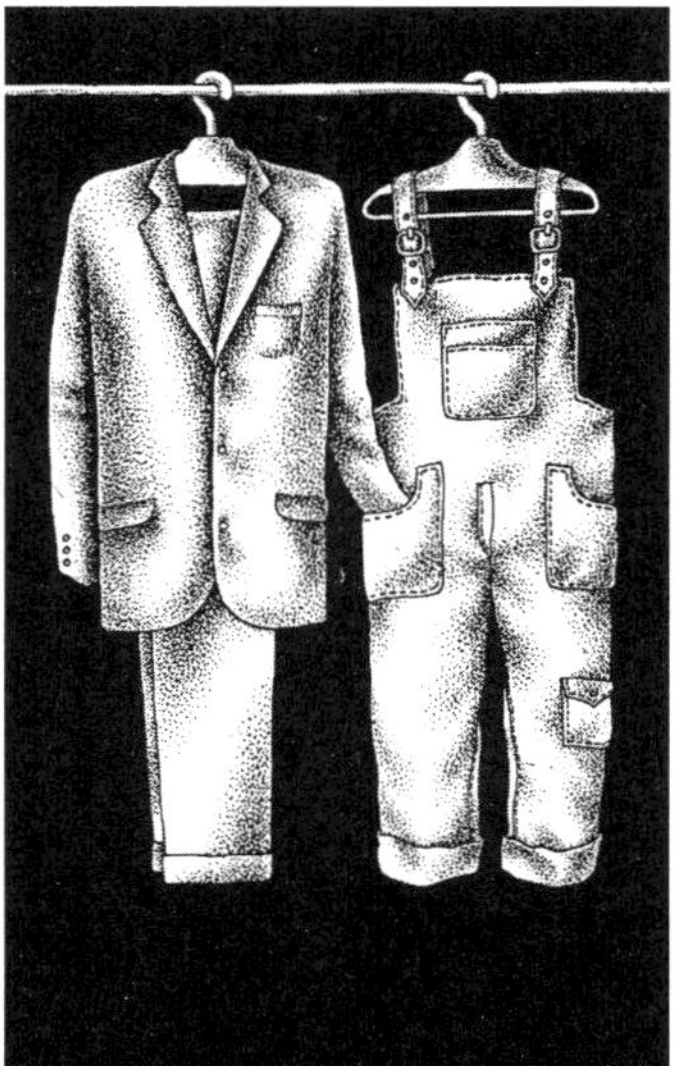

ユーゴスラヴ・ブヴラホヴィチ、週刊誌「NIN」、ベオグラード「労働者に寄生する官僚主義」

社会主義の看板を掲げながら、市場経済を大胆に取り入れたチトー路線の性格をよくいい当てている。

チトーがワシントンを訪問したとき、ケネディーが威嚇するつもりでいった。

「核爆弾を二、三発も落とせば、ユーゴの経済は完全に麻痺してしまうだろう」

チトーは少しも動ぜずいい返した。

「我が国の企業長を二、三人も送り込めば、米国の経済は完全に麻痺してしまうでしょう」

庶民の多くは、ユーゴスラヴィア独自の自主管理経済の不調は企業長の無能のせいだと思っていた。そのため、「企業長もの」とでも名付けられる小話が氾濫していた。

自主管理社会主義の産みの親カルデリが死んだ。神様はカルデリを地獄に送ってしばらく様子を見ることにした。この無神論者が改心すれば、天国に呼ぶつもりである。やがて天国から声があった。

「カルデリはいるか。神様がお呼びだ」

すると地獄の鬼が答えた。

「あいつのことは放っといてくれ。地獄に自主管理を導入したので、ここはまさに地獄さながらさ」

社会主義へのもう一つの道として喧伝された労働者自主管理ではあったが、チトー、カルデリの晩年には分権体制の行き過ぎから混乱し、後の共和国間対立、ユーゴスラヴィア解体、内戦の遠因を作ったと見られている。その責任の一半

ユーゴスラヴ・ヴラホヴィチ、週刊誌「NIN」、ベオグラード「チトー路線との決別」

は、チトーの右腕として自主管理の理論的指導者であったカルデリに帰せられた。もちろん、自主管理には良い面もあったことを付け加えておきたい。労働者全員が経営に参加し発言することは、企業民主主義の最高形態といえるからである。労働者にとっては天国であった。

あるフランス人がセルビア人にいった。

「フランスじゃ大統領を批判するなんて日常茶飯事だ。ユーゴじゃ民主主義がないから、チトー批判もままならないだろう」

「大統領を毎日、批判してどうなるの。それより私は毎日、面と向かって企業長に文句をいってるわ。あなたはどう。社長に何かいえて」

「うーん」

これは小話ではない。実際にあった会話である。

（山崎　洋）

ユーゴスラヴ・ヴラホヴィチ、週刊誌「NIN」、ベオグラード「顔の見えない集団大統領制」

15

ユーゴスラヴィア紛争と暴力

★なお残る火種★

１９９０年代、旧ユーゴスラヴィア諸地域で展開された紛争は、欧米のみならず日本でも大きな関心の対象となった。ユーゴスラヴィア紛争が取り上げられる際には、多くの場合、次のような論点から議論された。まず、紛争の発生は時代に逆行する動きとして捉えられた。１９８９年の冷戦終結と社会主義諸国の体制転換により、東ヨーロッパにも明るい未来が開かれていると人びとが感じていたときに、ユーゴスラヴィアでは紛争が、それも第二次世界大戦を思わせるような「強制収容所」といった用語をともなって起こったのである。これは欧米の人びと、とりわけ知識人たちに大きな衝撃をともなって迎えられた。そして、この紛争がヨーロッパの内部で起こったことも、人びとが大きな関心を持って受け止めることにつながった。例えば同じ時期のアフリカ・ルワンダの内戦と比較しても、ユーゴスラヴィア紛争はより大きく取り上げられたが、これもまさに「文明」の中心たるべきヨーロッパの内部で発生した紛争として捉えられたことと無関係ではないだろう。そして、ユーゴスラヴィア紛争は、そのすさまじい暴力性によって大きな関心を集めた。紛争の報道には、「民族浄化」、「強制収容所」、「集団レイプ」「集団墓地」、といった用語がセンセーショナルに用いられ、紛争のネガティヴな性格を際立たせた。この紛争が非常に暴力的な側面を持っており、実際に多くの人命が失われた点は無論疑いないが、こうした暴力性を象徴するイメージが、どのような過程を経て生み出され報道されるに至ったかに関しては慎重な検討が必要であろう。例えば、「民族浄化（ethnic cleansing）」という言葉は、ボスニア紛争の過程で、あるアメリカ合衆国のPR企業により考え出され、その後メディアで流行するようになったものだという。

そして、ユーゴスラヴィア紛争は、紛争に直接関係しない国々を含めたバルカン半島にネガティヴなイメージを与えることともなった。

このようにひとくくりに「ユーゴスラヴィア紛争」として論じられることも多いが、この紛争は相互に関連する次の五つの紛争に分けて考えることができる。以下にその過程を簡単に振り返ってみる。第一は、1991年6月のスロヴェニアの独立宣言にともなう、国境管理をめぐる共和国部隊と人民軍（連邦軍）との衝突である。この「一〇日間戦争」は、共和国部隊側の勝利に終わり、人民軍のスロヴェニア撤退で幕を閉じた。

第二の紛争は、独立宣言後のクロアチアにおけるクロアチア政府軍と人民軍の支援を受けたセルビア人勢力によるものである。セルビア人勢力は、クロアチア領土のおよそ三分の一を支配し「クライナ・セルビア人共和国」の創設を宣言した。1991年11月以降、国連の仲介により停戦が合意され国連保護軍が展開されていたが、1995年8月にクロアチア軍の攻撃により「クライナ」の主要地域は消滅した。残った東スラヴォニア地域は、国連暫定統治下に置かれていたが、1998年1月に最終的にクロアチアに統合された。

第三は、最も大きな注目を集め、また最も多数の犠牲者を出したボスニア紛争である。3年半の紛争で約20万人が命を奪われ、およそ250万人が住居を追われた。この紛争は、1992年、ボスニアの独立を志向するムスリム、クロアチア人勢力と、それに反対するセルビア人勢力の対立から始まったが、後にはムスリムとクロアチア人勢力の間でも戦闘が発生し、三つ巴の構図となった。民族混住地であったボスニアが民族別に分割される中、多数の人びとが追放され殺害された。国際社会の仲介により、何度となく停戦や和平が提示されては破棄されるのを繰り返した後、1995年11月に、アメリカ合衆国・デイトンで和平合意がなされ、ようやく戦火が止んだ。ボスニアは、ムスリム・クロアチア人によるボスニア連邦とセルビア人共和国の二つの政体よりなる統一国家であると規定され、和平の履行のため国際部隊が駐屯しているが、相互の不信感は未だぬぐいさられてはいない。

第四はコソヴォ紛争である。コソヴォに住むアルバニア人は、社会主義時代からしばしば自らの権利拡大を求めてきており、1991年にはルゴヴァを指導者とするコソヴォ民主同盟の主導の下「コソヴォ共和国」の樹立を宣言し、セルビア行政をボイコットするに至った。このように、長期間に渡って火種を抱えてきたコソヴォであったが、軍事衝突に至ったのは、1998年以降、武力によるコソヴォ独立を志向する「コソヴォ解放軍」が勢力を増し活動を活発化させ、それに対しセルビア治安部隊が鎮圧作戦を開始して以降である。はじめは国際社会の仲介による政治解決が模索されたが、1999年3月以降、「人道的介入」を名目に、NATO軍によるセルビアとモンテネグロへの激しい空爆が実施された。空爆後、六月に入ってコソヴォ和平が成立し、コソヴォは国連の暫定行政下に置かれ、国際部隊が駐屯することが規定された。その後、コソヴォは2008年に独立を宣言したが、セルビアは独立を認めず、問題は残り続けた。

第五の紛争は、マケドニアにおけるマケドニア人とアルバニア人の衝突である。独立後、マケドニアにおける民族間関係は比較的良好に推移してきており、民族共存のモデルケースとまで賞賛されていた。しかし、コソヴォ紛争の影響も受け、2001年春以降マケドニア政府軍とアルバニア人武装勢力の間で武力衝突が勃発した。その後、アルバニア人主要政党とマケドニア人主要政党との交渉の結果、八月に和平が合意されNATO軍が展開した。その後徐々にながら、アルバニア人の権利拡大に関する法改正がなされてきている。

紛争で破壊されたサラエヴォのビル
（黒崎健太氏提供）

現在、旧ユーゴスラヴィアの領域では平和が保たれているが、ボスニアやコソヴォにみられるように、対立が消え去ったわけではない。また、紛争の位置付けに関しても、例えばボスニア紛争は民族間の内戦であったのか、セルビアによる侵略戦争であったのかという点など意見の一致を見ない。その一方で、ユーゴスラヴィア紛争を史料に基づいて客観的に分析の対象とする動きも、徐々に現れてきている。また、国を超えた共同研究の試みが始まっているとも聞く。こうした試みを拡大してゆくことが、ゆくゆくは紛争の防止にもつながってゆくはずである。

（山崎信一）

セルビア南部ヤシュニヤ村聖ヨハネ修道院聖堂の壁画の調査

鐸木道剛

(1)ヤシュニヤ修道院壁画と研究状況

２００４年より３年間、セルビア科学アカデミー会員のゴイコ・スボティチ教授の協力を得て、日本人グループ（岡山大学、共立女子大学、大阪大学）は、ヤシュニヤの聖ヨハネ修道院の聖堂の修復と調査をおこなった。

ヤシュニヤの聖ヨハネ修道院のカトリコン（主聖堂）

ヤシュニヤ村はセルビアの南東、レスコヴァツの郊外、北の山岳地帯に向かって20キロメートルに位置し、修道院は、そこからさらに数キロなだらかな斜面を登ったところにある。修道院は元女子修道院で使われていなかったが、我々修復を機会に神父が常駐するようになった。

修道院の創建は16世紀初頭。銘文からビザンティンの名門カンタクゼノス家の末裔の寄進になり、聖堂内部の壁画は１５２４年に、ナルテクスの壁画とファサードの最後の審判図は１５８３年に描かれたことがわかる。

セルビアの中世壁画の調査は、フランス人のガブリエル・ミレ（１８６７~１９５３）が行い、早くも１９１６年に図像研究（**Recherches sur l'iconographie de l'Évangile**）を出版しており、また没後に写真アルバム（**La peinture du moyen age en Yougoslavie,** １９５７~６２）も出版されている。またロシア人ニコライ・オクネフ（１８８６~１９４９）も図版集『セルビア美術記念碑（**Monumenta artis Serbicae**）』（４巻、１９２

8〜32）をプラハで出版しているが、ミレとオクネフ以降は、地元のセルビア人研究者たちが、それぞれモニュメントを担当して、モノグラフを執筆し、カラー図版を含む基礎資料として出版してきた。そして既に主要なモニュメントは、ほぼ出版されている。例えばペトコヴィチ著の大著『デチャニ』（1941）、ジュリッチ著の『ソポチャニ』（1963）、ラドイチッチ著の『ミレシェヴァ』（1971）以降、最近まで出版は盛んであるが、しかし出版されていない重要作品もまだ多くある。

⑵我々のヤシュニヤ調査

そういう状況のなかで、今回の我々日本人グループによる調査が実現したのは、旧知のスボティチ教授の協力によってである。2003年夏に我々が予備調査のために修道院を訪ねたところ、壁画は確かにポスト・ビザンティンではあるが、最も古い1524年の層の絵画様式は、

ベオグラード芸術大学保存修復科の学生たちによる洗浄作業

ビザンティン絵画で最も美しい14世紀初頭の様式（ミルティン王様式、またパンセリノス様式）の名残があるとともに、同時代のギリシアの地方様式との類似もあった。

現実世界で神の世界を垣間見ることができるというヘシカスムの思想（聖堂は「地上における天国（ゼマリスコ・ネーボ）」である——14世紀初頭のセルビアの聖人伝作家テオドシエの言葉）による修道院の芸術が12世紀末から豊富に現存するセルビアにおいて、神と天国を描く中世から、人間主義の近世近代への変化は、西欧のヴェネツィアやウィーンまたミュンヘンからの影響、また一方、それ自身西欧の影響を受け始めていたロシアからの影響にさらされつつ見られるこ

とになる。ポスト・ビザンティン初期のヤシュニヤにおいても、図像に早くもロシアの影響が及ぶようにも見受けられる。同じ頃の１５５７年には、セルビア人画家ネクタリエがポーランドのスプラシュル（**Supraśl**：ワルシャワの北東２００キロメートル。当時リトアニア王国に属す）の聖堂壁画を描いているなど、バルカンと北方との相互関係は密である。ロシアでは16世紀以降、聖堂奥で祭壇部を区切るイコノスタスが発達して祭壇を完全に隠すようになり、聖堂の神秘化が進行する。ヤシュニヤの壁画の研究によって、トルコ支配下のセルビアにおいても絵画と人との関係の変化は、一方では礼拝対象から聖書図解へ、また他方それとは逆方向の神秘化への変化であることが具体的に見て取ることができる。

ポスト・ビザンティンの物質文化の研究は、

アプシス北壁手前のピラスター南面（**2003** 年夏）

同じ箇所であるが、**2004** 年夏の洗浄によって聖人像が現れた

端的にいって、中世の神中心の世界観から近世のルネサンス以来の人間中心主義（ヒューマニズム）への変化を理念ではなく実地にたどることに他ならない。ビザンティン的世界観が近代においてたどった変化は、ルネサンスなしで近代文明を享受している現代日本人にとっても、近代の再確認のために極めて重要な研究対象であると考える。

コラム2

バルカンの映画

平野共余子

現在世界で注目されているバルカンの映画は、まずルーマニアである。先鋭な社会批判と新鮮な映像表現で、2000年代初頭から世界各地の映画祭で評判となり始めた。クリスチャン・ムンジウ監督（1968〜）の『4カ月、3週間と2日』（2007）は、カンヌ映画祭の最高賞を授賞し、日本でも公開された。堕胎が禁止されていた独裁時代にもぐりの堕胎を強いられる大学生とその女友達を通じて、非人間的な体制や腐敗した人々の心に迫る。常に揺れる手持ちカメラは緊迫感に溢れ、当時の社会の閉塞感を見事にあぶりだす。独裁制は1989年末に倒されたが、その瞬間何をしていたかというTVの革命16周年記念番組を通じて人々の意識を探るコーネリウ・プロムボイウ監督（75〜）の風刺喜劇『12時8分、ブカレストの東』（06）も国際的に評価が高い。体制変換後も残る官僚主義や事なかれ主義は、心臓発作を起こしたアルコール中毒の老人が病院をたらい回しにされる様相が展開するクリスティ・プイウ監督（67〜）の『ラザレスクの死』（05）、麻薬売買容疑の高校生の監視に意義を見出せない警察官の心象風景を描くプロムボイウ監督の『警察、形容詞』（09）でも探求される。2005年山奥の修道院で起こった悪魔払いの事件をムンジウ監督が取り組んだ『穢れなき祈り』（12）は、再びカンヌ映画祭で脚本賞（ムンジウ）と女優賞（クリスティナ・フルトゥルとコスミナ・ストラタン）を二重受賞し、日本でも公開された。ムンジウは人々の無関心を問題の核心としている。

ボスニアも、ドキュメンタリー出身の若い作家の活躍で国際的に注目され、日本でも作品が

『警察、形容詞』より
（©42Km Film and Periscope Film）

公開されている。ダナス・タノヴィチ監督（69〜）がアカデミー賞外国語映画賞やカンヌ映画祭脚本賞を受賞した『ノー・マンズ・ランド』（01）では、地雷の上に身体を置かれ身動きできなくなったボスニア人兵士の直面する恐怖が刻一刻と観る者に迫る。ベルリン映画祭の最高賞ほか世界各地での賞に輝く女性監督ヤスミラ・ジュバニッチ（74〜）の『サラエボの花』（06）は、セルビア兵の暴行により収容所で生まれた娘に、真実を語れないシングル・マザーの苦悩を描く。ヒロインを演ずるのは、ボスニア出身のエミール・クストリッツァ監督（54〜）の『パパは出張中』（85）や『アンダーグラウンド』（95）で知られるセルビアの女優ミリャナ・カラノヴィチ（57〜）で、度重なる暴行により男性恐怖症になっている女性が戦争のトラウマと向き合う姿が心を打つ。日本では未公開だが、アイダ・ベギッチ監督（76〜）の『雪』（08）も同様に、戦争で女性が受ける傷を女性監督が取り組んだ作品。95年の紛争停戦後のボスニアの村では、夫・父・息子を虐殺されて女ばかりになってしまっている。そこに生きぬく女性の哀しみが繊細に描かれていくが、マジック・リアリズム的表現も採用されているのが興味深い。ハリウッド女優アンジェリナ・ジョリー（75〜）がボスニアを舞台に監督した『最愛の大地』（12）のヒロインを演じているザーナ・マリャノヴィチ（83〜）が、静謐な中にパワーを秘めた女性を演じている。

日本では最近、ブルガリア映画も公開されている。東京国際映画祭でグランプリ、監督賞、主演男優賞（フリスト・フリストフ〔69〜08〕、撮影終了直前に事故死）の三冠を得たカメン・カレフ監督（75〜）の『ソフィアの夜明け』（09）は、社会主義から資本主義に移行して20年経つ首都ソフィアが舞台だ。薬物やアルコール中毒、排外的スキンヘッドのグループなど若者の生態が沈滞ムードの中で描かれるが、トルコ女性と恋に陥る主人公の青年が希望を見出す。ステファン・コマンダレフ監督（66〜）の『さあ帰ろう、ペダルをこいで』（08）では、事故で記憶を失った青年が旅を通じて祖父と心を通わせていく中で、独裁時代にブルガリアを逃れた祖父の苦労が描かれる。祖父を演ずるのはセルビア人俳優ミキ・マノイロヴィッチで、クストリッツァ監督の映画でおなじみの名優。最近アメリカの映画祭で上映された『カメレオンの色』（12）は、『さあ帰ろう、ペダルをこいで』などの撮影監督であったエミール・フリストフ（56〜）の処女監督作で、共産党政権時代に秘密警察に雇われる若者を通じて、体制に協力する人々の心理を痛烈に風刺するアイロニイに満ちた爆笑喜劇である。

『カメレオンの色』より
（©Peripeteia and Peripetia Films）

いずれの国でも優れた作品群が、体制転換後に突然現れたわけではない。独裁体制の厳しい検閲下でも、当局の公式な歴史解釈に意義を唱え体制や社会を批判し、社会主義リアリズムから外れた前衛的表現による映画が脈々と作られていた。勿論そういった作品は上映禁止になっていたが、現在それらの作品を見ると当時の映画人たちの果敢な試みに敬意を払わざるを得ない。さらにバルカン諸国では演劇がさかんで、若手といえども舞台で鍛錬を受けた俳優の演技力が映画でも発揮されている。

II

都市めぐり

16

ユダヤ人の町

★テッサロニキとサラエヴォ★

1492年、スペイン王国は、最後のイスラム王朝ナスル朝を滅ぼすことに成功した。キリスト教徒によるレコンキスタ（国土回復運動）の完成である。これによって、8世紀初頭のウマイア朝以来続いてきた、イスラム王朝によるイベリア半島支配は終焉を迎えた。このレコンキスタの過程で、迫害や追放、もしくはキリスト教への強制改宗を迫られたのは、イスラム教徒だけではなかった。歴代のイスラム王朝の下で、「啓典の民」として保護され、政治・行政の分野で重用されただけでなく、文化的にも繁栄を享受していたユダヤ教徒にも、レコンキスタの矛先は向けられた。

レコンキスタが終了してまもなく、フェルディナンド五世とイサベラ、両スペイン王国国王によって、ユダヤ教徒追放令が発布された。追放を免れようと、多くのユダヤ教徒がキリスト教に改宗した。その一方で、新天地を求めて、万を越えるユダヤ人がイベリア半島を去った。

彼らが向かった先は、二つに大別される。第一の避難先は、イタリア諸都市やアントワープといった、比較的宗教に寛容なキリスト教世界だった。第二の避難先はイスラム世界だった。

第16章
ユダヤ人の町

イスラム王朝は、イスラム法にのっとって、王朝に対する忠誠の意を示し、納税の義務を果たす限りにおいて、ユダヤ教徒の信仰の自由を認めていたからである。特に、１４５３年にコンスタンティノープル（イスタンブル）を征服して、さらなる勢力拡大と国家建設の途上にあったオスマン帝国は、スペインからのユダヤ人を歓迎した。このようにして、オスマン帝国の各地に、新しいユダヤ人コミュニティが生まれた。特に、バルカン半島のテッサロニキ、首都イスタンブル、そして小アジアの西沿岸のイズミルには大量のユダヤ人が移住した。

スペインからユダヤ人が移住してくる以前にも、オスマン帝国領内にはユダヤ人コミュニティは存在した。今日のギリシア地域にあったユダヤ人コミュニティは、ヨーロッパで最も古いものの一つと見なされている。ギリシア語を話すユダヤ教徒はロマニオテス、そして東ヨーロッパからのユダヤ教徒はアシュケナジムと呼ばれた。それに対して、スペイン系ユダヤ教徒はスファラディムと呼ばれた。時の経過とともに、自らをギリシア人と同定したアテネ周辺の一部の集団を除くと、ロマニオテスのコミュニティの多くは、スファラディムのコミュニティに同化された。

テッサロニキは、バルカン半島のスファラディムの中心地として栄えた。その繁栄は、この都市が、「エルサレムの母」と呼び習わされたことからもうかがい知ることができる。オスマン帝国の代表的な商業・港湾都市だったテッサロニキは、帝国の多民族的特徴を典型的に示していたが、全人口のうち最大の比率を占めたのは、ギリシア人やトルコ人、アルメニア人、あるいはスラヴ諸民族ではなく、スファラディム系ユダヤ人だった。彼らは、経済活動のライバルだったギリシア人やアルメニア人としのぎをけずった。

1900年当時のテッサロニキが描かれた絵はがき

1912～13年のバルカン戦争後、テッサロニキはギリシア領に編入された。ギリシアの反ユダヤ感情に加え、オスマン帝国でこれまで享受してきた利益が失われることを恐れたユダヤ人たちは、テッサロニキが国際社会の管理下に置かれることを、ヨーロッパの大国に提案して抵抗を示したが、願いはかなわなかった。1913年当時のギリシアの人口調査によると、テッサロニキ全人口15万7889人中、ギリシア人が3万9956人だったのに対し、ユダヤ人は6万1439人だった。テッサロニキのギリシア都市としての変遷の過程は、これらユダヤ人の運命も大きく変えることになった。

そもそも、近代国民国家の枠組みになじまないユダヤ人という存在が、ギリシアのナショナリスト体制に危険視されたことはいうまでもない。バルカン戦争後も領土拡張政策を継続していたギリシアは、マイノリティに対する配慮と寛大さを国際社会にアピールするために、ユダヤ人コミュニティの存続を認め、法や教育の面で一定の権利を与える政策をとった。その一方で、1917年の大火でテッサロニキのユダヤ人居住区が広い範囲に渡って焼失すると、これまでのユダヤ的景観を一変させるような都市計画を立てて、テッサロニキのユダヤ的要素を消し去ろうとした。

第16章

ユダヤ人の町

第一次世界大戦に続く対トルコ戦争の敗北で、領土拡張の計画が頓挫したことは、ギリシアのマイノリティ政策の転機となった。ギリシアは、トラキア地方のムスリムのみをマイノリティと認め、ユダヤ人をはじめとするそのほかの非ギリシア系民族集団に対しては、強力なギリシア化政策を遂行した。それは教育の面に最も顕著に表れた。外国語による授業の禁止、ギリシア政府が定めたカリキュラムによる授業の実施といったこと細かな指示に、ユダヤ人コミュニティの学校も従わざるを得なかった。また、対トルコ戦の後に小アジアから流入したギリシア人難民を、政府は、意図的にテッサロニキを中心とするマケドニア地方に定住させる政策を行った。以降、ユダヤ人の都市としての特色が薄れるのと反比例して、テッサロニキはギリシア化していった。

テッサロニキが「エルサレムの母」ならば、サラエヴォは「小さなエルサレム」だ。ゴイティソーロ著『サラエヴォ・ノート』(山道佳子訳、みすず書房、1994年)の中で、サラエヴォ在住のスファラディムのヴァイオリニストは、サラエヴォがかつてそう呼ばれていたと回顧する。テッサロニキと比較すると規模はかなり小さいが、サラエヴォは、バルカンにおけるスファラディム系ユダヤ人の中心地の一つだった。1878年、オスマン帝国からオーストリア・ハンガリー帝国に支配権が移ると、アシュケナジム系ユダヤ人も流入してきた。ユーゴスラヴィアとして独立した後の1931年の統計によると、サラエヴォ全人口の中で、セルビア・クロアチア人の約41%に対して、スファラディム系ユダヤ人は約51%を占めていた。

第二次世界大戦開戦前夜、ギリシアのユダヤ人全人口の70%を占めていたテッサロニキのユダヤ人は、戦争が開始されると、ナチス・ドイツによって、アウシュヴィッツをはじめとする収容所へ移送

モスク、セルビア正教会、カトリック教会とシナゴーグが共存するサラエヴォ（みやこうせい）

された。戦前7万人と推定されたギリシアのユダヤ人のうち、戦後まで生き延びたのはわずか1万人だった。サラエヴォのユダヤ人（スファラディム7000～8000人、アシュケナジム1000人）は、1941年に、枢軸国に与して独立国となったクロアチアのウスタシャ政権による残虐行為の標的となった。クロアチア版ポグロムによって、シナゴーグは破壊され、ユダヤ人の財産は没収された。サラエヴォのユダヤ人は地方の収容所に送られ、その多くが殺害された。

とはいえ、今日のテッサロニキやサラエヴォでユダヤ的要素を見つけることは、それほどに難しいことではない。アテネに次ぐ、ギリシア第二の都市となったテッサロニキだが、かつてユダヤ人の町だった頃の面影が町の所々に残されている。ユダヤ人墓地は再建され、市街でユダヤ風の建物やシナゴーグを目にすることもできる。町で最も古くからある洋書店「モルホー」は、ユダヤ系の経営だ。サラエヴォにもシナゴーグがある。1992～95年のボスニア内戦で破壊されたユダヤ人墓地は、現在、修復が進められている。

（村田奈々子）

17

世界遺産の中世都市

★ドゥブロヴニクとコトル★

クロアチアきっての観光地ドゥブロヴニクはもうすっかり日本でも知られるようになった。ヴェネツィアと同じくこの町も中世初期（7世紀）、蛮族を逃れたローマ人が住みついた離れ島から発展した。ビザンツ、ヴェネツィアの支配を受けながら東西貿易で次第に繁栄し、ハンガリー、トルコを宗主国にあおいでからは実質的に独立して、ラグーザ（イタリア名）共和国と名のっていた。そしてヴェネツィアと同じく、ナポレオンによって共和国は終末を迎えたのである（1880年）。ただヴェネツィアは主にレヴァント（地中海東岸地方）を舞台に活躍していたのに対し、ドゥブロヴニクは主に商業網をバルカン各地に張りめぐらし、銀、銅、鉛、鉄などの鉱物や、家畜、臘、羊毛、皮革、毛皮などを買い付け、塩や織物や工芸品などを売りさばいていた。

クレキッチはドゥブロヴニクを貴族共和国と規定しているが、ローマ人の末裔を自負する貴族もクロアチア人が大半を占める市民もほとんどが船乗りか商人であったから、ヴェネツィアが羨むほど市には金貨が流れ込んだ。そうして儲けた金を彼らは上下水道、市壁、道路や家屋の石造化といったインフラストラ

アドリア海の宝石といわれる大理石の城塞都市ドゥブロヴニク。ヴェネツィアやオスマン帝国の庇護下で大いに繁栄した。バロック様式の建築の宝庫
（みやこうせい）

クチャー（基幹施設）にそそいだ。ドゥブロヴニクの自由と独立は市壁と外交のたまものといわれる。全長2キロメートル、厚さ5メートル、高さ20メートルの堅牢な市壁を造るためにどれだけの金銭と人力が費やされたことか。また紛糾や戦争を避けるため、外交の裏では潤沢な資金が惜しみなく使われた（B・クレキッチ著／田中一生訳『中世都市ドゥブロヴニク』彩流社、1990年）。

ドゥブロヴニク共和国は2万ないし2万5000、市壁内ではわずか7000の人口だった。ヴェネツィアの十分の一にも満たない。それでも政治機構はこれに準じていて、貴族の成年男子からなる大評議会、彼らの中から選ばれた40人の元老院、総督（元首）を含めた11人からなる小評議会がこの国を経営していた。興味深いのはすべてが無給だったことで、総督に至っては月ごとに交代し、任

期中は家族と離れ総督邸に寝泊まりして、公務に専念しなければならなかった。大評議会場への入り口にラテン語で彫られた「私事を忘れ、公事に徹せよ」Obliti privatorum, publica curate というモットーが今も残っている。モンテスキューも注目したノブレス・オブリージュの精神がここでは実践されていたのだ。モットーといえば、サマー・フェスティバルで「ハムレット」の舞台となるロブリイェナツ要塞の入り口にも「あらゆる黄金に換えても自由を売るは宜しからず」Non bene pro toto libertas venditur auro がある。Libertas（自由）は深紅の布地に金文字で描かれて国旗にもなっていた。

観光客はまず市壁に登って散歩するだろう。そこから中世さながらの市民生活やアドリア海を眺めた後で、市の守護聖人をまつった聖ブラホ（ブレシュウス）教会、カトリックの大聖堂、博物館になった総督邸、プラッツァ大通りの土産物店、修道院の画廊などをかけめぐる。レストランで疲れた体を休め、魚介類をマルヴァジヤ・ワインで賞味すれば満足する。だがさらに深く歴史をたどりたい人は、飢饉対策に市が造った巨大な倉庫（ルーペ）まで足をのばすか、ブローデルが大著『地中海』のインスピレーションを得たといわれる古文書館（7000巻の手稿本と10万点の法令文）を見学するため、スポンザ宮の二階へ昇らなければならない。訪れるたびに興味がわく町である。

ダルマツィア海岸の南端にあるコトルもまた市壁で囲まれた美しい中世都市であるが、規模においてドゥブロヴニクより数段劣る。中世セルビアの外港として大いににぎわったが、セルビアがトルコに征服されてからは振るわず、およそ4世紀（1420~1797年）もヴェネツィアに支配された。それでもコトルを中心にいくつかの良港が連なるコトル湾（ボカ）は、古来ボッケリ（コトル湾衆）と称される優秀な船乗りを数多く送り出してきた。彼らを率いて外洋で活躍したカペタン（船長）たち

中世セルビアのアドリア海への出口だったコトル。陸地に海が深く入り込んだ景勝地（みやこうせい）

が余生を過ごした瀟洒な館は、ヨーロッパ屈指のフィヨルドが演出する幻想的なコトル湾に臨み、現代の喧噪に疲れた人びとをやさしく慰めてくれる。1880年、フランス海軍中尉ピエール・ロティは湾内の小さな漁村に2カ月ほど滞在した。そのときモンテネグロの美少女パスカラと出会い恋したことを彼は短編に書いた（落合孝幸『ピエール・ロティ』駿河台出版社、1992年）。現在バオシチ村のロティが滞在した館跡には大理石板の記念碑が掲げられている。

コトル湾は日本と浅からぬ縁がある。ピョートル大帝がバルチック艦隊を編成したとき、コトル近くのペラストにある海員学校で多くのロシア水兵が育っていったからだ。またペラスト出身のズマイェビッチは大帝から提督に指名されたほどであった。

コトルの旧市街で見るべきものとしては、まず市の守護聖人をまつるカトリック系の聖トリプン教会があり、ルネサンス様式のみごとな鐘楼や宝物室を持つ。セルビア正教系の聖ルカ教会はロマネスク様式の建物で、内部を多くのイコン（聖画）が飾っている。ほかに海洋博物館や中央広場の大時計（1602年）などがあげられよう。さらに時間と体力のある人は、町を真下に見おろしているロブチェン山（1700メートル）まで遠征することをお勧めする。頂上には19世紀モンテネグロが生んだ最高の詩人ニェゴシュ（田中一生／山崎洋共訳、『山の花環』彩流社、2003年）の霊廟があり、そこからのパノラマは月世界のように神秘的である。

今までドゥブロヴニクとコトルは二度、重大なかかわりを持った。最初はナポレオン時代で、コトルに布陣したロシア軍を撃つため南下してきたフランス軍によりドゥブロヴニク共和国は命脈を断たれたのである。次は1991年、旧ユーゴスラヴィアから分離・独立を図ったクロアチアを攻撃した連邦軍が、コトルなどから出撃してドゥブロヴニクに甚大な損害を与えたときだ。旧ユーゴスラヴィア時代、世界文化遺産に指定された二つの古都（ともに1979年）が三度めにかかわるのは、平和と友好を世界にアピールするときでありますようにと、我々は心から願わずにいられない。（田中一生）

18

バルカンの中の「ヨーロッパ」

★ケルキラとコルチュラ★

近代国家を形成するまで、バルカン地域のほとんどは、オスマン帝国の版図に含まれていた。そのため、今日のバルカン諸国のナショナル・ヒストリー（国民史）の中では、近代国家成立以前の歴史は、オスマン帝国の歴史との関連で描かれることが多い。

しかし、オスマン帝国の支配とは無縁の地域も存在した。アドリア海に浮かぶ島々がそれである。バルカン半島のほとんどが、東方的オスマン帝国の支配の下にあったとすれば、アドリア海は西欧の影響が及んだ地域だった。西欧とは、ヴェネツィアと言い換えてもよい。十字軍以降、政治、及び経済的な影響力を東方に拡大し続け、ナポレオンが１７９７年にその独立を奪うまで、ヴェネツィアは、アドリア海の多くの島々に覇権をとなえてきた。今日のギリシア領にあるケルキラ島と、クロアチアのダルマツィア地方にあるコルチュラ島も、さまざまな西欧勢力によって、かわるがわる影響を及ぼされながらも、15世紀以降は、ほぼ一貫してヴェネツィアの支配の下に置かれた。

18世紀末のヴェネツィア共和国の終焉にともない、これらの島々は、西欧の大国の利害関心に翻弄される運命をたどった。

そして最終的に、ケルキラは1864年にイギリスからギリシアに、コルチュラは第一次大戦後オーストリア・ハンガリー帝国からユーゴスラヴィアに編入された。

コルチュラの町は、今日でもヴェネツィア支配の名残をとどめており、クロアチアの重要な観光名所となっている。夏は海水浴客で大いににぎわう。旧市街には16世紀当時のヴェネツィアの町並みがほぼ完全に残されている。『東方見聞録』で名高いヴェネツィア商人マルコ・ポーロ（1254～1324年）は、この島で生まれたと伝えられている。真偽のほどは定かではないが、日本人にほとんど知られていないこの島も、日本を、黄金が豊富な「ジパング」と紹介したマルコ・ポーロと結び付けられることで、私たちにとって少しは身近なものに感じられるかもしれない。

アドリア海よりコルチュラを臨む
（出典：Korcula.NET　http://www.korcula.net/）

コルチュラと同じように、ケルキラもヴェネツィアの香り漂う町である。今日でも、ギリシア語名ケルキラより、イタリア語名コルフ（ギリシア語の koryphai「頂上」がイタリア語風に訛った形）という名称の方がよく知られている。旧市街に残るヴェネツィア時代の建物や港の要塞が、バルカン的雑然さとは異なる、西欧的に洗練された雰囲気を醸し出している。

コルチュラが、ユーゴスラヴィアの歴史にとってそれほど目立った役割を果たさなかったのとは対照的に、ケルキラを含むイオニア諸島は、近代ギリシアの歴史にとって重要な位置を占めている。オスマン帝国に支配されていたバルカン半島本土のギリシア人にとって、イオニア諸島は、西欧に開かれた窓だった。ここを経由して、西欧の先進的な政治、及び革命思想、そして新しい文化潮流がオスマン帝国のギリシア人に伝えられた。より高い教育を望むギリシア人知識人たちは、イタリアの大学にその機会を求めて旅立った。

近代ギリシアの初代大統領イオアンニス・カポディストリアス（1776〜1831年）はケルキラの出身である。イオニア諸島の一つザキンソス出身で、その後ケルキラに移って終生そこで過ごした詩人ディオニシオス・ソロモス（1798〜1857年）の作品『自由への讃歌』（1823年）は、今日のギリシア国歌の歌詞に採用されている。ソロモスの生きた時代、イオニア諸島はまだイギリス領であって、ギリシア領ではなかったにもかかわらず、今日、彼は「ギリシアの国民的詩人」として崇められている。

近代ギリシアの幕開けを華々しく飾る、このふたりの人物が、ギリシア語よりもイタリア語に長けていたという事実は、ヴェネツィアの影響が、政治・行政といった支配の側面のみならず、住民の文化的な領域にまで浸透していたことを物語っている。長期に渡るヴェネツィア支配の下では、イタリア語が、イオニア諸島の貴族階級や知識人ギリシア人にとっての第一言語だった。貴族階級のカポディストリアスも、貴族の私生児として生まれたソロモスも、イタリアで教育を受けている。

カポディストリアスがギリシア語の学習を正式に始めたのは、ロシア帝国皇帝アレクサンドル一世の外務次官として勤務するために、ロシアに滞在した1808年以降のことである。そのとき、彼は30歳を過ぎていた。彼は、ロシア在住のギリシア人との交流を通して、ギリシア語を学んだ。しか

ケルキラの町（出典：*Εκπαιδευτκή, Ελληνική Εγκνκλοπαίδεια*, τομος 18A', Αθήνα, 1993, п σ.247.）

しながら彼は、真の意味で、ギリシア語を習得することができなかった。大統領になって以後も、彼のギリシア人らしからぬギリシア語は、ギリシア人と彼との間の溝を深め、彼が「よそ者」として扱われる原因の一つとなった。

ソロモスの初期の作品も、もっぱらイタリア語で書かれていた。ただし、ソロモスの場合は、20歳前後からギリシア語の詩作も試みており、ギリシア独立戦争が勃発した1821年以降、彼のギリシア語熱は一層高まっていった。その一連の流れの中で、彼は『自由への讃歌』や、ギリシア独立戦争に参加しミソロンギで病没したイギリスの詩人バイロンを追悼する『バイロン卿の死に捧ぐ抒情詩』を、ギリシア語で発表した。ギリシア人映画監督アンゲロプロスの作品『永遠と一日』（1999年）に登場する、19世紀の詩人のモデルはソロモスである。映画の中で、土地の住民からギリシア語を聞き覚える詩人の姿は、実際のソロモスの姿と重なる。

バルカンの歴史の中で忘れられがちなヴェネツィアの支配。しかし、ヴェネツィアの支配とその影響という視点からバルカン史を振り返ることには、これまで「トルコの軛（くびき）」として一括されてしまっている、近代国家成立以前のバルカン世界についての、新たな側面を発見することにつながるだろう。

（村田奈々子）

19

「継続」と「断続」と

★ベオグラードとザグレブ★

この不幸な内戦まで、ベオグラードからザグレブへは、サヴァ川に沿って西北西に約400キロメートル、自動車道路か鉄道を利用して行くことが多かった。起伏のない流域平野に小麦やとうもろこしの畑が果てしなく広がる沿道の風景は、牧歌的といえば聞こえがいいが、むしろ眠くなるような単調さである。旧ユーゴスラヴィアを代表する二大産業都市を結ぶこの大平野が空白のまま残されていることが、両都市間の隔たりを地理的な距離以上に大きく感じさせる。自動車道路は「友愛と団結」と名付けられていて、第二次世界大戦後に青年の勤労奉仕によって建設された。あの内戦の悲劇を二度と繰り返すまいとの誓いが込められていたはずなのだが……今では国境の検問所があり、私のような人間の感傷を厳しく拒否している。

ベオグラードもザグレブもサヴァ川のほとりにある。前者はサヴァ川の南岸、後者は北岸に位置する。このわずかな違いが両市の性格を決定的に異なったものにした。クパ川――サヴァ川――ドナウ川を結ぶ線をバルカン半島と中央ヨーロッパの境界とする通説に従えば、ベオグラードはバルカンの町、ザグレブは中欧の町と明確に定義できるからである。

中世の商人町グラデッツの町並みを残した高台の上町や19世紀後半に整然とした都市計画に従って建設された下町を見れば、ザグレブは実際、ウィーンを中心としたハプスブルク帝国のどこにでもある地方都市といった趣である。ザグレブ市民はこの町を「小ウィーン」と呼ぶ。ウィーンの大聖堂と同名の聖ステファン寺院やウィーンのオペラ座のコピーともいえる国立劇場を見れば、誰もが納得するだろう。だが、この愛称には、おらが町の美しさを誇る気持ちと地方都市のコンプレックスとが二重写しになっているように思われる。11世紀にカトリック教会の司教座が置かれたときから、クロアチアの首都となることが約束されていたはずである。それなのに、19世紀の初めまでザグレブは人口1万人にも満たない小さな町だった。

歴史的に、ザグレブの戦略的重要性が大きくなかったということだろうが、それは、ある意味では幸せなことであった。大火や地震に見舞われたことはあるが、戦争による破壊とそれにともなう住民の移動を体験しなかったからである。ウィーン攻略に向かうトルコの大軍もザグレブを無視して通過していった。二つの世界大戦でも今回の内戦でも戦場にならず、発展が途絶えることはなかった。第二次大戦中、ナチス・ドイツの占領下にあって、ベオグラード大学がずっと閉鎖されていたときにも、ザグレブ大学は毎年、卒業生を送り出していたのである。

ザグレブの歴史に「継続性」を見るとすれば、ベオグラードの歴史は「断続性」を特徴とするといえよう。ベオグラードには中世以来の旧市街はなく、近代の都市計画の痕跡もない。その猥雑な町並みが東洋的とかバルカン的とかいわれる所以である。

ベオグラードの中核は要塞である。サヴァ川とドナウ川の合流地点に臨む丘の上に築かれた、幾層

ザグレブ「石の門」（石田信一）

もの城壁に囲まれた要塞は、今ではカレメグダン城址公園として、市民の散策の場になっている。ローマ帝国の北辺の要衝だった頃から、要塞のまわりには兵士の家族や商人や職人の住む城下町があった。セルビア人が定住するようになってからも、ベオグラードはビザンツ、ブルガリア、ハンガリー、オスマン・トルコ、オーストリアと、さまざまな国の支配下に置かれた。戦役があり要塞の支配者が変わると、城下の住民も入れ替わる。オスマン・トルコのスレイマン大帝が１５２１年、ベオグラードを攻略したとき、要塞はハンガリーのものであった。ハンガリー人は去り、トルコ人、ギリシア人、ユダヤ人、ロマ（ジプシー）がきた。18世紀にオーストリア軍が占領すると、トルコ人は姿を消し、ドイツ人、チェコ人、ハンガリー人が住むようになる。17世紀にこの地を訪れたトルコの紀行家エブリヤ・チェレビは、ベオグラードの人口を９万８０００人と見積っているが、その中にはセルビア語を話す数万のキリスト教徒がいた。トルコ人以外のイスラム教徒も大方がキリスト教からの改宗者で、セルビア語を話したという。これらのセルビア人も、戦争のたびに、避難するか、奴隷として連れ去られるか、移動を繰り返したに違いない。

ザグレブの上町にある「石の門」は、この町の名所の中でも、私がいちばん好きな所である。13世紀の城門の跡で、敵の侵入を困難にするためにL字型に作られた通路に、いつの頃からか、バロック風の聖母像が安置され、庶民の信仰の的になっている。蠟燭の煤で黒ずんだ壁に、聖母への感謝の言葉を刻した石の額が飾られ、ときには黒装束の老婆が通りすがりに腰をかがめて十字を切る姿も見られた。ここだけは薄暗い石の空間に、ときの流れが停止しているようだ。

ローマ、オスマン・トルコ、オーストリアの関わったカレメグダン要塞は長い歴史を秘め、遺跡が多い
（みやこうせい）

これと同じような光景を、ベオグラードでも見ることができる。カレメグダン城址公園の一角に建つ聖ペトカ教会がそれで、地下に泉があり、万病に効くというので信者が水を貰いにくる。教会の脇の祠では、病気治癒を感謝する奉納額や壁画が壁に掛けられ、蠟燭の炎がしきりと十字を切る信者の顔を照らしている。よく見ると、十字の切り方がザグレブとは少し違うのだが、何かを信ぜずにはいられない人間の弱い心は中欧もバルカンも変わりがないとみえる。ここも私の好きな場所だったが、社会主義の終焉とともに教会も景気が良くなったのか、盛んに改修工事を行い、中世から現代にいっきょにときが流れ出した感じで、最近は足が遠のいてしまった。

（山崎　洋）

20

西方に開かれた歴史ある都市

★ドゥラスとシュコダル★

アルバニアの首都ティラナの中心に位置する「スカンデルベイ広場」や鉄道駅、スタジアムの周辺には、首都と地方都市を結ぶ乗合バスの停車場がある。細かい行先表示がないので外国人にはわかりにくいが、数百レク（1レク＝およそ1円）で各地へ移動でき、地元の人びとと直接触れあう良い機会にもなる。

その乗合バスなら30分ほどで行けるのが、ティラナの西約30キロ、アドリア海に面するアルバニア第二の都市ドゥラス（ドゥルスィ、イタリア語ドゥラッツォ）である。人口は１９８０年代後半には８万人弱だったが、現在は20万人を超えているという。

ドゥラスの名はストラボンによるラテン語名デュラキウムに由来するが、この港湾都市自体の歴史はさらに古い。紀元前６２７年前後にコリントス人とケルキラ人の入植都市エピダムノスとして建設され、前３１２年にはイリュリア人の都市となったが、その後はローマをはじめ、当時の南イタリアへ進出していたノルマン、ヴェネツィア、そしてオスマン帝国の支配下に置かれた。ドゥラスがアルバニア領となるのは１９１３年のロンドン条約による独立承認以後であり、１９１４年にはここに政府が一時設置された。

帝政ローマ後期のドゥラスは、ローマと地中海地域を結ぶ街道（エグナティア街道）の出発点の一つで、アドリア海の貿易・交通の要所だった。カエサルやキケロが逗留し、聖パウロがこの地を訪れたという伝承もある。こうした歴史の蓄積を物語るのが、海岸通りの考古学博物館と、その背後に残るビザンツ期の城壁（6世紀）、そして市庁舎そばの広大な円形劇場跡（1〜2世紀）である。現在は地盤の沈下で最下層部が池のようになっているが、内部ではビザンツ期の教会モザイク壁画を見ることもできる。貴重な歴史遺産だが、国の資金不足で充分な保全管理ができないという問題を抱えている。西側には、戦間期アルバニアに王制を敷いたゾグの宮殿も残る。市内を歩くと、イタリアによる1939年のアルバニア併合に抵抗した市民の記念碑とともに、1991年前後の民主化を求める運動を記念する碑を目にすることも多い。

ところで「鎖国政策」と称された労働党体制下でも、ドゥラス港は対外貿易の拠点だった。夏の海水浴場はにぎわいを見せ、新鮮な海産物も手に入り、南のヴロラと並んで、昔も今も多くの国内観光客を呼び寄せている。近年は、国境を越えてコソヴォから休暇を過ごしに訪れるアルバニア人も多い。1990年代の体制転換直後は市民の国外脱出で注目を集めたが、現在はイタリアのバリやブリンディズィからの定期フェリー便が外からの訪問者を受け入れている。ティラナとの間は鉄道でも結ばれている。

ティラナとドゥラスを結ぶ幹線道路（文字通り「ドゥラス通り」と呼ばれる）から「リナス『マザー・テレサ』国際空港」のある北の方角へ進むと、シュコダル（シュコドラ、イタリア語スクタリ）に着く。ティラナから約100キロ、乗り合いバスなら約2時間、本数は少ないが鉄道でも結ばれている。市西側に広

海岸には、労働党時代に全土に建設された半球状のトーチカが残る
（井浦伊知郎）

ドゥラス駅前のバス・タクシー乗り場
（井浦伊知郎）

がるシュコダル湖（面積368平方キロメートル）の対岸は隣国モンテネグロで、労働党時代は国境往来もまれだったが、今は湖の北側、ハニ・イ・ホティトを通って30キロ先の首都ポドゴリツァへ陸路で入ることができる（アドリア海に面したモンテネグロの景勝地ウルチンは人口の7割をアルバニア人が占める）。

市中心部の「民主主義広場」、そこから四方に伸びる「学生通り」「ブヤル・ビシャナク大通り」「チェマル・ドラチニ通り」「テウタ通り」を歩くと、大学、劇場、「五人の英雄像」などの歴史的建築物が目を引く。その付近に残る一軒の伝統的な建築様式の邸宅は、歴史博物館として公開されている。人口は1980年代の時点で7万余人だが、今は13万人を超えている。ティラナ、ドゥラス、中部の工業都市エルバサンにつぐアルバニア第四の都市であり、北部の中核都市である。

シュコダルの歴史もドゥラスに劣らず古い。紀元前4世紀にはイリュリア人がこの地に都市を建設し、前3世紀には女王テウタの治下でイリュリア系の王国の中心都

「ロザファの砦」より見たシュコダルの町。左方向がモンテネグロ（井浦伊知郎）

シュコダル市内中心に立つ「五人の英雄像」（井浦伊知郎）

市として栄えた。この間ローマによる二度の侵攻を退けたものの、ついに前168年にはその支配下に置かれ（ラテン語名スコドラ）、ビザンツ帝国の時代を経て1040年セルビア王国領となった。以後はドゥラス同様、ヴェネツィア、ついでオスマン帝国の支配を受ける。

これら周辺勢力に対する抵抗の場となったのが、市中心から南西約2キロメートルの郊外に今も残る城砦である。イリュリア人の時代に建設され、後代にたびたび補修されたこの城砦には、建築に際して人柱となりながら、残された子のために壁の石の中から乳を与えたという女性の伝説があり、彼女の名にちなんで「ロザファの砦」と呼ばれる（アルバニアの作家イスマイル・カダレはこの伝説に着想を得て小説『三つのアーチの橋』を書いている）。

オスマン帝国の自治区だった18世紀のシュコダルは、武器や絹・銀製品で知られ、人口五万の市内に3000以上の小売商が軒を連ねる、バルカン有数の経済の中心となった。アルバニア北部方言の中心地域であり、ムスリムが多数を占めるといわれるアルバニアの中でキリスト教徒の割合も高いシュコダルには多彩な言論・出版文化が生まれ、フィシュタなど19世紀初頭の民族再生運動で活躍する文化人を多数輩出した。しかしバルカン戦争（1912～13年）ではモンテネグロ軍の攻撃で大きな被害を受け、続くオーストリア・ハンガリー帝国やユーゴスラヴィアの脅威にさらされる中で人口は激減し、中心都市の座をティラナに譲ることになる。

新政府樹立（1920年）後、当時のゾグ政権に市民が武装蜂起したとき、シュコダルはその拠点の一つだった。第二次世界大戦時はイタリア、ドイツに対してパルチザン闘争が展開され、シュコダルの解放日である1944年11月29日は、戦後アルバニアの国土解放記念日とされた。1991年から92年にかけて、シュコダルでは労働党体制後のさらなる改革を求める大規模なゼネストが行われ、治安部隊との衝突で多数の死傷者を出した。現在もシュコダルは社会党より民主党の支持基盤が特に強いことで知られる。

ドゥラスもシュコダルも紀元前からの歴史を持つ都市であり（これに比べると首都ティラナの歴史は17世紀以降の400年程度）、また近代アルバニアの文化的・政治的活動の舞台であり、90年代の政治的変化の拠点となった点でも共通している。

（井浦伊知郎）

21

巡礼地

★オフリドとメジュゴーリェ★

いずれも旧ユーゴスラヴィアの聖地だが、その歴史や背景は著しい対照を示している。

オフリドはマケドニアとアルバニアの国境をなすオフリド湖東岸にある人口3万5000人の古都だ。古くからアドリア海とエーゲ海を結ぶエグナティア街道の重要なイリリア人の町リフニドゥスとして大いに栄えた。7世紀スラヴ人が移住、9世紀にはオフリドというスラヴ名が文献に表れる。ブルガリアのボリス帝は「スラヴ人への使徒」キュリロスとメトディオスの高弟クリメント及びナウムをこの地へ送り込み、オフリドをバルカン屈指の宗教、文化、教育センターにした。彼らは師の考案になるグラゴル文字を改良したキリル文字を用い、多くの宗教文献をスラヴ語に翻訳して、正教スラヴ世界を文明化したのである。クリメントが創設した学校では、3500人が学んだといわれる。なおクリメントはスラヴ人初の主教となり、主教座はやがて大主教座に昇格された。

10世紀末スラヴ系マケドニア人（ブルガリア史ではブルガリア人）のサムイル帝はここを首都に定め、アドリア海まで領土を拡大したが、彼の死とともに帝国は瓦解した。セルビア時代を経て

オフリドは同名の湖に面する。かつてスラヴの文化の中心だった。対岸はアルバニア（みやこうせい）

1395年トルコに占領され、1912年のバルカン戦争でセルビアに復帰するまでその支配下にあった。ただその間もオフリド大主教座は生きのび、800年もバルカン半島のスラヴ人社会に君臨した（976～1767年）。一時はベオグラードまで勢力範囲に収めたほどである。それだけに絶大な影響力を持っていたが、大主教はコンスタンティノープルの総主教が任命するギリシア人であり、彼らは為政者に取り入りギリシア人の主教たちを用いてスラヴ人のギリシア化に努めたので、弊害も大きかった。

1992年に社会主義ユーゴスラヴィアから分離・独立したマケドニアの人びとは海を持たないため、オフリド湖に格別な思い入れがある。そして湖畔の古都オフリドがスラヴ文明発祥の地であることもあって、夏休みには大挙しておしかける。町並みは湖畔に半円劇場のように展開し、頂上では巨大なサムイル帝の城塞があた

第21章
巡礼地

りを睥睨(へいげい)している。大主教座のあったソフィア大聖堂（11世紀の見事な壁画がある）、13世紀のペリブレプトス聖母教会（通称、聖クリメント教会。日本でも公開されたイコン画廊がある）、岸壁に建つ絵はがきのような聖ヨバン・カネヨ教会（13世紀。最近のマケドニア映画『ビフォア・ザ・レイン』の舞台にもなった）、アルバニアとの国境近くにあるため船で訪れる聖ナウム修道院（孔雀が放し飼いされている）など見るべきものに事欠かない。古くから巡礼地として、あるいは観光地としてオフリドは絶えず人びとを誘ってきた。

一方、これも1992年に社会主義ユーゴスラヴィアから独立したボスニア・ヘルツェゴヴィナのメジュゴーリェ村が世間の耳目を集めたのは、わずか30年前のこと。すなわち1981年6月24日、ヘルツェゴヴィナの中心都市モスタル近くにあるメジュゴーリェ村（3000人）の6人の少年少女の前に、嬰児を抱いた聖母マリアが突然現れたというのだ。その日、おしゃべりをしている二人の少女（15、6歳）のはるか前方に女性が光を浴びて地上に浮いていた。「ゴスパ（聖母マリア）よ！」と一人が言うと、もう一人をさそって仲間の方へ走った。今度は6人そろって彼女を見た。翌日も同じ場所で聖母マリアを目にした6人は、彼女に走りよりひざまずくと祈りを捧げた。

この噂が広まると人びとは事の真偽をめぐり賛否両論で大騒ぎとなった。現地の野心家、若きヨーゾ牧師の演出だと考えた人もいる。ついには神父、警官、心理学者、ジャーナリスト、巡礼者までが加わり、寒村はたちまち一大観光地に早変わりした。それから10年、『ライフ』は「いまも変わらず6人は誰にも見えない聖母マリアを目にし、毎夕どこに居てもひざまずき天にむかって祈りを捧げている」と報じた（*LIFE*, July 1991）。しかし少年少女は依然ゴスパがクロアチア語で自分たちに平和の尊さを説き続けていると主張したため、同じ奇跡にあずかろうと願うカトリック信者が、10年間に全世

観光地となったメジュゴーリェの教会
（出典：http://www.stoessel.ch/bosnia/medjugorje.htm）

界から1700万人もメジュゴーリェ（「山間」の意）の「（ゴスペ）顕現の丘」を訪れた。山間の村には大教会が建ち、豪華なホテルやバンガロー、土産物店や飲食店も出現した。巡礼ツアー会社がいくつか生まれ、当然のことながら利権争いも見られるようになった。そんな最中にクロアチア戦争が勃発したのである。観光客は激減した。

まもなく観光業で荒稼ぎしてきたセルビア人のオストイッチ一族とクロアチア人の数家族が激しい客とり合戦を始め、やがて武力に訴えるまでエスカレートした。死者が出ると復讐を呼び、寒村を舞台に「小戦争」が勃発した。双方をチェトニクとウスタシャという戦前からの極右団体が加勢して、わずか1年間でおよそ140人が殺害され、60人が行方不明、600人が村を捨てたといわれる。平和を説く聖母マリア顕現の地で、実はおぞましい残虐事件が発生していたのだ。

その後ボスニア戦争が続き（1992～95年）、巡礼どころではなくなった。近年ようやく平和が回復し、かつての聖地にも客足が戻ってきたようである。地元の人びとはフランスのルルド、ポルトガルのファティマにならってメジュゴーリェも聖地に認定してくれるよう、早くからバチカンに申請していた。だが俗臭紛々たるメジュゴーリェがバチカンの同意を得るにはまだ程遠いようだ。

ユーゴスラヴィアの宗教事情を考えたとき、マザー・テレサ（１９１０～97年）を忘れるわけにはいかない。彼女はマケドニアのスコピエに生まれたアルバニア人で、若くしてカトリック系の修道会に入り、やがてインドに派遣され「神の愛の宣教者会」を作って貧者に愛の奉仕を捧げ、真の宗教活動とは何かを世界に示した。１９７９年にノーベル平和賞を受賞した現代の聖者である。彼女の信念、「沈黙の果実は祈り、祈りの果実は信仰、信仰の果実は愛、愛の果実は奉仕、奉仕の果実は平和」の真意を、我々は今一度、改めて考えるべきであろう。

（田中一生）

22

バルカンにおける中欧的都市

★ブラショヴとノヴィサド★

バルカン諸国の北西部の多くの都市に共通して見られるのはそのハンガリー的ないしドイツ的性格である。ルーマニアやセルビアの首都を訪れてもこれらの国々がハンガリーの隣国であることはほとんど感じられない。しかしながら、両国の国内北西部のトランシルヴァニア地方並びにヴォイヴォディナ自治州は長らくハンガリー王国ないしはハプスブルク帝国に属していたのであり、その中の諸都市にはこうした歴史が色濃く反映されている。

例えば、ブカレストからブダペスト行きの列車に乗り、北へ進んでカルパチア山脈を越え、トランシルヴァニア地方に入るとまもなくブラショヴという町に行き着く。そこでは民族を問わず人びとがハンガリー語で「セルヴス（こんにちは）」と言っているのを頻繁に耳にすることになるし、書店に入れば大抵、ルーマニア語のみならずハンガリー語やドイツ語で書かれた本が並べられているコーナーを目にすることになる。また、ベオグラードからやはりブダペスト行きの列車に乗り、北西に向かってドナウ川を渡り、ヴォイヴォディナに入ると州都ノヴィサドに行き当たるが、この町でもセルビア語のみならずハンガリー語の看板が並び、書店にもハンガリー語図書のコーナーがあるのに気がつくことになる。

　こうしてこの二つの都市にはハンガリー語やドイツ語の独特の名前もある。ブラショヴはそれぞれブラッショー、クローンシュタット、ノヴィサドはウーイヴィデーク、ノイ・ザッツとも称する。旧市街は町並みそのものもルーマニア的、セルビア的というよりはむしろハンガリー的、ドイツ的である。

　ブラショヴやノヴィサドはハンガリー王国の南東ないしは南の国境線の近くに位置していたため、これらの地は古代からさまざまな民族の脅威にさらされていた。東カルパチア山脈と南カルパチア山脈に囲まれた、ブルサの国と呼ばれていた地域は南方のクマン人への対抗策として１２１１年にハンガリー国王によってドイツ騎士修道会に封土として付与されたが、このドイツ騎士修道会は１２２５年までこの地にとどまり、町の基礎を築いた。その後定住した人びとはザクセン人と呼ばれるようになる。１２４１年、１６５８年にはタタール人、１４２１年、１４３２年にはオスマン帝国軍によってブラショヴ地域は幾度となく攻撃された。それゆえブラショヴ市民はギルドの職種ごとに町を取り囲む堅固な城壁、要塞、塔を築いたが、それらの一部は今日でも町のあちこちに残されているのが見てとれる。

　今日のノヴィサドの郊外にはドナウの対岸にペトロヴァラディンと称する壮麗な城塞があり、博物館として主要な観光名所となっているが、これは古代ローマが帝国防衛のためライン川からドナウ川沿いに築いた一連の防壁の一つに由来するものである。フン、アヴァール、タタール人、スラヴ人、トルコ人らさまざまな民族の通り道となったため、この要塞の支配者も次々と代わった。西ローマ帝国崩壊後にはビザンツ帝国が支配権を握ったが、10〜16世紀にはハンガリー王国が支配するところと

ブラショヴ市のシンボルとなっている「黒の教会」（中島崇文）

なり、この時期にペトロヴァラディンという名称も現れた。16世紀前半にオスマン帝国軍はドナウ地域への拡大を続けていたが、ペトロヴァラディンは「ブダの要害の地」と呼ばれていたほど重要であった。実際、ブダが陥落したとき、その「要害の地」もオスマン帝国の支配下に落ちていたのである。

バルカンの広い地域に版図を拡大したオスマン帝国も１６８３年にウィーン攻囲に失敗すると衰退の道を歩むことになり、その代わりにハプスブルク帝国がバルカン方面へ勢力を拡大していった。こうしてオーストリア軍はトランシルヴァニアを占領し、ブラショヴ市民も１６８８年５月にはこれに反旗を翻したが成功せず、町は皇帝軍によって占拠された。翌年にはブラショヴ市の歴史上最大の災害に見舞われた。４月21日の午後四時頃、にわかに大火事が発生し、市内の大半に拡大したのである。皇帝軍の兵士が放火したとの説もあるが、実際には強風によって煽られたものであるようである。大火の結果、２００～３００人が死亡したが、多くの建物も被害を受け、３００年もの歴史を持つ聖マリア教会は外壁が焼け焦げ、それ以来「黒の教会」と呼ばれるようになった。これは現在のルーマニアのみならずウィーンとイスタンブルの間にある地域で最大のゴシック教会であるといわれている。今日残されている建物の建築は１３８５年に始まり、１４７７年に完成した。教会の内部にはアナトリア地方の17～18世紀の絨毯（都市の商人が中近東から帰ったときに献呈したもの）が壁に掛けられている。また、１８３９年には巨大なオルガンも設置され、今日でもこのオルガンを用いたコンサートが時折催されている。ブラショヴがこの大火から復興するには１００年近くもの歳月を要した。市役所の再建は１７７４年にようやく完了した。

ドナウ沿岸の城塞からノヴィサド郊外を俯瞰。ハンガリー人を筆頭に複数の民族が混住（みやこうせい）

他方、１５０年以上もの間オスマン帝国に支配されたペトロヴァラディン城も１６９１年にはオーストリアの手中に渡った。17世紀末から18世紀初頭にかけてオスマン帝国の圧政を逃れて大勢のセルビア人が移住してきたこの地域は１７４６年に軍政国境地帯から解放されて、１７４８年2月1日にマリア・テレジアよりセルビア語の「ノヴィサド」という名称の元になった「ネオプランタ」（新植民地）という新しい名前を持つハンガリー王領自由都市という地位を獲得し、それ以降市場町として繁栄した。

ブラショヴやノヴィサドは文化史においても重要な位置を占めている。ブラショヴ出身のドイツ人ヨハネス・ホンテルス（1498〜1548年）は西欧からトランシルヴァニアに宗教改革をもたらしたが、彼は1539年にこの町に印刷所を設立してラテン語、ギリシア語、ドイツ語の本を印刷したり、1541年にはギムナジウムを設置したりして人文主義者としても知られている。1898年8月には生誕400年を記念して「黒の教会」の敷地内に2・5メートルの高さの彼の銅像がベルリンの彫刻家によって建てられた。また、旧市街の南の奥に位置するスケイ*地区の中にある聖ニコラエ教会の建物は1495年にルーマニア人が石造りで建設したものであるが、その隣にはルーマニア語で教えられる初めての学校が開かれた。近世にようやく市内にも居住することを認められ、経済力をも持つようになったルーマニア人は1838年3月12日には『ガゼタ・デ・トランシルヴァニア』（トランシルヴァニア新聞）と称するルーマニア語で書かれた初めての政治新聞を発行したが、これはルーマニア人の民族意識の高揚に大いに貢献した。

　ペトロヴァラディンにおいても最初のセルビア人の学校が1703年に存在していたことが知られており、この町は次第に近代セルビア民族アイデンティティの主要な拠点となっていった。経済的繁栄にともなって文化も発展し、1860年代にはノヴィサドは「セルビアのアテネ」と呼ばれるようになったほどであった。この時代に数多くのセルビア語の新聞が出版された。とりわけ1826年に結成され、ペシュト（ブダペスト）に本部が置かれていた「マティツァ・スルプスカ」と称するセルビア人の文化協会が1864年にノヴィサドに移されたことは見逃せない。

　ハプスブルク帝国の辺境に位置していたこの二つの都市は第一次世界大戦後、ルーマニア王国ないしはセルビア人・クロアチア人・スロヴェニア人王国に組み込まれ、その結果、ハンガリー的かつドイツ的な要素は弱まっていくことになる。20世紀の後半には工業都市としての側面が強まったが、これと関連していくつかの大きな事件も起こっている。例えば1987年11月15日、ブラショヴのトラック工場で待遇改善デモが勃発し、それは反共蜂起に転じた。工場労働者たちは共産党の県評議会の前まで詰め寄せたが、対話を拒否され、建物の中になだれ込んだ。建物の正面に掲げられていたチャウシェスク大統領の肖像画は引き摺り下ろされ、火が付けられた。結局、秘密警察の特殊部隊が介入し、デモ参加者は逮捕され、拷問にかけられた。これはルーマニアにおける数少ない反共デモの中でも最も重要であり、鎮圧されたとはいえ2年後の体制崩壊を予期させるものとなった。

セルビアでは1999年3月24日に北大西洋条約機構（NATO）軍による空爆が開始されたが、まもなく4月1日の朝五時にノヴィサド市の南端とベオグラード郊外のペトロヴァラディンを結ぶ橋が爆撃されてしまい、ドナウ川の航行は麻痺した。また、市の北東部の石油精製工場も攻撃された。パンチェヴォとともにノヴィサドの石油精製工場は国内有数であり、これがNATO軍の攻撃の標的となってしまったのである。こうした傷が一刻も早く癒され、この町が今後一層発展することを願わざるにはいられない。

（中島崇文）

*この言葉は「スラヴ人」を意味するラテン語の sclavus に由来する。ザクセン語やハンガリー語ではそれぞれ Belgerey、Bolgárszeg と称し、いずれも「ブルガリア人地区」を意味する。これは1392年に聖マリア教会の建設のため市参事会に招かれた人びとがオスマン帝国のバルカン征服後にブルガリア方面から逃れてきた人びとだからであるが、彼らはおそらく当時バルカンの各地に分布していたアルーマニア人である。

23

ドナウ下流の二国の中心都市

★ブカレストとソフィア★

ハンガリーとルーマニアの首都は日本語や英語その他の外国語ではそれぞれブダペスト（ハンガリー語ではブダペシュト）、ブカレスト（ルーマニア語ではブクレシュティ）と呼ばれ、母音の配列が全く同じで、しかもいずれも「ブ」で始まって「ト」で終わるためにしばしば混同されるが、ブカレストとブルガリアの首都ソフィアを取り違える西側の人びとも未だ少なくない。ルーマニアとブルガリアは２００４年３月にはバルト三国などとともに北大西洋条約機構（ＮＡＴＯ）に加盟し、また、２００７年１月１日にはこの二カ国のみ欧州連合（ＥＵ）に加盟しており、現在では国際的には共同歩調をとるに至っている。さらに、日本などからの観光ツアーでもルーマニアとブルガリアがセットで組まれている場合がほとんどである。以上のようなことからブカレストとソフィアはさまざまな面で一緒に取り上げられることが多い。過去においてもこの二つの都市は多くの共通点を有する。しかしもちろんさまざまな相違点も見いだせる。

まず、この二つの都市は人口面では双方とも国内の他の都市と比べて突出していることが指摘できる。ソフィアの人口は２

000年12月31日現在で114万2152人（ソフィア首都州の中の周辺市町村を含めると116万8869人）であり、②プロヴディフ（34万人）、③ヴァルナ（30万人）、④ルセ（16万2131人）といった都市がその他のブルガリアの主要都市としてあげられる。ルーマニアにおいては2000年7月1日現在で、第二〜第七の都市の人口が30万代前半に集中している（②ヤシ（34万5795人）③コンスタンツァ（33万7216人）④ティミショアラ（32万9554人）⑤クルージュ・ナポカ（32万9310人）⑥クライオヴァ（31万2358人）⑦ブラショヴ（30万9671人））のに対し、ブカレストの人口は200万9200人で抜きん出ている。このことはこの二つの国が中央集権的であったことを象徴するものであろう。

しかしながら、地図で見ると二つの都市は決して国の中央に位置しているわけではない。ソフィア、ブカレストはそれぞれむしろ国の西端、南端に近い所にある。国土は一様に発展したわけでなく、また首都として機能するようになった歴史は実はかなり浅いことがここからもうかがえる。例えば、681年に最初のブルガリア国家ができたとき、その首都はプリスカ（黒海沿岸のヴァルナの西約85キロメートルにあるシュメンの北東）に置かれていたが、839〜969年に第一次ブルガリア帝国の首都はプレスラフ（シュメンの南西15キロメートル）に移されていた。しかしビザンツ帝国から再び独立して成立した第二次ブルガリア帝国（1187〜1393年）の首都はタルノヴォにあった。1877〜78年の露土戦争によってオスマン帝国から独立してブルガリア公国が成立したときになってようやくソフィアは首都の地位を得たが、その頃プロヴディフ（1878年に成立し、1885年にブルガリア公国に組み込まれることになった東ルメリア州の州都）やヴァルナの方がソフィアより人口が多かった。他方、後にルーマニアとなる地域の南に1310年頃建国されたワラキア公国においては、ミルチャ老公が1396

年に首都をクルテア・デ・アルジェシュからトゥルゴヴィシュテに移し、さらに1659年にはゲオルゲ・ギカ公が首都をブカレストに完全に移した。しかしながら、ブカレストが1859年のワラキア・モルドヴァ両公国の統一により成立した新しいルーマニア国家の首都として機能し始めたのは1862年になってようやくのことである。

ソフィアはヨーロッパで二番目に古い都市といわれる。古代のトラキア人の多くの集落はローマ時代に繁栄したが、そのうち現在のソフィア市のある所に栄えたセルディ族の集落は古代ローマの征服者によってセルディカと名付けられることとなった。集落の遺跡の一部が発見された付近の地下鉄の駅はこうして今日においてもセルディカ駅と命名されている。ただし、ビザンツ帝国時代の6世紀には聖ソフィア教会が再建され、このことは後にこの町自体がソフィアと称するきっかけとなった。トルコ人の言い伝えによると、皇帝ユスティヌス二世の妻のソフィアの同名の娘は長いこと病の床に伏していたが、やがて医者たちの言葉に従って、とりわけ健康に良い空気と、良い水に恵まれたこの場所に転地し、そのおかげで病気から快復したため、感謝の気持ちからこの地に町を造った。そして後に教会も建てて、その教会に自分の名前を付けたのだという。

さて、ソフィアは1385年にオスマン帝国領となると、市内ではキリスト教の教会は控えめに建設されるようになる。例えばスヴェタ・ネデリャ広場の北に面する聖ペトカ教会（14世紀）は下半分が地下にもぐっており、外見は目立たない。これに対し、その北のツム・デパートの北には1576年に建設されたイスラム寺院（バーニャ・バシ・ジャミヤ）が見られるが、こちらの方は対照的に堂々たる体裁を誇っている。

第23章

ドナウ下流の二国の中心都市

ブカレストが歴史に顔を現したのはソフィアよりずっと後のことである。１７６１年にフランチェスコ修道会士ブラシウス・クライナーが初めて記した伝説によると、ブクルという名の羊飼いがいた頃に町は築かれたが、彼は現在も残されているブクル教会を建てたという。ただし、ブカレストについて記した現存で最古の文書はワラキア公ヴラド・ツェペシュが北オルテニアのポノル村の小ボイエリに所有権を与え、免税の特権を与えた１４５９年９月20日の権利証書である。この権利証書は「ブカレストの砦」で付与されたというが、このことは当時、この町にワラキア公が宮廷を構えていたことを示すものであると考えられている。後世にドラキュラの名で知られることになるこの君主はかつての宮廷のあるトゥルゴヴィシュテよりもブカレストを好み、その６年間の在位のうち４年間をブカレストで過ごしたという。16世紀までこの二つの町は交互に首都となっていたが、その頃の宮廷の遺跡はハヌル・マヌック（19世紀初頭に建設され、現在もホテル兼レストランとなっている、旅籠屋風の建物）の北側に残されている。15世紀にはやはりオスマン帝国領となったが、ワラキア公国は貢納国にとどまり、帝国の支配は間接的であったので、ソフィアとは異なり、市内に回教寺院が建設されることはなく、キリスト教の教会が半地下のものとなることもなかった。１６５６年にワラキア公コンスタンティン・シェルバン・バサラブによって建てられた教会が１６６８年に総主教座教会となったのもこの時代である。

ブカレストとソフィアは同じくオスマン帝国に従属しながらも商人の往来を除けばお互いの交流は希薄であったが、オスマン帝国からの解放を目指す民族解放運動が活発になる19世紀半ば以降にはルーマニア人とブルガリア人の政治的なつながりも表面化した。レフスキやカラヴェロフを中心とす

現在、エネスク・フィルの演奏会場となっているルーマニアン・アテネウム
（中島崇文）

るブルガリアの革命指導者たちがブカレストにブルガリア革命中央委員会を設立したことはこの意味において特筆すべきであろう。

こうした流れを受けて１８７７～78年の露土戦争後、この二つの都市は同時にオスマン帝国の支配を脱したが、その結果、西欧モデルの近代化が進み、首都としての体裁が整っていった。ブカレストでは国立銀行（１８８３～85年）、大学中央図書館（１８９１～95年）、後に国王となるフェルディナンドとその妻マリアのために建設されたコトロチェニ宮殿（１８９３～95年。現在は大統領官邸及び博物館）などフランス人の建築家が設計した建築物が数多く出現し、第一次世界大戦の戦勝を記念して凱旋門も建てられるなどしてこの町は「小パリ」と呼ばれるに至った。しかし、同じくフランス人の建築家によりながらもルーマニアン・アテネウムと称する新古典様式のコンサートホール（１８８６～88年）やその隣のコリント風の柱廊のあるアテネパレス・ホテル（1912〜14年、現在はヒルトン・ホテル）も建てられ、正教文化への畏敬の念も表象化されていた。ソフィアでも西欧の建築家が招かれたが、かつてのオスマン支配への反動からか壮麗な正教会がいくつも建てられたことの方が重要である。その最たるものが、ロシアによるブルガリアの解放を記念して市内の東部に建てられた新ビザンツ様式のアレクサンダル・ネフスキー大聖堂（1904〜12年、奥行き70メートル、幅50メートル、ドームの高さ46メートル）である。これはブルガリアの独立のために戦った20万人のロシア兵士を記念したものであるが、その前の広場では現在でもブルガリアを訪問するあらゆる国の国家元首を迎える式典が催される。反政府集会などの会場となることも多く、政治的にシンボリックな場所であり続けている。

金色のドームが輝かしい壮麗なアレクサンダル・ネフスキー大聖堂（中島崇文）

第二次世界大戦では莫大な被害を被ったが、その後ルーマニアもブルガリアも社会主義体制が敷かれ、両国の首都にはソ連的な建築物がそびえ立ち、郊外には無機質なアパートや工場が林立する結果となった。とりわけブカレストにおいては由緒ある地区が教会も含めて破壊され、米国の国防総省に次ぐ規模といわれる巨大な「国民の館」（現在は「議会宮殿」。いくつかのホールは見学可）が1984～89年に建設され、その前にはパリのシャンゼリゼ大通りより数メートル幅広の「社会主義勝利大通り」（現在は「統一大通り」）が敷かれたほどであった。質より量を追求した当時のやや強引な都市計画は現在の渋滞、騒音、大気汚染、多数の野良犬の発生といった深刻な都市問題の元凶ともなっている。

1989年の体制変動後はマクドナルドを始めとした新しく近代的な商店やレストランが数多く現れ、市内中心部においては西欧の町にきたかのような錯覚に襲われる。しかし、大通りの一本向こう側の細い路地に足を踏み入れると古ぼけたかつての瀟洒な建物が残されているのを目にしたりして、100年前の世界に突然後戻りしたかのように感じられる。

（中島崇文）

III

民族を超える、国を超える

24

民族の対立は伝統か？

★ボスニア・ヘルツェゴヴィナ★

紛争終結から丸5年たった2001年5月、ボスニア・ヘルツェゴヴィナ（以下ボスニア）のセルビア人共和国の首都バニャ・ルカで、民族間の緊張を再燃させかねないできごとが起こった。ボスニア紛争中に破壊されたモスクの再建に反対して集まったセルビア人の一部が、モスクの起工式に出席していたボスニア人（ムスリム、かつての「ムスリム人」）を襲撃し、1人の死者と多数の負傷者を出した。背景にはボスニア人がイスラーム諸国の援助を得て、ボスニア全土でモスクの再建を急ピッチで進めていることに対するセルビア人の不満があるようだ。この事件の前日にはヘルツェゴヴィナ地方のトレビニェで、死傷者を出すには至らなかったが同様の事件が起こっている。これらの事件は、確かに一部の過激なセルビア人によるものといえるだろう。しかし、バニャ・ルカの起工式が、モスクが破壊されてからちょうど8年後の同じ日に設定されていたことは、セルビア人を無用に挑発することにはならなかっただろうか。戦後サウジアラビアの援助でサラエヴォに建てられた大理石の立派なモスクは、破壊されたまま放置されている周囲の建物とはあまりに不調和に見えた。

ボスニアにおいては宗教への帰属意識の表明は、他の宗教集団の感情を刺激する。その際、ある特定宗教に帰属しているという事実そのものが、他者の目からは民族帰属の表明と映るのである。よって、熱心な信者であるかそうでないかということは他者にとってあまり意味を持たない。この宗教（より正確には宗教的帰属）とナショナリズムの関連は、他のバルカン諸国においても見られる傾向であるが、バニャ・ルカの事件におけるセルビア人とモスクの再建を急ぐボスニア人の動向は、ボスニアがこの近代以降の悪しき「伝統」を今日も引き継いでいることを示しているといえよう。紛争がこの傾向を助長したことは明らかである。

ボスニアは、その民族的、文化的多様性からしばしばバルカンの縮図と称される。旧ユーゴ時代のボスニアでは「ムスリム人」（全人口の39・5％）、セルビア人（32％）、クロアチア人（18・4％）、ユーゴスラヴィア人（7・9％）と自己規定する人びとが共存していた。ユーゴスラヴィア人と申告した人びとは都市部に多く、異民族間結婚による両親の子ども、いずれかの民族帰属の表明を拒否する者などさまざまであったが、この数字の高さは民族の混住地域であったボスニアならではといえよう。現在、紛争によって共通の歴史的経験は否定され、共有されていた文化、習慣はそれぞれの民族の理想に従う形で「純化」されてしまい、ユーゴスラヴィア人の存在も過去のものとなってしまったようである。

ボスニア・ヘルツェゴヴィナは、北部のボスナ地方と南部のヘルツェゴヴィナ地方という二つの歴史的領域からなる。これら二つの地域は、中世以来ほぼ共通の歴史を歩んできた。それは、多様な文化が共存するための知恵が育まれた、寛容の伝統の歴史でもある。その歴史を理解するためには、今日のボスニアの、セルビア人、クロアチア人、ボスニア人を隔てている排他的な民族意識が、近代以降に徐々に形作られたものであるということを改めて確認する必要があろう。

オスマン帝国支配下の19世紀初め頃まで、ボスニアの人びとを分け隔てていた最大の障壁は、地主・農奴などの社会的身分による相違であった。その一方で、宗教・宗派の相違が諸集団間の争いの原因になることは稀であった。人びとは宗教・宗派別にコミュニティを形成していたが平和に共存し、経済的、文化的な相互交流は日常的であった。この傾向は、人びとがおおむね街区ごとに各宗教・宗派集団に分かれつつも互いに隣接して生活していた都市部においてより顕著に見られたが、農村部においても共通の定期市などを通して人びとは日常的に交流していた。今日に通ずる民族意識は、オスマン帝国の宗教に基づく統治システム（ミッレト制）と一九世紀以降本格化した近隣諸地域のナショナリズムの影響によって徐々に形作られたものである。これらの過程を経て、正教徒はセルビア人に、カトリック教徒（フランチェスコ会も含む）はクロアチア人に、ムスリムはそれらどちらでもない「別個の集団」へと移行していく。すでに19世紀半ばには、近世以前までよく見られた宗教・宗派間の改宗は稀になっていた。

20世紀初頭、オーストリア・ハンガリー帝国支配下において、各民族ごとに政治組織が誕生し、一般の民衆にも徐々に民族意識が浸透していった。以降ムスリムの民族性をめぐる問題は、ボスニア史の主要命題の一つとなった。オーストリア・ハンガリー帝国治下、ボスニアの東に隣接するセルビアは、大セルビア主義を掲げてボスニアの正教徒住民のみならずムスリムをも「（イスラームに改宗した）セルビア人」と規定し、ボスニアに対する領土的要求を強めていった。西のクロアチアも、ボスニアで活動する聖職者・修道士を通じて、ムスリムは元来クロアチア人であるとの観点からムスリムの改宗運動を展開するなど、ムスリムのクロアチア化に努めた。これに対しムスリムの一部の知識人はセルビア人、あるいはクロアチア人を名乗ったが、大部分は自らがセルビア人・クロアチア人とは異なる「別個の集団」であるという意識をより強固にしていった。ムスリム知識人たちは地主層を中心とした独自の政治組織と19世紀末に設立されたサラエヴォのウラマー長を頂点とする宗教組織を核に、ムスリムがセルビア人、クロアチア人と同等の民族であると主張するようになる。ユーゴスラヴィア王国、及びセルビア人・クロアチア人・スロヴェニア人王国の時代にもムスリムに対するセルビア人・クロアチア人からの民族的要求は続いた。

第二次世界大戦中、ボスニアを支配下に置きセルビア人の一掃を目指したクロアチアのウスタシャ政権とセルビア人の間で無残な「兄弟殺し」が起こった。ムスリムの指導者の多くはクロアチア側に付いたため、ムスリムもこの争いに巻き込まれていった。特定の民族に依拠しないチトーのパルチザンを例外として、ここではどの民族に属するかということがすべての運命を決定していたのである。第二次大戦の記憶は、先のボスニア紛争において民族間の憎悪を煽る格好の材料として民族主義陣営の宣伝に大いに利用されることになる。

１９７１年社会主義政権によって、ムスリムは「ムスリム人」という民族名を与えられるが、この承認の背景には１９６０年代以降の分権化・自由化という政治的潮流があったことを考慮すべきであろう。自らも分権化・自由化の恩恵を得るためには、ムスリムはユーゴスラヴィアを構成する主要民族の一つに数えられる必要があったのである。この承認によって、「ムスリム人」はセルビア人、ク

紛争で破壊されたモスタルのスターリ・モスト（古橋）は、**2004** 年夏ようやく修復が完了した（長島大輔）

ロアチア人と並んでボスニアの政治・経済・文化の要となった。さまざまな宗教・文化が混交して発展してきたボスニアの伝統に代わって、各々の民族の「伝統」がパラレルに存在する今日のボスニアの根幹がここに「完成」したのである。

今日ボスニアの復興に向けたさまざまな努力が続けられているが、経済インフラ整備の遅れ、難民の帰還にともなう混乱、高い失業率、若年層の「頭脳流出」など、問題は山積している。これらの問題の解決が遅れれば社会的不安とともに分離主義的民族主義が再び勢力を増大し、ボスニアの統一が脅かされかねない。ボスニアの平和的未来を築くために、対立の歴史のみならず、共存の知恵を育んできた歴史に学ぶことは多いはずである。

（長島大輔）

25

重なりあう「民族の故地」

★コソヴォ／コソヴァ★

コソヴォ／コソヴァ（セルビア語ではコソヴォ、アルバニア語ではコソヴァ、以下便宜的にコソヴォと表記する）は、バルカン半島内陸部の一地域の名称である。この名は、20世紀の最後の年に、コソヴォ紛争とそれにともなうＮＡＴＯ軍の空爆により広く世界に知られるところとなった。

現在、コソヴォとして知られる地域は、地理的には、プリシュティナ、ミトロヴィツァを含む東部よりなる狭義のコソヴォ地方と、プリズレン、ペーチを含む西部のメトヒヤ地方よりなる。東部コソヴォ地方は、褐炭、鉛などの鉱物資源に富み、またコソヴォ全体の行政の中心であるプリシュティナを擁している。西部メトヒヤ地方は、白ドリン川の流域に広がる豊穣な地域である。住民は、多数を占めるアルバニア人とセルビア人のほか、スラヴ系ムスリム、ロマ、モンテネグロ人などがいる。

コソヴォは歴史的に、この地に住む二つの民族、セルビア人とアルバニア人にとって、実際の利害以上に大きな意味を持つ土地であった。コソヴォは、中世セルビア王国の中心地であり、セルビア人にとって民族揺籃の地として強く意識されている。グラチャニツァ、デチャニなどのセルビア正教の古い修道院の存在も、そうした意識の形成に寄与している。しかし、コソヴォの名がセルビア人の意識に忘れ得ぬものとして残ったのは、1389年にこの地で戦われたコソヴォの戦いによるところが大きい。この戦いで、キリスト教徒の連合軍を率いた当時のセルビア公ラザルがオスマン帝国軍に敗れ命を落とした。コソヴォの戦いの悲劇とコソヴォの地への思いは神話化され、セルビア人の間で長く英雄叙事詩としてうたい継がれていくこととなる。また、17世紀末以降、コソヴォのセルビア人がセルビア正教の総主教に率いられ、大量にハプスブルク帝国領に移住した事件（「大移住」）もまた、民族の故地コソヴォの記憶を強化するものとなった。

一方アルバニア人にとっては、コソヴォは19世紀の民族復興運動の中心地であった。1878年には、各地の代表を集め、アルバニア人居住地の一体性維持とオスマン帝国内における自治を志向するプリズレン連盟が結成された。コソヴォは、アルバニア人にとっても、手放すことのできない土地として位置付けられるようになる。

オスマン帝国の下、コソヴォ州をなしていたこの地域は、第一次バルカン戦争の後、セルビア王国とモンテネグロ王国に併合され、第一次世界大戦後にはそのままユーゴスラヴィア王国（建国時はセルビア人・クロアチア人・スロヴェニア人王国）に組み込まれた。戦間期の王国時代、コソヴォはマケドニアとともに「南セルビア」と呼ばれ、セルビア人の入植などのセルビア化政策がとられた。第二次世界大戦が勃発すると、コソヴォはイタリア占領下のアルバニアに併合され、今度はアルバニア化が進められた。

第二次世界大戦後、コソヴォは再びユーゴスラヴィアの一部となった。社会主義体制の下、セルビ

コソヴォのアルバニア系牧羊民。奥に見える山はアルバニア（みやこうせい）

ア共和国に属するコソヴォ・メトヒヤ自治区となり、限定的ながら自治権を得た。その後、1963年にはヴォイヴォディナと同格のコソヴォ・メトヒヤ自治州に格上げされ、1968年にはコソヴォ自治州と名称が変わった。社会主義体制下、後進地域であったコソヴォには予算が重点的に配分され、鉱業を中心に産業振興が図られ一定の成果は上げていたものの、社会主義期を通して依然国内最後進地域であった。アルバニア人住民は、社会主義体制の下、一貫して権利拡大とコソヴォの共和国昇格を求め、1968年には暴動が発生した。1974年憲法の下、コソヴォは自治州として、独自の政府、議会、憲法を持つことが認められた。しかし、共和国昇格の要求は、ユーゴスラヴィア国外にアルバニア本国が存在することを理由に、ユーゴスラヴィア国内のアルバニア人が数の上では自らの共和国を持つモンテネグロ人よりはるかに多いにもかかわらず、容認されることはなかった。チトー死去直後の1981年には、こうした不満が高失業率といった経済的不満と結び付き、デモが暴動化し軍が鎮圧に当たり出動するまでに至った。1980年代を通して、コソヴォ情勢は緊張を深めていった。戦後の時期を通し、高出生率に支えられたアルバニア人は自治州人口に占める割合を増し続けた。公式統計によると1953年に人口の65％

を占めていたアルバニア人の割合は、1981年には77％に、1991年には82％に達している。このことは、セルビア人の間に「コソヴォのアルバニア化」への危機感を喚起した。

1989年には、セルビア共和国のミロシェヴィチ政権により、共和国権限の拡大と実質的な自治権の剝奪が図られ、アルバニア人の大きな反発を呼んだ。ユーゴスラヴィアの解体が決定的になると、コソヴォのアルバニア人は1991年、「コソヴォ共和国」の樹立を宣言し、翌年には、コソヴォ民主同盟党首で作家のルゴヴァを「大統領」に選出した。ルゴヴァは非暴力を掲げセルビア行政のボイコットを主たる戦術としていた。しかし、それに飽き足らず武力によるコソヴォ独立を目指す勢力によりコソヴォ解放軍が結成され、1998年以降、セルビア治安部隊との衝突の中で急速に支持を拡大した。コソヴォ紛争は、1999年春のNATO軍による空爆を経て、6月の和平合意により一応の解決を見た。だが紛争で、一時80万人ともいわれるアルバニア人が難民化し、和平合意以後は、アルバニア人によるセルビア人やその協力者と目されたロマへの暴力事件が頻発した。和平により、コソヴォにはNATO主体の国際部隊が駐留するとともに、国連が責任を負う暫定行政が実施される旨定められ、議会選挙も行われた。2002年には、ルゴヴァがコソヴォの大統領に選出されている。

2008年2月、アルバニア人政党主導のコソヴォ議会は、念願の独立を宣言した。西側主要国の承認を得たが、セルビアとロシアは強く反発し、国連加盟の目途は立っていない。2011年以後、EUの仲介のもと、セルビアとコソヴォの交渉が重ねられているが、関係正常化への道は依然けわしい。また、セルビア人住民の多数も独立を認めず、多民族共生の社会建設は依然大きな課題である。

（山崎信一）

26

諸民族が錯綜して織なす歴史の地

★トランシルヴァニア★

ルーマニア全体の面積の三分の一強を占めるトランシルヴァニア（9万9837平方キロメートル）は、この国の首都ブカレストから見て北西部に位置する。北東方向から南西へと半弧を描いて流れるのがカルパチア山脈で、その内側は主に海抜400〜500メートルの高原からなり、間に平野が開け、渓谷があり、森があり、地形の展覧会といっていいほど変化に富んでいる。

トランシルヴァニアは殊にも歴史の錯綜した地域で、大部分の地名が、ハンガリー語、ルーマニア語、ドイツ語の名称を持つ。まず、トランシルヴァニアとはルーマニア語 Transilvania、つまり、森のかなたの意であるが、ハンガリー語では、エルデーイ、森の向こうという意で、ドイツ語では、ジーベンビュルゲン、つまり七つの砦の町、となる。それから、ルーマニア人はここを、トランシルヴァニア、あるいは、アルデアール、と呼ぶ。

一つ、例をあげてみよう。ハンガリー国境沿いの、諸様式の建築が旧市街に立ち並んで往時の華麗な雰囲気を伝える、ルーマニア名オラデアは、ハンガリー語ではナジヴァーラド、ドイツ語ではグロスヴァルダインとなる。三つの名が小さな村にまで及んでいるので、歩くときには地名対照表が必要なほどである。例えば、ハンガリー人にルーマニア語の地名を伝えても、しばし首をひねる。また、わかっていても知らないふりをする。

地名には人によって思い入れがあり、この地に住む200万余のハンガリー人にとってトランシルヴァニアは、あくまでもエルデーイであって、他の呼称ではあり得ない。歴史的にいっても、ハンガリー人がこの地に定住しはじめたのは9世紀末であって、その頃、ドイツ人は、まだ入植していなかった。ハンガリー人や、その史家はいう。我々が入ってきたとき、この地にルーマニア人はいなかった。

ところが、これに対してルーマニア人は、我々の先祖ダキア人は、ローマの流れをくむダコロマンで、この地に紀元前から住んでいる、と猛反発する。

ギリシアの歴史家ヘロドトスの歴史書の記述によると、ルーマニア人の先祖とされる、ゲタエ・ダキア人は勇猛果敢な民であったという。ところが、ローマの度重なる侵攻でダキアはトラヤヌス帝の軍門に下り（106年）、以降、271年、アウレリアヌス帝が撤退を決めるときまで、ローマの北辺の重要な属州として栄えた。属州ダキアには、ローマ帝国の各州から植民がなされて、諸制度も整備され、文物がもたらされ、植民との混血も進んだ。

問題は、ダキアからローマが身を引いた後、ダキア人の行方が杳として知れないこと。つまり、以降、文書による記録がなく、ローマ人と混血したダキア人、いわゆるルーマニア人の直接の祖先とされるダコ・ロマンの末裔がヴラフ人として再び歴史に現れてくる13世紀まで空白の期間がある。

このとき、既にハンガリー人はトランシルヴァニア全土に君臨しているわけで、ハンガリー人は、ルーマニア人の祖先は、アウレリアヌスの軍とともにゴート人の圧力でドナウ川の南に逃げ込んで、約1000年後にまたドナウを越えてトランシルヴァニアにやってきたのだとする。これに対して、ルーマニア人は、271年以降はトランシルヴァニアの山間に分け入り農牧を営んで暮らしていたと主張する。ただ、前述のように文字としての証拠がない。

しかし、271年から272年にかけて、当時、100万を越えるダキアの構成民がすべてドナウの南に逃れた、とはどうも考えにくい。ハンガリー側にも主張の根拠となる確証はなく、断言には無理がある。

トランシルヴァニアは、ルーマニアとハンガリーのナショナリズムとショーヴィニズムの対峙する所で、ゆえに、互いの固有とされる伝統、文化が微妙に切り結ぶ。トランシルヴァニアは、古来豊かな土地で、ローマは北辺の防人として、また、豊かな金と塩のためにも是非、確保したかった土地である。ローマ人撤退の後も諸民族が次々とやってきた。4世紀、5世紀のフン、6世紀にはアヴァール、7世紀にはスラヴ人、ついでブルガール人、小部族まで入れると枚挙にいとまがない。この土地の豊かさは周辺に広く伝えられていたのであろう。

ドイツ人の集落ビエルタン。城塞つきの教会と、それをとり巻く整然とした家並みの集落が特徴（みやこうせい）

ドイツ人がやってきたのは13世紀のことである。城壁に囲まれた七つの町をこの地に開き、今でも往時の面影を濃厚に伝えている。歴史が複雑にからみ合ったルーマニアの中にあって、ここトランシルヴァニアには、パンノニアにあるハンガリーよりも古い、いわば原ハンガリーの風俗が息付いていて、古いドイツの姿もここルーマニアで如実に類推することができる。

ルーマニアの総人口の10％を占めるハンガリー人は特に色濃い伝統を保っている。同じハンガリー人の中でも、住む土地が約40キロメートルも離れると、衣装ががらりと変わり、歌、踊りも趣向が異なる。ただ、このフォークロア（民に伝えられる故事、生活様式、歌舞に至るまで）にはときに政治がからんでくる。美の形式、現象といった面ではなく、ナショナリズムの昂揚に利用されたりする。

ルーマニア、いやヨーロッパのアルカディア（理想郷）といった甘ずっぱい雰囲気を伝えるトランシルヴァニアの魅力は尽きない。ふとした山間に宝石が隠されている。客好きであたたかな心情の人びとが多くいる。人びとは自分の住む土地を世界の中心として愛着を抱き大きな誇りとする。民族の違いに偏見のない大方の人びとは、ここは、ルーマニアでもハンガリーでもなく、トランシルヴァニアで、我々はトランシルヴァニア人と胸を張る。息を呑むほどの美にあふれた土地、ここはある種の桃源郷で、人びとは長いこと自給自足の生活を送ってきた。特に北トランシルヴァニアの山間のマラムレシュは中世の化石ともいわれて、人びとは半農半牧の生活を送る。古い風俗を凝縮して伝えるヨーロッパ最後の土地と呼んでさしつかえないのであるが、ＥＵ圏に入り、グローバリゼーションが進み、伝統も徐々に消える趨勢にある。

（みやこうせい）

27

ドナウ川の恵みを受ける多民族の平原

★ヴォイヴォディナ★

セルビア共和国の首都ベオグラードから北東に30キロメートルほどのところにあるバナーツコ・ノヴォセロ（バナート新村の意）には、色も形も違わない教会が二つ並んでいる。遠くから見ると、同じような教会がなぜ二棟もあるのか不思議に思われるが、それぞれの建物に書かれている言葉を見ると、一方がセルビア正教会で、もう一方がルーマニア正教会であることがわかる。つまりこの村は、主としてセルビア人とルーマニア人からなる村なのである。

バナーツコ・ノヴォセロが属するセルビア共和国北部の自治州ヴォイヴォディナには、この村のように、複数民族からなる町村が多数ある。また、集落ごとに民族が異なることも少なくない。ヴォイヴォディナ全体の人口は２０３万を数え、その民族構成は、セルビア人54・０％、ハンガリー人18・２％、クロアチア人５・４％、スロヴァキア人３・４％、ルーマニア人２・３％、モンテネグロ人２・１％、ルシーン人１・０％である（１９８１年）。もっとも、各民族がとにかく散在、混在しているため、実際に現地を訪れると、この数字以上に少数民族の比率が高いかのような印象を受ける。

バナーツコ・ノヴォセロのルーマニア正教会（手前）とセルビア正教会（Nikolaus Wilhelm 氏提供）

それでは、なぜヴォイヴォディナは、このような人口構成を持つことになったのであろうか。歴史を少しひもといてみよう。

ハンガリー平原の南端に位置し、ドナウ川の水利にも恵まれたヴォイヴォディナは、古くから諸民族の移動・通過地であった。ローマ帝国時代には、軍事上・通商上の必要から都市や道路が建設され、同帝国の解体後は、フンやスラヴ人、アヴァール、フランクが来住した。平原名の由来であるハンガリー人が到来、定住したのは九世紀末のことである。これ以後、ヴォイヴォディナは、ハンガリーの一部となる。

セルビア人の移住は14世紀末に開始される。そのきっかけとなったのはオスマン帝国の北進であり、１４５９年にセルビア王国が滅ぼされると、南方よりドナウ川を越えて移住してくるセルビア人の数は増大した。しかし、オスマン帝国の北進はセルビアでは終わらなかった。１６２６年にはハンガリー王国が決定的な敗北を喫し、ヴォイヴォディナを含む同王国の大部分が占領されたのである。オスマン帝国支配下のヴォイヴォディナでは、ハンガリー人の流出とセルビア人の流入とが続き、後者の方が多数派となっていった。

17世紀に入り、北ハンガリーの統治者であったハプスブルク帝国がオスマン帝国に対する反攻を開始し、同世紀の末には、ハンガリーの統合が回復された。すると、ドナウ川沿いの国境地帯には、帝国が直接管理に当たる軍政が敷かれて、多くのセルビア人の他、新たに移住してきたドイツ人などに屯田兵の地位が与えられた。しかし、この政策は、ハンガリーにとっては自治領域を侵害するものであった。それゆえ、ハンガリーは軍政廃止を主張し、1867年の二重帝国化によって完全な主権を手にすると、ヴォイヴォディナの支配を固めるべく、ハンガリー語の使用を義務化したり、セルビア人以外の民族を大量に入植させたりしたのである。今日のモザイク状の民族分布は、まさにこの入植政策の痕跡である。

一方、ハンガリーの支配下で抑圧にさらされたセルビア人たちは、状況打開のため、オスマン帝国の統治から脱出しつつあった、ドナウ川南方のセルビア公国を頼りにした。彼らは、18世紀以来、経済・文化・教育の各面において長足の発展を遂げており、19世紀初め、オスマン帝国の領内にセルビア公国が樹立されると、同公国の行政や教育に対し人材を送っていたのである。けれども、セルビア公国（のち、王国）の側は、オーストリア・ハンガリー帝国との政治的経済的関係が損なわれるリスクを恐れて、あえて彼らを支援しなかった。また、帝国の中でも、ハンガリーへの対抗に向けた他の民族との協力は広がらなかった。こうして、ヴォイヴォディナのセルビア人は孤立無援に陥り、この状況は19世紀末まで続いていく。

20世紀に入ると、1903年、セルビア王国が国外のセルビア人問題に積極的に関与する政策を打ち出した。これにより、ヴォイヴォディナのセルビア人を取り巻く状況は好転した。さらに1905年、ハンガリー支配下のクロアチアにおいてクロアチア人・セルビア人連合が成立し、南スラヴ諸民族間の協力も活発化する。そして、これらの関係を基礎として、第一次世界大戦後の1918年に「セルビア人・クロアチア人・スロヴェニア人王国（のち、ユーゴスラヴィア王国）」が建国され、ヴォイヴォディナはその一部となるのである。

ヴォイヴォディナがセルビアの一部となってから、既に80年以上になる。この間の両者の関係を一言で言い表すならば、「付かず離れず」である。ヴォイヴォディナで多数派を占めるセルビア人たちは、民族的利害がかかわる問題では、セルビアと協調行動をとってきた。また、地域的利害がかかわる問題では、州内の他民族や、他の連邦内共和国と連携して、対抗的な行動をとってきた。

旧ユーゴスラヴィアが解体し、紛争があった1990年代、ヴォイヴォディナはセルビアと行動をともにした。そこには、セルビア民族主義の高まりのほか、セルビアのミロシェヴィチ政権による自治権縮小が大きく関係していた。なお、紛争中には、クロアチア、ボスニア・ヘルツェゴヴィナ、コソヴォから、10万人規模のセルビア人難民がヴォイヴォディナに流入している。これにより、ヴォイヴォディナの民族構成は大きく変わっているはずである。

21世紀を目前にして、ミロシェヴィチ政権は選挙に敗れて崩壊した。これ以後ヴォイヴォディナにおいては、自治権の再拡大を求める地域主義が勢いを増している。この流れは、ミロシェヴィチ時代への反発に起因する、一時的な現象なのであろうか。それとも、セルビア政治において民族問題の重要性が低下したことによる、持続的な流れなのであろうか。注目されるところである。（齋藤　厚）

28

失われつつある多民族性と地域性

★ダルマツィアの変貌★

ダルマツィアはバルカン半島西部、ディナル山脈からアドリア海沿岸及び島嶼部に至る地方である。クロアチアのクヴァルネル湾からモンテネグロのコトル湾に至る広大な領域を指すこともあるが、通常はクロアチア南部のザダル県、シベニク＝クニン県、スプリト＝ダルマツィア県、ドゥブロヴニク＝ネレトヴァ県の範囲に限定される。上記4県の総面積は1万2951平方キロメートル、人口は約86万人に及ぶ。住民の95％がクロアチア人、3％がセルビア人で、クロアチア国内では民族的「純度」の高い地方となっている。もっとも、それは近年の現象であり、歴史的にはさまざまな集団が往来し、共存してきた。

バルカン半島北西部の先住民族はイリリア系ダルマト族（ダルマツィアの語源）であり、ローマ帝国がこれを征服したが、その崩壊後の混乱期を経て、7世紀頃にスラヴ人が定住した。特にクロアチア人はダルマツィア北部を拠点として統一国家形成を進め、10世紀初頭に族長トミスラヴの下でクロアチア王国を樹立した。アドリア海沿岸に発達したローマ起源の都市もその影響下に入り、徐々にスラヴ化されていく。12世紀初頭にクロアチアはハンガリーに併合され、自らの政治的中心をダルマツィアから遠く離れた内陸部のシサクやザグレブに移動させた。ダルマツィアの支配権をめぐっては、ハンガリー、ヴェネツィア、ボスニア、セルビアなどの抗争が続いたが、15世紀までにヴェネツィアが支配権を奪取した。これにより、都市のイタリア化が進展する一方で、ルネサンス期からバロック期のイタリア文化の影響を受け、学問・芸術が大いに発展した。

その後、オスマン帝国の侵攻を受けてヴェネツィア領ダルマツィアは海岸部に点在する都市を残すだけとなったが、18世紀前半までにドゥブロヴニクを除く海岸部一帯を奪回し、さらに内陸部に領土を伸張した。もっとも、新たな領土は海岸部の都市から隔絶した農村地帯であり、住民の大半はヴェネツィア流のイタリア語・イタリア文化とは無縁のスラヴ系住民であった。その中にはオスマン帝国の侵攻の時期にディナル山脈以東から流入してきた人びとも少なくなかった。そこにはセルビア人、ヴラフなどの正教徒住民も含まれる。いずれにせよ、言語・文化的あるいは社会・経済的にも際立った対照を見せる「二つのダルマツィア」という状況がこの時期に顕在化していく。なお、ダルマツィア最南端に位置するドゥブロヴニクはヴェネツィアとオスマン帝国のはざまで海運業を主業とする自治共和国として繁栄し、イタリア文化だけでなくスラヴ文化を保持・発展させた。

ザダルの聖ドナト教会（石田信一）

18世紀末から19世紀初頭にかけて、フランスはヴェネツィアとドゥブロヴニクを滅ぼし、スロヴェニアやクロアチア南部などと併せてイリリア諸州を編成した。これは南スラヴ統一主義の重要な先例と見なされるようになる。しかし、イリリア諸州は短期間に滅亡し、1815年、オーストリア支配下で旧ヴェネツィア領ダルマツィアとアルバニア・ヴェネタ（コトル湾地方）、旧ドゥブロヴニク共和国からなるダルマツィア州が形成された。「二つのダルマツィア」に加えて、異なる歴史的背景を持つ地方が住民の意思とかかわりなく統合されたのである。ダルマツィアの支配層は依然として住民の一割に満たないイタリア人であり、彼らが多数派を占める唯一の都市ザダルが州都に定められた。1861年にダルマツィア州議会が開設され、自治派と民族派という二つの党派が結成されると、オーストリア政府は親イタリア的・反クロアチア的な自治派を支援した。自治派はダルマツィアの自治的地位を要求するとともに、同地方をイタリア文化圏として位置付けるダルマツィア主義を唱道したが、住民には受け入れられなかった。民族派は南スラヴ統一主義の影響を受け、クロアチアとの合併やスラヴ系住民の権利拡大を要求したが、政府の譲歩も得られず、1870年代末にはクロアチア人とセルビア人の党派に分裂し、両集団の関係も不安定になった。

トロギルの旧市街（石田信一）

第一次世界大戦後、イタリア王国に割譲されたザダルを除いて、ダルマツィアはユーゴスラヴィア王国（当初はセルビア人・クロアチア人・スロヴェニア人王国）に編入され、イタリア人の比率は激減した。ダルマツィアは行政区分上もスプリト県（後のプリモルスカ州）とドゥブロヴニク県（後のゼーツカ州）に分断され、その一体性を喪失した。

第二次世界大戦後にユーゴスラヴィアが連邦国家として再編されると、ダルマツィアはクロアチア共和国の一部となり、ザダルも回復した。イタリア人のイタリア本国への移住とセルビア人やモンテネグロ人の多かったコトル湾地方のモンテネグロ共和国への編入によって、ダルマツィアのクロアチア的特質が強化され、例外は北部のクニン周辺のセルビア人居住地域だけとなった。90年代初頭のクロアチア独立の動きに対して、これらのセルビア人は激しく抵抗し、「クライナ・セルビア人共和国」を樹立したが、1995年にクロアチア軍に制圧され、その多くはボスニア・ヘルツェゴヴィナやセルビアに実質的に追放された。1991年に12万人を数えたダルマツィアのセルビア人は四分の一にまで激減し、彼らの帰還問題ないし補償問題が大きな課題となっている。

政治的には、地域政党としてダルマツィア運動が結成されたものの短期間で消滅し、クロアチア・ナショナリズムに立脚したクロアチア民主同盟がなお優勢である。経済的には、伝統的な水産業（日本にマグロを輸出している）や造船業に加えて観光産業の発展がめざましく、アドリア海の島々を含むビーチ・リゾートのほか、クルカ渓谷、コルナティ諸島、ムリェト島などの国立・自然公園も多い。シベニク、トロギル、スプリト、ドゥブロヴニクにはユネスコ世界遺産の史跡がある。これらの史跡は今なおイタリア文化の存在を実感させるが、ダルマツィアを特徴付けてきた多民族性や地域性は、ほとんど失われつつあるのが実情である。

（石田信一）

29

ナショナリズムへの抵抗

★イストリアの挑戦★

イストリア地方はアドリア海の北部、トリエステ湾とクヴァルネル湾に挟まれたイストリア半島とその周辺の島々を指す名称で、クロアチア語ではイストラと呼ぶのが普通である。歴史的には、7世紀頃スラヴ人が到来してからも、沿岸部はヴェネツィア、内陸部はドイツ諸侯の支配下に置かれ、中世クロアチア王国とほとんど無縁であったことが特筆される。ドイツ人、イタリア人、スラヴ人という三集団が交差し、交通上の要衝でもあるイストリアは、周辺諸国の係争地となり、その支配者をたびたび代えた。18世紀末にイストリア全域がオーストリア領となったが、第一次世界大戦後にイタリア王国、第二次世界大戦後にはユーゴスラヴィア連邦に編入され、さらに連邦解体によって現在ではクロアチア、スロヴェニア、イタリアに分割された格好となっている。これら三カ国に跨る3500平方キロメートルほどの半島部だけでも約34万人が居住する。イストリア地方の約9割がクロアチア領で、その大半がイストリア県（面積2813平方キロメートル、人口約21万）に属している。

イストリアはクロアチアで最大の集客力を誇る観光地でもある。1840年代の旅行パンフレットには、すでにプーラとポレチュが登場している。前者はローマ時代の巨大な円形劇場、後者はモザイク画が見事なエウフラシウス聖堂で知られ、現在でも多くの旅行者をひきつけている。イタリアやオーストリア、ドイツからアクセスが容易なアドリア海のビーチ・リゾートという絶好のロケーション。クロアチアを訪れる外国人旅行者の3割前後がイストリア地方に滞在しているというデータもある。観光産業の発展により、住民の平均所得は全国平均を大きく上回っており、彼らの生活は豊かに見える。しかし、旅行者の興味をひかない重要な事実がある。それは、今やイストリアがクロアチアにおける地域運動の一大発信地となっていることである。

プーラにあるローマ時代の円形劇場（石田信一）

１９９０年のクロアチア議会選挙では、クロアチア民主同盟（ＨＤＺ）が地滑り的勝利を収めたが、イストリアでは一議席も獲得できなかった。ＨＤＺが唱道するクロアチア・ナショナリズムは、多文化・多言語地域であるイストリア住民には受け入れ難いものだったのである。当初、彼らの多くは旧共産主義者同盟（現在の社会民主党）を支持していたが、まもなく無力な同党を見限り、自らの地域政党であるイストリア民主会議（ＩＤＳ）に結集するようになった。ＩＤＳは１９９２年のクロアチア議会下院選挙と１９９３年の上院選挙に参加し、イストリア選挙区の全議席を独占して、その存在をアピールすることに成功した。また、1993年の統一地方選挙では、イストリア県議会で定数40のうち34議席を確保し、さらに県内すべての市町村議会で第一党になるという躍進ぶりであった。

その間、1991年に実施された国勢調査、特に「民族的帰属」に関して、イストリアでは驚くべき結果がもたらされた。クロアチア人と回答した者の比率が全国的には78・1%に達したのに対して、現在のイストリア県では54・6%に過ぎなかったのである。逆に、イタリア人（7・5%）、セルビア人（4・8%）、ムスリム人（3・1%）、スロヴェニア人（1・4%）などに加えて、「民族的帰属」を表明せず、イストリア人（18・1%）やユーゴスラヴィア人（3・6%）と回答する者も少なくなかった。特にイストリアへの地域的帰属を優先するイストリア人としての立場は、国境地帯として多民族共存を模索してきたイストリア住民の意識を反映したものと考えられる。もっとも、クロアチア人であることとイストリア人であることは両立可能な重層的なアイデンティティであって、人びとの意識がクロアチア人でなくなったわけではない。また、IDS指導部内でも対応はまちまちであり、ヤコヴチチ党首はクロアチア人、カイン副党首はイストリア・クロアチア人、ソルダティチ幹事長はイストリア人と回答している。

ロヴィニの旧市街とマリーナ（石田信一）

イストリアの世論を代表する存在となったIDSは、19

94年のロヴィニ宣言で自らの政策をより具体的な形で示した。そこには、イストリアに広範な自治権を付与し、非武装地帯あるいは自由貿易地帯とする構想や多民族（多文化・多言語）地域における共通の意識としてのイストリア理念の擁護などが含まれている。IDSはこうした政策の一部をイストリア県の基本条例であるイストリア憲章に盛り込もうとし、県議会を通過させたが、ただちにHDZ政権によって違憲審査請求がなされ、条文の大幅な修正・削除を余儀なくされた。HDZ政権はかねてからIDSの「大イストリア主義」を非難しており、地方自治権の拡大、イストリア理念の擁護、多言語主義の採用など、HDZ政権の中央集権的体制に対する異議申し立てを受け入れることはできなかったのである。その後もIDSの党勢が目立って衰えることはなかったが、地域運動は総じて停滞期に入った。

こうした状況を大きく変えたのが、2000年初頭の政権交代であった。反HDZで結束した六党連立政権が誕生し、IDSもその一翼を担うことになったのである。新政権はEU加盟を目標として掲げ、その基準に適った分権化を含む法律の改正を行い、イストリア住民にとって歓迎すべきものとなった。イストリア憲章も改正され、イストリア理念が公的に認知されるに至った。もっとも、イストリア北部でのスロヴェニアとの国境・領海問題が障害となってか、越境的な協力を推進しようとするIDSの主張に反して、その影響力がクロアチア国内に限定されているのは大きな弱点といえよう。2006年にIDSの主導で発足した近隣諸国との協力枠組み「アドリア海・ユーロリージョン」も十分な成果をあげたとは言いがたい。クロアチアがEU加盟を果たした現在、イストリアの地域運動は自らの位置を再確認するべき時期に差しかかっているように見える。

（石田信一）

30

領土拡大の野心が交錯する地域

★近代マケドニア★

1991年11月、ユーゴスラヴィア連邦からマケドニア共和国が独立を宣言したが、それに対してギリシア共和国は強く抗議し、今日まで、国連をはじめ国際機関でのマケドニア共和国の名称は暫定的な旧ユーゴスラヴィア・マケドニア共和国となっている。また、マケドニア共和国の住民の多数を構成するマケドニア民族の存在を、隣国のブルガリアとギリシアは、今なお否定し続けている。こうしたできごとはマケドニアという地域、それに由来する名称を持つ人間集団をめぐる複雑な事情を物語っている。

マケドニアと呼ばれる地域は、今日、北はシャール山脈、東はロドピ山脈とメスタ川（ギリシア名、ネストス川）、南はエーゲ海、西はオリンポス山、ピンドゥス山脈、プレスパ湖、オフリド湖に囲まれた地域である。マケドニア共和国、ブルガリア南西部、ギリシア北部にその範囲は及んでいる。地域名は紀元前4世紀、古代ギリシア世界北方に覇を唱えた王国、フィリポス二世、アレクサンドロス大王で知られる古代マケドニア王国に因んだものだが、その指し示す領域は時代によって変遷を遂げてきた。

内陸部には2000メートルを越す頂も見られ、全体的に山々に囲まれているが、アリアクモン川、ヴァルダル川、ストルマ川（ギリシア名、ストリモン川）、メスタ川の下流域には平野が広がる。これらの河川に沿って古くから街道は作られ、今日でも国境を越えてマケドニア各地を結んでいる。ギリシア北部の中心都市テッサロニキからヴァルダル川に沿って街道を行けばマケドニア共和国の首都スコピエに、ストルマ川に沿って行けば南西ブルガリアの中心都市ブロゴエフグラトに至る。

マケドニアはアジアとヨーロッパを結ぶ地域であり、バルカン半島の南部の中心地域であった。加えて、中心都市のテッサロニキは古くから良港、そして交通の要衝であったから、古来、さまざまな人びとが到来し、数多くの支配者が統治する地域となった。

ローマ帝国もまたマケドニアを支配し、バルカン支配の拠点とした。コンスタンティノープルからカヴァラ、テッサロニキ、オフリドなど今日のマケドニア諸都市を経由しデュラキウムやアポロニアに至るエグナティア街道は、当時からこの地方の交通路の幹線だった。ローマ帝国が東西に分裂して以降、マケドニア地域は東ローマ（ビザンツ）帝国の統治下に置かれた。

スラヴ人は、6世紀以降マケドニアに移住した。キュリロスとメトディオスは、この地の人びとが話した言葉をもとに教会スラヴ語を作ったといわれている。ビザンツと覇を争った中世ブルガリアの帝国もまた、マケドニアを支配した。シメオン帝の時代、マケドニア西部の湖畔の町オフリドは東方正教の中心として輝いた。サムイル帝はプリレプ、その後オフリドを中心にビザンツと戦った。中世セルビアのネマニッチ王朝のステファン・ドゥシャンはスコピエで戴冠し、マケドニアはその王国の中心地域となった。オスマン帝国統治下となったマケドニアは、ルメリ州に組み込まれ、単一の行政

スコピエ市内には、オスマン統治時代に建造された遺産が数多く見られる。写真は、現在画廊として利用されているダウト・パシャの浴場
（木村　真）

単位をなすことはなかった。東方からトルコ系ムスリムが移住し、西方から移住したアルバニア人とともに同地のスラヴ人の間にもイスラムを受容する人びとが現れ、さらにテッサロニキにはヨーロッパ西部から移り住んだユダヤ教徒の共同体が形成された。

マケドニアの名前が再び注目されたのは、19世紀後半、列強がオスマン帝国統治下のこの地域の改革問題に介入し、この地域の帰属をめぐって周辺諸国が競合した時代である。

その時代のマケドニアは、オスマン帝国下のコソヴァ（州都ユスキュプ、現スコピエ）、セラーニク（州都セラーニク、現テッサロニキ）、マナストゥル（州都マナストゥル、現ビトラ）の三州に行政区分されていた。オスマン領バルカンの特徴ともいえるが、スラヴ人、ギリシア人、トルコ人、ヴラフ、ロマ、ユダヤ人、アルバニア人など多様な言語、宗教的背景を持つ住民が暮らしていた。もっとも混住は一様ではなかった。ユダヤ人はマケドニア第一の都市セラーニクで多数を占め、ギリシア人は一般に都市部に住んでいた。クルシェヴォなど山岳地帯の都市には羊飼いや商業者として生計を立てたヴラフ人、ヴァルダル川沿いにはトルコ人地主、スラヴ人は村落部に広く暮らしていた。ユスキュプから北の現在のコソヴォにかけて、また、テトヴォ、デバル、ゴスティヴァルなど西部にかけてはアルバニア人の集住する地域だった。

1870年にオスマン政府が総主教代理座の設置を認め、ブルガリア系の正教会の教区が形成されるまでは、正教徒住民はその母語が何語であるかにかかわらず、等しく総主教座の管轄下の信徒であった。総主教座系の教会の信徒は「ギリシア人」、総主教代理座系の教会の信徒は「ブルガリア人」と考えられるようになると、教会もまた戦いの場となった。一九世紀末、ギリシア、セルビア、ブルガリアのバルカン諸国は、教会を通じて、あるいは学校やさまざまな協会を設立し、言語普及活動や奨学制度を通じて、場合によってはゲリラ部隊の圧力を通じて、マケドニアでの影響力拡大を図り、将来の領土拡大の土台とした。

しかし、オスマン統治下のマケドニア地域住民にとっては、宗教的帰属意識が重要な要素であり、住民相互を区分するうえで民族的帰属意識の持つ意味は決して大きくなかった。20世紀初頭でも、住民の民族的帰属意識は柔軟であり流動的であった。「わたしたちの祖先はギリシア人であり、わたしたちはブルガリア人である。セルビア人になれといわれればなることに障害はない。でもさしあたりブルガリア人である方がわたしたちにとっては都合がいい」。これはイギリスのジャーナリスト、ブレイズフォードが現地住民の言葉として記録したものだが、こうした発言は、当時、マケドニア地域住民が持っていた意識のあり方の一つの側面を示している。

バルカン戦争以後、マケドニアはセルビア、ブルガリア、ギリシアによって分割された。各地域は「ヴァルダル・マケドニア」、「ピリン・マケドニア」、「エーゲ・マケドニア」と呼ばれた。「国民国家」に分割されたマケドニア諸地域では、戦争期に生じた住民の移動、また、住民交換によって住民構成にも変化があった。エーゲ・マケドニアでは黒海沿岸、小アジア、ブルガリアからギリシア人正教徒が移住し、スラヴ人やムスリムの人口は減少した。セルビア領は戦間期にはユーゴスラヴィア王国地域となったが、セルビア人の入植をはじめとするセルビア化政策が継続された。ブルガリア領ではブルガリアとの併合を目指すＶＭＲＯ最高派が勢力を強め、マケドニア問題で隣国と協調的な政治勢力には脅威となった。

第二次世界大戦期の抵抗運動の中で、ユーゴスラヴィアの共産主義者はユーゴスラヴィアを構成する共和国の主体として「マケドニア民族（ナロード）」を認めた。当初、ブルガリア共産党もその存在を承認していたが、その後ブルガリアではマケドニア共和国のスラヴ人をブルガリア人であるとし、長くマケドニア民族は否定され続けてきた。ギリシアではスラヴ語的な氏名表記は禁止され、またマケドニア民族は一貫して否定されている。

１９９０年代、マケドニア共和国が独立を宣言し主権国家として国際社会に参加しようとしたとき、ブルガリアは国家承認はしつつも、マケドニア民族の存在は否定した。ギリシアでは新しい共和国が採択した憲法が「在外マケドニア人」の保護を含む条項を持つことから、「解決ずみ」の領土問題や、「存在しない」少数民族問題を提起しているとの懸念が表明され、さらに、「マケドニア」の名称そのものが「ギリシア」に帰属すべきものとの批判が現れた。分断された地域を結び付ける糸口はなかなか見出せそうにない。こうした状況下、マケドニア共和国では２００１年にアルバニア系の民族解放軍と政府軍、治安部隊の衝突が起きたが、８月のオフリド合意を経て各地域で話者数が人口の20％以上の言語を公用語とするなど少数民族、とくにアルバニア系住民の地位改善に配慮する方向性が示されている。

（木村　真）

31

国境を越える架け橋を目指して

★バナト★

バルカンの「周辺部」に位置するバナトという地域の名は、あまり知られていないかもしれない。それでも、ルーマニアのチャウシェスク体制崩壊の端緒となったティミショアラという都市の名は人びとの記憶に止まっているのではなかろうか。

1989年12月、「東欧革命」の進行する中、ルーマニアにおける政権交代のきっかけとなったのは、ティミショアラというルーマニア西部の都市でのできごとであった。同市にあるティミシュ県の裁判所は、改革派教会の牧師で人権擁護運動にも関わっていた、テーケーシュ・ラースローに対し、ティミショアラの教会からの立ち退きを求めた。ハンガリー人信徒を中心に裁判所の決定に抗議する人びとは教会の周りに集まり、人間の鎖を作って牧師を守ろうとした。さらに同市中央の広場にも人びとは集まり、それはチャウシェスク体制に反対する抗議デモへと拡大したのだった。増加するデモ隊を抑えるため軍隊や治安部隊が投入され、ティミシュ県には非常事態宣言が発せられたが、その数日後にはチャウシェスク体制は最後の日を迎える。

ティミショアラはその後も、ルーマニアにおける民主化運動の拠点としての性格を持ち続けているが、そこには多様な人びとが共存してきたこの都市、そしてこの地域の地理的、歴史的背景が影響を与えているともいえよう。

このティミショアラ（セルビア語名、ティミシュヴァル、ハンガリー語名、テメシュヴァール）は長くバナト（ハンガリー語名、バーナート、バーンシャーグ）と呼ばれる地域の中心都市であった。バナトは地理的には東をトランシルヴァニア南西部の山並みに、南をドナウ川に、西をドナウ川の支流であるティサ川に、そして北をティサ川の支流であるムレシュ（ハンガリー語名、マロシュ）川に囲まれた地域である。特に西部地域には肥沃な平原が広がり、また、近代には運河も建設され水運が発達した。南東ヨーロッパ地域と中部ヨーロッパ地域を結び付ける重要な地域であったため、古来、さまざまな人びとの行き来する地域でもあった。ドナウ川を挟んで帝国の争いが繰り返され、第一次世界大戦後にはバナトは分割された。現在、バナトは三国の国境地帯に広がっており、ルーマニア西部のティミシュ、カラシュ・セヴェリン両県とアラド県の南部、セルビア・モンテネグロのヴォイヴォディナ自治州東部の北部、中部、南部バナト県、ムレシュ川下流の一部地域はハンガリー南部チョングラード県の一部を構成している。

紀元前1世紀にダキア人の支配する地域となっていたバナトは、紀元2世紀から3世紀にかけて古代ローマの属州ダキアを構成していた。ローマ帝国のドナウ南岸への撤退後、フン、アヴァールなどがこの地に現れ、一時は中世ブルガリア国家の勢力が及んだが、その後ハンガリー王国の統治下に入った。現在の中心都市ティミショアラは要塞都市テメシュヴァールとして発展した。

バナトは14世紀以来オスマン軍の侵入をたびたび受けたが、オスマン帝国のバルカン、さらにヨーロッパ地域への拡大とともに、16世紀にはオスマン領土となり、周辺地域とともにティミシュヴァル州として直接統治下に置かれた。

バナトのオスマン支配は18世紀初めまで続いたが、1716年サヴォワのオイゲン公がティミシュヴァルを攻略し、1718年パッサロヴィッツ条約によって、ハプスブルク領となった。バナトはティミシュの太守領（ハンガリー語名、テメシュ・バーンシャーグ）となり、今日の地名はこの名称に由来している。また、一部地域はオスマン帝国に対する防衛線として「軍政国境地帯」に編入され、クロアチアやスラヴォニアのオスマン帝国との国境地域とともに、一九世紀までウィーン政府の直接統治下に置かれた。

帝国間の戦争の結果、バナト地域は荒廃し、住民のこの地域からの離散も甚だしかった。オーストリアはバナト獲得後、植民政策を積極的に行った。「シュヴァーベン人」と呼ばれるドイツ系住民の移住をはじめ、17世紀末オスマン領バルカンから「大移動（ヴェリカ・セオバ）」をしてドナウ川を越えたセルビア人正教徒や隣接する東部地域からルーマニア人の入植も進められた。また、1688年、バルカン山脈西部のチプロヴェッツで反オスマン蜂起を起こしたスラヴ語を話すカトリックの住民のうち、蜂起鎮圧後ドナウ川を越えてオルテニアに移住した人びとが、18世紀前半バナトに入植した。彼らの末裔は「バナトのブルガリア人」として今日もバナトに根を下ろしている。1778年以降バナトは「軍政国境地帯」を除いてハンガリー領に編入されたが、シュヴァーベン人に加え、マジャール人、スロヴァキア人、チェコ人、ユダヤ人など移住者は増加した。人口構成の割合には変化があるものの、今日の同地域に見られる多様な民族構成、多様な言語、宗教の存在はハプスブルク帝国の入植

バナト地方、ヴルシャツの雑貨市。ルーマニア人、セルビア人、ロマでにぎわう（みやこうせい）

政策が一因となっている。

ハンガリー王国の下で、バナトはトロンタール、テメシュ、クラショー・セレニーの三つの県に区分されたが、19世紀にはセルビア人、ルーマニア人の「民族運動」が展開される地域ともなった。

また、1848年革命後1860年まで一時期、バナトは西隣りのバチュカ、スレム地方とともに自治地域（ヴォイヴォディナ）を構成したが、これはセルビア人の自治を認めるものではなく、ウィーンによる統治であった。

第一次世界大戦の後、ティミショアラを中心とする東部地域はルーマニア王国に、キキンダ、ズレニャニン、ヴルシャツなど西部地域はユーゴスラヴィア王国に分割された。第二次世界大戦中、バナト西部はドイツの占領地域となり、同地域からユダヤ人の多くが移送され、戦後は東西両地域からのドイツ人やマジャール人の移住者も少なくなかった。しかし、20世紀バルカン諸国が「国民国家」化を続ける中、分割後今日に至るまで多様な住民の混住地域であり続けたことは興味深いことといえよう。

１９９０年代後半には、バナトを中心に、隣接する三国の地方自治体間の国境を越えた協力を模索する動きが始まった。ユーロリージョンと呼ばれるこの地域協力には、ティミショアラやズレニャニンなどバナト地域の自治体だけではなく、セゲドやアラドなど隣接するハンガリーやルーマニアの諸県やヴォイヴォディナ自治州全体が参加し、国境を越えた経済交流や文化交流、少数民族をはじめとする人権問題を共通の課題として取り組む姿勢を見せている。また、ＮＧＯ組織の参加にも道を開くなど「市民の交流」にも熱心で、バナトを分断された地域として捉えるのではなく、多様な人びとが共存してきた地域として捉え、新たな地域交流の可能性を探っている。

（木村　真）

32

深淵なる森に覆われた秘境の地

★ブコヴィナ★

ルーマニアの首都ブカレストの北駅で特急「シュテファン・チェル・マーレ（シュテファン大公）」号に乗って7時15分に出発する。東カルパチア山脈の東の平野を北上し、450キロメートルの旅路の末、14時6分にスチャヴァ北駅に到着する。そこからバスに乗っていくと標高325メートルの丘の上にあるスチャヴァ市にたどり着く。

スチャヴァ県の県庁所在地であるこの町は2000年7月1日現在で11万7615人の人口を数え、それほど大きな都市ではない。しかしながらスチャヴァはかつて中欧・北欧と黒海を結ぶ街道沿いに位置する交通の要所として栄えた町である。スチャヴァとチェルニフツィ（ルーマニア語ではチェルナウツィ、ドイツ語ではチェルノヴィッツ）を結ぶ幹線道路沿いにあり、現在ではウクライナとの国境の3キロメートル南にあるシレト町が1365～88年の間、モルドヴァ公国の最初の首都であったが、その後ペトル・ムシャット公はモルドヴァ公国の首都をスチャヴァに定めた。1564年にアレクサンドル・ラプシュネアヌ公は首都をヤシに移したが、その後もイェレミア・モヴィラ公などスチャヴァに好んで邸宅を構えた君主もいた。

モルドヴァ公国が最も繁栄したのはシュテファン大公の治世（1457〜1504年）であったが、彼の騎馬像は町の東の向こう側の遠く離れた丘の上に建っているのがスチャヴァ市内から見える。14世紀にペトル・ムシャット公によって築かれ、アレクサンドル善公やシュテファン大公によって拡張、強化されたこの要塞は1453年にコンスタンティノープルを陥落させたオスマン帝国のスルタンのメフメト二世自らが率いた軍によってさえ攻略されることがなかったという。

現在のルーマニア国内のモルドヴァ地方の北西端は「北モルドヴァ」としても知られているが、東カルパチア山脈の中部・北部の東の部分に相当する風光明媚な地方である。1993年にユネスコの世界遺産に登録された七つの修道院（フモール、ヴォロネッツ、モルドヴィッツァ、アルボレ、パトラウツィ、スチャヴァ、プロボタ）によって知られているが、これらは15〜16世紀に聖書を読めない非識字者の農民たちに布教するために外壁にも絵が描かれており、それはヨーロッパでも他に類を見ない美しさである。その優れた構成、エレガントな輪郭、調和のとれた色彩は周囲の風景に深く溶け込んでおり、箱庭のようにさえ感じられる。そのようなわけで14世紀になってようやくこの地に浸透したビザンツ芸術の傑作と見なされている。これらの修道院はいずれもスチャヴァ市から約50キロメートル圏内にあり、辺鄙な場所にありながら、世界中の旅行者を惹きつけてやまない。交通の便は悪いが、それにもかかわらず訪れるだけの価値は十二分にある。

外壁を覆っているフレスコ画は厳しい気候にさらされて剥げ落ちてしまっている箇所もあるが、大半は幸いにも残っており、今日でも当時の画家の職人の神秘を伝えている。その中でもヴォロネッツはヨーロッパで最も美しい教会の一つである。「東方のシスティーナ礼拝堂」とも形容されているこ

緑に囲まれたヴォロネッツ修道院――手前には２人の修道女が見える
（中島崇文）

の教会は１４８８年にシュテファン大公によって築かれたが、その壁画は大公の敬虔な息子のペトル・ラレシュ公の時代（１５４７年）に描かれたものである。「ヴォロネッツの青」といわれるごとく、フレスコ画の目の覚めるような青色が印象的である。特に西側の壁の『最後の審判』は圧巻であり、そこには民族衣装などを着た地元の農民や地獄へ落ちていくトルコ人も描かれている。天使たちはモルドヴァ人女性の姿をしているなどしており、ビザンツの芸術にモルドヴァの画家の幻想が加味されている。

モルドヴァ川の支流のモルドヴィツァ川沿いにはモルドヴィツァ修道院があるが、これは１４１０年にアレクサンドル善公が建てたものの豪雨のため崩れた修道院の近くに１５３２年、ペトル・ラレシュ公が建てたものである。高さ６メートル、幅１・２メートルの壁によって取り囲まれた敷地に足を踏み入れると静寂に満ちた別世界にやってきたかのように感じられる。教会そのものは幅8・5メートル、奥行き33メートルであり、スチャヴァのトーマらによって描かれたそのフレスコ画は赤茶色が卓越している。とりわけ重要なのは南面に描かれた『コンスタンティノープル包囲』であるが、これは当時の芸術家によって好まれたテーマである。そこにはターバンを被ったトルコ人が陸や海からキリスト教徒のいる砦を攻撃している姿が描かれているが、トルコ人が勝利を収め、キリスト教世界を弱体化させた1453年のコンスタンティノープル包囲ではなく、聖マリアが介入してペルシャ軍が撤退させられた626年の包囲を対象にしたものといわれている。

スチェヴィッツァ修道院は1581~1601年にモヴィラ家の兄弟ゲオルゲ（ラダウツィ司教、後にモルドヴァ主教）とイエレミア（モルドヴァ公）によって建てられた。なぜかユネスコの世界遺産には指定されていないが、防御のための塔を備えた高さ6メートル、厚さ3メートルの堅固な壁によって取り囲まれた壮大なものである（敷地は100メートル四方）。最後に造られ、かつ最大の教会であることから「モルドヴァ芸術の遺言」であると述べた者さえいる。フレスコ画は兄弟イオンとソフロニエによって描かれ、色彩は緑が支配的であるが、北面の『シナイのイオンの階段』はルーマニア中世美術においても稀に見る傑作と見なされている。

シュテファン大公は数多くの教会を築いているが、最初に建てたのはルーマニアの国民詩人ミハイ・エミネスクが「ルーマニア民族のエルサレム」と称したところのプトナ修道院（現在のウクライナとの国境に近い所に位置する）である。これは1466~1469年に築かれたが、この地方の他の修道院と異なり、外壁は描かれておらず真っ白で、男子修道院となっている。シュテファン大公の墓石があるが、２００４年には没後５００周年記念ということで盛大な式典が催された。

以上のような名所を備えた北モルドヴァは１７７５年に女帝マリア・テレジア統治下のオーストリアに占領され、以降１４３年の間、その支配下に置かれるところとなる。当初「オーストリア領モルドヴァ」と占領者によって名付けられていたこの地方は「ブナの国」（ブコヴィナ、ドイツ語では「ブーヘンラント」とも）と呼ばれるようになった。この名称はブナに覆われた森林が多く見られることに由来するものであり、１４１８年のある文書に「ブコヴィナ」と言及されているが、これが地理的名称として公の文書で用いられるようになったのは１７７５年になってからのことである。

マリア・テレジアの後を継いだヨーゼフ二世の時代には南西ドイツから大量の入植者が訪れるなどして「ドイツ化」が進行した。ブコヴィナ南部のスチャヴァが衰退した一方で、ブコヴィナ北部のプルート川沿いの町チェルノヴィッツが発展した。現在、人口は25万８２００人となっているが、今でも中欧の雰囲気を持つ国際都市となっている。ビザンツ様式からバロック様式に至るさまざまな建築様式が見られるが、東方正教会の大聖堂（19世紀）やオペラ座などが目を引く。チェルノヴィッツ大学は１８７５年に設けられたが、１８５８年には当時わずか８歳であったエミネスクがモルドヴァ公国から初等教育を受けるためにチェルノヴィッツにきていることからもうかがえるように、教育・文化の町でもあった。

第一次世界大戦の結果、ハプスブルク帝国が崩壊すると１９１８年11月28日にルーマニア人はこの町で集会を開き、ルーマニア王国との無条件統一を宣言し、ブコヴィナの帰属に変更が加えられることになる。こうして両大戦間期にはルーマニア人の役人が送り込まれたり、チェルノヴィッツ大学はルーマニア語で教えられるべく再編されたりしてブコヴィナは「ルーマニア化」されていった。しかしながら1939年9月に大戦が勃発すると、スターリンは最後通牒をルーマニア政府に突き付けて北ブコヴィナをベッサラビアとともに割譲することを要求し、1940年6月28日に両地方はソ連に併合された。北ブコヴィナはその後、1991年8月24日に独立したウクライナの一部となっている。

ルーマニア領として残った南ブコヴィナは修道院巡りのツアーなどで日本人にも比較的知られるようになっているが、ウクライナに属する北ブコヴィナは馴染みの薄い地域である。また、ブコヴィナ南北の関係も1940年以来希薄となっている。しかしスチャヴァ市とチェルニフツィ市は1995年に協定を締結し、経済、教育、観光、研究、環境保護、文化といったさまざまな面における協力を模索したり、ルーマニア、ウクライナ、モルドヴァ共和国は2000年にブコヴィナより少し大きな地域に「上プルート」と称するユーロリージョンを形成したりしており、これらの政策は国境を越えた交流を促進するものとして期待されている。

（中島崇文）

33

黒海沿岸の文明の十字路

★ドブロジャ★

私は世界の果ての岸辺で人に見捨てられて横たわっています、
ここでは大地は万年雪で覆われています。
ここでは畑は果物も甘い葡萄も産み出さず、
川の堤に柳が、山に樫の木が、緑なすこともありません。
かといって、陸より海の方がいいともいえないでしょう、
海には常に陽が射さず、風が荒れ狂い、波は高まりを見せているからです。

古代ローマの代表的詩人プーブリウス・オウィディウス・ナーソー（紀元前43～紀元17年）は、その代表作『恋愛術』ゆえに綱紀粛正を唱えていた皇帝アウグストゥスによって紀元8年、蛮族の住む僻遠のトミス（現ルーマニアのコンスタンツァ、黒海沿岸最大の港町）に追放され、ここで生涯を終えた。これは現地で悲嘆にくれていた詩人が流刑地の自然の厳しさを誇張しつつも記した『黒海からの手紙』の第一巻の一節である。

ドブロジャ（これはルーマニア語名。ブルガリア語では「ドブルジャ」）はバルカン半島の北東端、ドナウ川と黒海の間の地域で、現在

ではその北部はルーマニア領、南部はブルガリア領となっている。ドブロジャ地方最大の都市コンスタンツァの旧市街のオウィディウス広場にはややうつむき加減の彼の銅像（1887年にエットーレ・フェラーリの手による）が建っていて、この詩人は今日でもこの町の象徴となっているが、黒海はエウクシアヌス・ポントゥス（客もてなしの良い海）という、かつてのそのラテン語名称とは裏腹に荒涼としており、現地を訪れて海を眺めると確かに最果ての地にきたかのような感情に襲われる。

オウィディウス広場に面する歴史・考古学博物館には古代ギリシアの数多くの遺品が展示されているが、これは紀元前7世紀以降にギリシア人が小アジアのミレトスなどから黒海沿岸にやってきて、トミスやカラティス（現ルーマニアのマンガリア）などの植民都市を築いたことによるものである。ギリシア人の集落で最古のものは紀元前657年に築かれたヒストリア（コンスタンツァの北62キロメートル）であるが、その名前はドナウ川のギリシア語名ヒストロスに由来する。また、カリアクラの岬を戴いた湾内の「銀色海岸」の真ん中に位置する歴史ある港町は紀元前5世紀頃ギリシア人が入植して築かれ、近くに数多く湧き出す鉱泉にちなんでクルノイ（鉱泉）と呼ばれていたが、その後ブドウの栽培が盛んになると、ブドウとワインの神ディオニソスの名をとってディオニソポリス（現ブルガリアのバルチク）と名付けられた。この名称に象徴されるようにドブロジャは古代からワインの産地として知られている。とりわけムルファトラル（コンスタンツァの西20キロメートルのところにあるバサラビ村の1975年までの名称）のワインは有名で日本にも輸出されている。ムルファトラルには赤も白もあるが、特に天然の甘さや香りに富んだシャルドネが高く評価されている。オウィディウスの嘆きはあまりにも大きかったので、ブドウは彼の目に入らなかったものと一般に解釈されている。

第33章

黒海沿岸の文明の十字路

紀元前62〜44年にドブロジャはブレビスタ王が統治していたダキア人の中央集権国家の一部となっていたが、紀元2世紀の初頭にようやくダキアを征服したローマ帝国は既に紀元前29年にはドブロジャを支配下に置いており、これはその後モエシア州の一部となった。当時、ギリシア人の都市の周辺の農業地域にスキタイ人が住んでいたが、古代ローマの地理学者ストラボンによれば、彼らの人数が多かったためにこの地域は小スキティアと呼ばれるようになったという。また、紀元4世紀にトミスはコンスタンティヌス大帝の名をとってコンスタンティアと命名された。現在のブルガリアの最も北にあるシリストラ市はその頃デュロストルム（堅固な要塞）と呼ばれ、ローマ帝国の東方への最前線基地となっていた。

ルーマニア人に初めてキリスト教を伝えたのは伝道者の聖アンドレイとその弟子たちであると一般に考えられているが、聖アンドレイは現在のコンスタンツァ県西部のイオン・コルヴィン村の洞窟で初めて地元の人びとに洗礼を受けさせたという。こうして今も毎年11月30日の聖アンドレイの祝日には多くの人びとがこの地に巡礼に訪れている。

ドブロジャは395年のローマ帝国分裂以降ビザンツ帝国に属していたが、その頃からゴート人、フン、スラヴ人、アヴァールといった民族移動の波に洗われた。670年代以降には北方からやってきたブルガール人によって攻撃され、681年に新国家ブルガリアの一部となった。

ビザンツ帝国は971年にはドブロジャを奪還したものの、11世紀にはセルジューク・トルコの小アジア進出に悩まされて弱体化した。伝説によればサル・サルトゥーク・デデに率いられたトルコ人の集団はドブロジャにも姿を現し、1262〜1264年にはババダグ（トゥルチャの南35キロメートル）

への入植を皇帝ミハイル八世（1261〜82年）に許可され、後のオスマン帝国民の入植の先駆けとなった。この地にとどまった人びとはキリスト教徒となってガガウズ人（ブルガール人の末裔説などもある）といわれるようになったり、あるいはムスリムとなったりした。この地方のムスリムの巡礼の地となったババダグがバーバー・サルトゥークと呼ばれていた1330年代前半にはモロッコ出身の旅行者イブン・バットゥータもこの地を訪れたと記している。この町がオスマン帝国に占領されたのは1420年であるが、聖人となったサルトゥークの墓のある所に1484年、スルタンのバヤズィット二世は霊廟やモスクを建てた。

1185年にはブルガリア人貴族のペータルが再び現れたブルガリア国家の皇帝となったが、まもなくその地位は弟のアセンに譲り、彼自身は北東ブルガリアとドブロジャのみを支配した。ただ、ビザンツ帝国やブルガリア帝国が衰退した結果、14世紀には一時、ドブロジャに独立国家が現れた。その指導者の一人がクマン人のドブロティチ（ブルガリア語の文献では「ドブロティツァ」）という名前であったことからこの地域はドブロジャと呼ばれるようになったともいわれる。彼が1386年（1385年説も）に没し、後継者となった息子のイヴァンコが2年後にオスマン軍との戦いで亡くなると、ワラキアのミルチャ老公が1388年にドブロジャを併合した。ワラキアのドブロジャ統治がいつまで続いたかは諸説あるが、いずれにせよ15世紀の半ばまでにはオスマン帝国がドブロジャを完全に支配していた。こうして11世紀よりギリシア・ビザンツのパンガリア（最も美しい）という名で知られていた町はマンガリアと呼ばれるようになり、ディオニソポリスはオスマン帝国の総督の名バリクよりバルチクと名付けられた。さらに、小アジアからドブロジャやドナウ沿岸のような戦略的に重要な地方

第33章
黒海沿岸の文明の十字路

ババダグ町にある聖人サルトゥークの霊廟（中島崇文）

には盛んに植民が行われたが、後にムスリムとなったこれらの住民は皆、トルコ人と呼ばれた。
　オスマン帝国のドブロジャ支配は４００年以上も続いた後に終わりを告げた。１８７７年になると露土戦争が勃発し、ブルガリア人やルーマニア人もロシア軍の側で戦闘に参加した。ロシアは翌年3月3日のサンステファノ条約で１８５６年にモルドヴァ公国に返還していた南ベッサラビアの三県を取り戻し、これと引き換えにルーマニアにドブロジャの領有権を認めた。ただし、それはその三分の二に過ぎなかった。つまりシリストラ付近からマンガリアの南までを結ぶ国境線を独立が認められたルーマニアと自治公国として創設されたブルガリアの間に引いたのである。こうしてドブロジャの領土的一体性は崩され、この二国の間に領土問題が生じた。
　南ドブロジャはブルガリアに35年間（１９１３年8月10日の第二次バルカン戦争のブカレスト講和条約まで）支配され、その人口は15万７０２７人（１８８４年）から26万２７４人（１９１０年）へと増加したが、うちキリスト教徒は５万９５

41人から13万8202人へと増え、逆にムスリムの割合は絶え間なく減少した。なお、南ドブロジャはバルカン戦争期の外交交渉の折に「四辺形地帯」(カドリラテル)という政治的な用語で呼ばれたが、戦後、新たな統治者となったルーマニア当局には「新ドブロジャ」と呼ばれ、北ドブロジャはこれに対応して「旧ドブロジャ」と呼ばれた。ただし、ブルガリアはスターリンとヒトラーの後ろ盾を得て1940年9月7日に調印されたクライオヴァ条約により、当時もっぱらトランシルヴァニア保持を第一目標としていたルーマニアから第二次バルカン戦争で失った領土を奪還した。

ところで、ドブロジャの北の境はドナウ川、東の境は黒海であり、明快であるが、南端や西端は人や時代によってさまざまである。例えば、1930年代末にルーマニアのある学者はルセやヴァルナをドブロジャに含めており、その南のロム川やヴァルナ湾をドブロジャの西端、南端をなすものとし、南ドブロジャの南端部は当時もブルガリア領であったと見なしている。これに対し、ブルガリアでは戦前の百科事典はそれより少し北側に東西に延びるデリ・オルマン(現在ルドゴリエと呼ばれている丘陵)をドブロジャの南西の境界と記している。ただし、1980年代に出た百科事典の地図にはシリストラがドブロジャの西端に記載されている。また、ドブロジャの南端はバトヴァ川の中流であったり、ヴァルナの北のバトヴァ川の上流であったりする。

ブカレストからコンスタンツァに向かい、ドナウ川を横断するとチェルナヴォーダ町があるが、この辺りからドブロジャを横断する約65メートルの大きな運河が東へと延びている。これはドナウの河川水路を300キロメートル短縮しようとして、社会主義時代初期の第一次五カ年計画(1951~55年)時に主として政治囚の強制労働によって建設されたものである。

現在、ドブロジャで最も有名なのは黒海沿岸の保養地であろう。ママイア（コンスタンツァの北5キロメートル）の海水浴場は1906年に造られ、ルーマニアの黒海沿岸では最古のものであるが、1960年以降発展した。2002年5月1日の海開きには観光大臣の案により146本の椰子の木がギリシアから移植されさえした。エフォリエ・ノルド（コンスタンツァの南14キロメートル）はニース、モナコ、サン・レモといった西欧の有名な海水浴場と同じ緯度に位置している。1912年に海水浴場となったエフォリエ・スドは1950年までカルメン・シルヴァ（国王カロル一世の妻エリザベートのペンネーム）と呼ばれていた。また、テキルギオル（トルコ語で「縞になった湖」の意）は同名の湖の畔の保養地であるが、湖の底の泥を使った治療法で有名である。伝説によればテキルという名のトルコ人は腸チフスに病んでいたロバを飼っていたが、これがたまたまエフォリエの湖沼に入ると魔法にかかったように元気になったという。その他、ネプトゥーンやジュピテルなど1970年代初期に現れた海水浴場もある。

南ドブロジャの海水浴場の中では1960年代末より整備されたアルベナが知られている。また、バルチクは貿易港としてのみならず「銀色海岸」を持つ景勝地として知られ、夏季には海水浴客でにぎわう。市の南部にあるルーマニアのマリア王妃が建てた東洋風の離宮は海が見える所にある。1913年～1940年の間に活動したルーマニアの多くの画家は独特の絵画的雰囲気に満ち、海岸線の高いこの地域に惹かれたが、とりわけニコラエ・ダラスク（1883～1959年）は『バルチクのモスク』（1922～23年頃）などの傑作を残している。

ドブロジャにはユネスコの世界遺産に指定されている区域が2カ所ある。スレバルナ自然保護区（シリストラの西15キロメートルの所にある6平方キロメートルの湖）と広大なドナウ・デルタであり、いずれもペリカンなど野生動物の一大生息地として知られている。

ところで、イラク情勢が緊迫化した２００３年2月以来、ミハイル・コガルニチェアヌ国際空港（コンスタンツァの北西28キロメートル）に米軍が駐留し、ＮＡＴＯ軍とともにここに恒常的に基地を設けることも検討されている。古代より次から次へと支配者を変え、さまざまな民族が行き交ってきたドブロジャは現在でも戦略的に重要な地域であり続けているといえよう。

（中島崇文）

コラム3

ユーゴスラヴィア紛争とNGOの活動

長有紀枝

紛争中や紛争終結後に行われる難民支援活動や緊急・復興支援活動には一つとして同じ現場はない。そうした中にあっても、旧ユーゴスラヴィアは特殊な現場であったと思う。

内外で援助の不均衡が発生したのは旧ユーゴの大きな特徴だ。デイトン合意前のボスニアでは、連邦側で200以上のNGOが活動していたのに対し、セルビア人共和国側で支援を行ったNGOはごくごく限られていた。セルビア人は民族浄化を行う悪玉、イスラム教徒・クロアチア人が犠牲者という西側メディアを中心とした報道に、本来中立であるはずのNGOの人道援助も大きな影響を受けていた。秋田県ほどの面積しかないコソヴォ自治州に400ものNGOがつめかけ活動を行っていた同じとき、危機的状況にあったアフリカでは援助不足が深刻であった。援助の集中と不均衡はユーゴ紛争の中でも外でも起きていたのだ。

欧州の裏庭ともいえる地域の紛争だけに、他の紛争地に比べて難民一人当たりにかかるコストは大きなものだった。女性の生理用ナプキンが援助に登場したのも旧ユーゴが初めてであったし、人工透析、糖尿病患者向けのインスリン支援といった慢性病対策が必要になったのもユーゴの特徴であった（それまで難民支援が必要になるような現場の多くはユーゴより医療水準も経済水準も低く、それ故こうした慢性病の患者さんは既に亡くなっていた）。比較的高価なユーゴ支援を支えたのは、「欧州の要塞化」であったという指摘もある。欧州各国が自国へのユーゴ難民の大量流入を恐れて資金拠出をしたというものだ。

援助の種類も多岐に渡った。医療や食糧支援のみならず、心のケアを目的とした社会心理事業、レイプ被害にあった女性へのカウンセリング、民族の融和・和解を目指した事業、他民族と土地や家を交換するための法律相談などである。

　宗教と援助の関係も際立っていた。イスラム系のNGOはイスラム教徒を、カトリック系の組織はクロアチア人を、正教系のNGOはセルビア人を、という傾向が顕著に表れ、爆撃で母親を亡くし、自らも片足切断の重傷を負ったムスリムの幼児の支援を、改宗を条件に申し出る組織もあった。人道の名の下に武力行使が行われ、人道という言葉が大きく歪んだ紛争であり、また、それぞれ性質は異なるものの、国連防護軍やNATO軍といった軍隊と、NGO、人道援助団体の協力が大きな問題となった紛争でもあった。

　こうした中にあって、中立を旨とする日本のNGOとしてこの地の難民支援に関われたことは幸いであった。他方、人道援助の絶対的な限界を教えてくれたのもこの紛争だ。人道援助が戦争を終わらせることはできず、またどのような援助をもってしても、難民一人ひとりのニーズを100%満たすこともできない。ボスニアではおよそ25万人が亡くなり、戦前の人口の半数近い180万人が難民・国内避難民として故郷を追われた。誰のどのような援助をもってしても、これらの人たちの心の深い闇が満たされることはないだろう。

ヴコヴァルにて。廃墟の中、普通に人びとが生活している（長有紀枝）

IV

暮らしと社会

暮らしと社会

34

家族とザドルガ

★バルカンを貫く家父長制★

10年ほど前に日本で公開されたマケドニア出身のマンチェフスキー監督のデビュー作『ビフォア・ザ・レイン』（１９９４年）を観た人がいるかもしれない。映画の舞台はボスニア内戦が激しさを増していた頃のマケドニアである。マケドニアでもマケドニア人と少数民族のアルバニア人との小競り合いが見られた。一人のアルバニア人少女がマケドニア人を殺して逃げ場を失い、マケドニア正教会の修道院に逃げ込んだ。沈黙の修行を続けていた若い修道僧が少女をかくまってしまう。しかし、このことが発覚し、若い修道僧は少女とともに修道院を追放される。若い修道士の知人が住むフランスに向けて二人が逃避行を敢行しようと山中を歩き出すと、アルバニア人少女の部族の長老である祖父に出会う。事情を知った祖父はマケドニア人との逃避行に激怒し、少女を殴りつけた。兄も少女に逃避行を思いとどまらせようとしたが、少女は首を縦にふらず修道僧と立ち去ろうとする。兄は去ってゆく妹に戻ってこいと泣き叫びながら、ついに少女に向けてピストルを発射してしまう。

ここには、アルバニア人の間で現在もなお生き続ける部族社会や家族のつながりの一面が描かれていた。バルカン社会は西

男たちは車座で食事と談笑。ときに裁判まがいも。同族、親族の結び付きは強い。ペーチ（コソヴォ）にて（みやこうせい）

欧や中欧の社会と比べて顕著な特徴を持っている。それは家父長制に基づく社会であり、セルビア、ブルガリア西部、マケドニア、ボスニア・ヘルツェゴヴィナ、コソヴォ、モンテネグロ、アルバニアで一般的である。特に、アルバニアやコソヴォやモンテネグロのような山岳地はその典型である。ウィーン大学歴史学教授のミッテラウアーによると、これら山岳地には紛争解決の手段としての血讐（blood revenge）と家族内裁判権を特色とする家父長制的な伝統があるという。西欧と比べると、前近代的なこのバルカン全体に安易に一般化すべきでないことはミッテラウアーも述べているが、血讐と家族内裁判権について簡単に見てみよう。

血讐は中世に至るまで、ヨーロッパの部族社会において一般的に見られた慣習であった。しかし、中世初期になると大きな力を持ち始めた教会勢力が血讐に反対した結果、血讐の慣習は次第に消滅し、世俗の権力である国家が社会の秩序を形作ることになる。これに対して、アルバニアやモンテネグロの部族社会では、教会勢力や世俗の権力が弱く、個々の家族の果たす役割が大きかった。血讐という形で家族によって行使される合法的殺人の権利（家族内裁判権）は、その後も維持されていった。血讐と家族内裁判権はこの地域の社会秩序を回復する手段と考えられ、伝統的な法原則として20世紀まで存続したのである。

例えば、セルビア正教会における最も重要な宗教行事、祖先崇拝と関連してそれぞれの家の守護聖人を祝うスラーヴァに見られるように、バルカンでは４００年以上に及ぶオスマン帝国支配を受けて、正教会による教区の発展が妨げられた結果、家族が宗教上の主要な単位であると同時に、自治機能をも保持し続けた。西欧ではキリスト教会のもとに作られる教区コミュニティーと家族との緊密な関係が成立し、教区と関連して教育の発展が見られたのとは対照的である。バルカンの人びとの間では、教会より墓地の方が重要な宗教的役割を担っていたし、家族が教育の中心でもあった。

バルカンにおいて、家族は労働や生産の単位としても重要な役割を果たしてきた。特に山岳地ではヨーロッパの他地域とは違って、20世紀に至るまで羊の移牧が続けられた。山腹の夏営地からかなり距離の離れた山麓の冬営地まで羊を移動するには、数人の男が共同で作業に当たる必要があったため、数世代の親族が一緒に暮らす父系の拡大家族が基本的な形態となったのである。この家族形態は19世紀初めに、セルビアの文学者・言語学者カラジッチによってザドルガと定義された。ザドルガは山岳地にとどまらず、山岳地の人びとの移住を通してバルカンに広く見られることになった。ザドルガは19世紀から20世紀にかけて、この地域の資本主義の進展とともに減少し、次第に労働の単位としての機能はなくしてゆくが、経済共同体としての家族の強い絆はなお維持された。国家や教会の力が弱かった山岳地では20世紀になっても、家族の軍事的な機能が保持された。ここでは、家族の規模は銃の数で示されたという。

ザドルガに関するバルカン諸国での評価は概して二分される。一つの見方は西欧や中欧と比較すると、ザドルガは前近代的な遅れた家族形態であるといった否定的なものである。しかし、この地域の特殊性を考慮せずに経済発展の観点から西欧と比べて、ザドルガは「後進的」な家族形態とすることに意味があるとは言えないだろう。もう一つの見方はナショナルな意識の強い研究者や社会主義の立場の研究者に多く見られたもので、両者ともザドルガを極度に理想化して、そこに平等主義や民主主義的要素を見いだそうとした。この見方はザドルガの実態や現実を等閑視するもので、それを神話化する結果になってしまう。一方、欧米の研究者の見方においては、ザドルガは家父長的な家族形態との単純なラベル貼りがなされることが多い。だが、父権が強いヨーロッパの伝統的な社会と比べて、ザドルガの家父長制の特徴が十分に議論されているわけではない。

ミッテラウアーはこの点に関して、バルカンの家父長制にともなう現象を①父系制、②年長者優位、③男性優位の3点にまとめて説明している。バルカンの父系制は厳格な男系をたどり共通の祖先につながる親族が相互に連帯感を持ちうる社会と密接に関連している。この地域では部族や親族が家族共同体よりも大きな最も重要な社会形態と見なされてきたのであり、父系制やザドルガの起源を考える際に、経済的な観点からの説明だけでは不十分で、家族や親族といった社会形態の観点こそが重要なのである。父系制はバルカンの文化に深く根ざしており、家族の行動様式にも多大な影響を及ぼしている。例えば、家族間の関係一つとってみても、バルカンでは夫と妻の関係より父と息子あるいは兄弟の関係の方が重視されたのである。こうしたことから、父系制が年長者優位や男性優位と密接に関連していることは容易に理解されるだろう。

いずれにせよ、バルカンの社会構造の特徴が家父長的なのではなく、個人よりも家族や親族に対するアイデンティティの方が強いこの地域の人びとの行動規範の特色が家父長的なのである。家父長制の伝統は現在でも、人びとの思考や行動に少なからぬ影響を及ぼしている。バルカンのジェンダーを考える場合にも、1990年代のユーゴスラヴィア紛争で見られた暴力の問題を考える上でも、家父長制の問題を無視することはできない。

（柴　宜弘）

35

ジェンダーから見る社会

★体制の変化が男と女に与える影響★

社会主義からの体制転換直後の１９９０年代、しばしば旧社会主義諸国の女性たちの専業主婦志向が報じられ、大きな話題となった。約50年続いた社会主義政権の「男女平等」のスローガンの下、女性の働く環境が整備され、一定程度社会進出が果たされたにもかかわらず、なぜ女性たちが再び専業主婦を選択しようとするのかに関心が集まったためであろう。実のところ、女性たち自身の態度は多様であったし、妻が専業主婦となり、夫の収入だけで暮らしていける家庭は限られていた。

では実際、体制の変化は、社会主義を経験した各国を含むバルカン地域のジェンダー（社会・文化的に形成された性別や性差の概念）にどのような影響を与えたのだろうか。これを明らかにするには、近年の動向はもちろん、社会主義時代やそれ以前のジェンダーについても知る必要がある。ここでは、地域の性役割や規範の歴史的変遷と継続を考えてみよう。

まず、伝統的なバルカン社会は、家族や親族の重視と世帯内での男女の役割分担によって特徴づけられる。農村では主に男性が外で畑仕事をし、女性は家での料理や裁縫、子育てを担った。男性と女性の生活圏は空間的にも分けられ、セルビアに「家

ブルガリア中北部における夏の干し草作り。この地方で草刈りは男の仕事だが、それを干し、集めるのは家族総出の仕事だ
（松前もゆる）

の中では女は主人、男は客」という表現があるように、家庭は女性の領域とされていた。男たちが暇を見つけては居酒屋へ通い、コーヒーや酒を飲みながら世間話と政治談義に花を咲かせたのに対し、女たちは居酒屋への出入り、普段の遠出を極力避け、近所の家や路地で語り合った。

　こうした性別による生活空間の分割は、家族や一族の「名誉」と「恥」を中心とする価値体系と結びついている。共同体内でいかに家族の名誉を守るかに重点を置いた人びとの行動は、主にギリシアで調査を行なった文化人類学者たちによって明らかにされてきた。家族の評判は、男性による家族の生活の保証、訪問客へのもてなし、女性メンバーの慎み深い行動などに支えられ、結婚前の娘の処女性もその一つであった。娘や妻がふさわしくない行動をとれば、それは一家、その父や夫の恥となるため、女性の外出、言動は制限されていた。

　そして、このようなモラルを維持する上で重要であったのは、近所や居酒屋での噂話である。「名誉」

というよりは、「他人様が何と言うだろうか」といった表現で家族の世間体を気にかける人びとの営みは、バルカン各地で報告されている。実際、いくぶんの変化があるとはいえ、農村部へ赴くと今でも同様の価値観の存在を感じることができる。

ただ、こうした家父長制的特徴を持つ社会において、女性が常に受け身であったわけではない。男性の強さや支配力を示すことは、居酒屋などを舞台とする男同士の関係でこそ重要であったと考えられる。その男性のつながりが共同体の政治において中心的位置を占めていたことは確かだが、女性たちの近所づきあいやおしゃべりも見た目以上に大きな意味を持っており、また、息子への、あるいは息子を通じた母親の影響力も小さくなかったことが指摘できる。さらに、男女・夫婦関係は、地域の歴史や生業、環境により違いがあることにも注意しなければならない。例えば、ブルガリアの農民女性は男たちと同様に数多くの農作業をこなし、比較的自由であったとされる。１９３０年代のブルガリア農村を描いたサンダース著『バルカンの村びとたち』には、「ブルガリアは男の国」といわれる一方、夫婦が何事につけ相談し、協力し合う様子が描かれている。

ところで、それと同じ頃、１９２０～30年代にバルカン各地で女性解放を目指す団体が結成されたが、あくまで都市に限られた動きであった。農村部も含め、この地域の女性を取り巻く状況が大きく変化したのは20世紀半ば以降のことで、例えばギリシアでは、第二次世界大戦中の女性たちのレジスタンス参加により、政治の場で女性が行動することが認められた。戦後は揺り戻しが見られ、女性はいったん家庭へ戻ったが、１９７０～80年代に法整備が進み、国家として女性の地位向上や性差別解消に取り組んでいる。

村の保育園にて（ブルガリア）。社会主義時代には村においても保育施設が整備された（松前もゆる）

また、他のバルカン諸国では社会主義政権が成立、人民の解放は賃金労働への参加によって達成されるとの考えから、女性の社会進出、教育水準向上が目指される。その結果、以前は大半の女性が非識字者であったアルバニアを例にとると、識字率は急速に上昇、１９８０年代には大学進学者の約半数は女性となり、１９８９年には女性の半数が就業していた。

しかし、問題がなかったわけではない。女性は労働者であると同時に、母であり、妻であることを求められた。ルーマニアやブルガリアのように出生率の低下に悩んでいた国々では、産む性、母としての女性の役割が強調されたが（特にルーマニアでは、チャウシェスク時代に中絶の非合法化など極端な出産増加政策が実施された）、一方、家庭内の事柄、家事を誰が担うかなどが問い直されることはなかった。女性たちの多くは、外で仕事をし、帰宅後は家事をこなす「二重負担」を引き受けていた。育児休暇、保育所や給食の制度が整えられたものの、サービスには不十分な点もあり、現実には祖父母が子どもの面倒を見ることで若い母親の就労が可能になっていた面がある。さらに、多くの国々で労働者の半数を女性が占めるようになったとはいえ、ステータスと賃金の低い軽工業、教育や保健衛生の分野に女性が多く、責任のある立場には男性が多数であったことから、性別分業や男性優位は、克服されたのではなく、依然として続いていたのだとの指摘がなされている。

市場経済導入後の経済危機は軽工業を直撃、教育や保健衛生を担う公的機関では賃金が抑えられたままで、女性の失業や低賃金の問題が生じた。さらに、各国政府による子育て支援や公的保育等に関わる家族政策関連予算は減少し、女性、とりわけ母親たちが働き続けるための環境に影響を与えた。その結果、一つの社会体制の解体によって生まれた空白を、旧来の価値観や家族・親族ネットワークによって埋めようとする動き〈再伝統化〉および〈再家族化〉も起こり、「男が稼ぎ、女が家庭を守る」といった伝統的役割規範への回帰傾向につながったと指摘される。同時に、ビジネスなどで成功した一部富裕層も出現したことから、本章冒頭のように、専業主婦となる女性たちも現れた。ただ、繰り返すようだが、それが可能であったのはごく一部であり、実際の女性たちの選択は多様であった。

一例をあげれば、近年、社会主義を経験したバルカン各国から、国境を越えて出稼ぎに行く女性たちの姿が目立つようになっている。この地域では歴史的に労働移動が行われてきたが、昨今の出稼ぎの増加と、女性の、とくに単身での労働移動は、人びとにとって、体制転換後の「新しい現象」と感じられている。先進各国でケア労働の人員が不足し、その担い手となるべく多数の女性が国際労働移動を行う現状は「移民の女性化」と呼ばれ、世界的な傾向であるが、旧社会主義諸国から西ヨーロッパへの出稼ぎの増大と女性化も大きな潮流となり、注目を集める。

筆者が１９９０年代後半から調査を続けるブルガリアの農村でも、とくにブルガリアがＥＵと加盟交渉を開始した2000年頃以降、男性のみならず、40~50代くらいの既婚女性による出稼ぎが顕著になった。彼女たちは、イタリアやギリシア、フランスといった西ヨーロッパ諸国で、農作業や高齢者のケア等に従事している。無論、女性の単身での出稼ぎに抵抗を示す人もいるが、子どもがある程度の年齢に達した母親たちは、子どもの教育費のため、あるいは子や孫の生活のために国外で働くことを選択し、経済危機や不安定な雇用状況を理由として容認されてきた。これは「家族の為」になされた選択であり、困難な状況を家族の役割を強化することによって乗り切ろうとする〈再家族化〉の面を持つが、同時に、妻が外国で働いた場合、その給与は夫の稼ぎを上まわる可能性があり、「男が稼ぐ」という伝統的な性役割規範を揺るがしかねない。実際このことを念頭に、「最近は夫が妻の稼ぎを待って、妻(女)が夫(男)になってしまったみたい」といった発言も聞かれる。こうした女性たちによる出稼ぎが、経済危機のための一時的な措置でなく恒常的なものとなるとき、この地域のジェンダーはどのように変容し、また、どういった面が継続していくのであろうか。

最近では、スロヴェニアやブルガリア、ルーマニアのようにEU加盟を果たした国々を中心に、EUの掲げる「ワーク・ライフ・バランス」に照らし、仕事と家庭の両立を可能にする政策・制度をあらためて模索する動きも始まっている。同時に、世界の多様な情報が流入する中、ドメスティック・バイオレンスと向き合うNGOが結成され、若い世代には男性に家事分担を求める風潮も生まれるなど、今後もこの地域の性規範や性役割を問い直す動きは続いていくものと思われる。ジェンダーの視点は、バルカンにおいても、政治や経済などの側面を見通しながら社会を考える重要な鍵であり続けるだろう。

(松前もゆる)

36

「伝承」の継承者

★バルカン農民のイメージ★

バルカンの農民というと、どのようなイメージが浮かぶだろうか。それは、見る者の目をなごませる美しい刺繍などで飾られた「民族衣装」に身を包み、野や山でコロ（輪舞）を踊る人びとであるかもしれない。あるいは、機械化が進んだ農場で作業服を着てトラクターを操作する人びとであるかもしれない。こうしたイメージは、それぞれバルカンの農民の一側面を表してはいるが、地域としてのバルカンが多様な地域、要素から構成されているように、地域住民としての農民もまた多様であり一括りにすることは難しい。

例えば、現在、バルカン諸国のほとんどの地域が、小麦、トウモロコシ、ひまわり、てんさい、ジャガイモなどを主に生産しているが、地域によってはその土地の特徴、気候条件を活かした、ブドウ、タバコ、柑橘類や野菜類の栽培も盛んである。また、農業の形態に関しても大規模な機械化を進め農業という「ビジネス」に取り組んでいる人びともいれば、「民族衣装」を着て村落共同体の「伝統的な」農耕、牧畜を継承している人びともいるのである。

バルカン農民社会は、こうした多様性を持つ一方、共通する問題を抱え、また特徴を共有してきた。

20世紀前半、バルカンの人口の多くは村落部に住み、その多くが農業、牧畜業に従事していた（その割合は7割から8割に及び、最も少ないギリシアの場合でも6割だった）ことは、広く共通して認められることであった。そして、農民社会が、高い人口増加率や低い生産性に苦しんでいたことも共通する側面であった。工業化、都市化が本格化するのは、第二次世界大戦後のことであった。もちろん、それ以前にも地方から都市への移住者はいたが、基本的にバルカン社会は農村に根を持った人びとが多数を構成する社会だった。農耕や牧畜を生業とする農民にとって、家族、村落共同体は、生活の中心であり、その中で、労働についての規範や彼らを取り巻く世界への見方が形成、選択されてきた。

当時バルカンを訪れた西欧の人びとは、絵のような衣装に身を包んだ農民を見ながら、彼らにとってはすでに過去の物となった生活形態がこの地域において存続していることに強い衝撃を受けた。木製の鋤、荷車、石製の杵といった農具はまだまだ現役であったし、家族は労働の基本単位として機能し、老若男女それぞれが仕事を分担した。労働は早朝から始まるが、時は、時間や分ではなく太陽や聖人の日の経過によって刻まれ、ゆったりとしたものだった。また、旅行者は農民の示す寛大さやホスピタリティを記録したが、塩など自ら生産できない限られた生活必需品を購入するのを除けば、農民の生活は衣装なども含めて自給自足といってもよかった。

近代国家形成過程で国民文化の中心を農民に求め、農民を民族的伝統の宝庫とする考え方もバルカンでは強く、民俗学者は、農民の慣習、信仰、装身具、衣装を収集、記録した。これらの多くは、今日でも、各地の民俗博物館で見ることができる。セルビア農村のグスラール（一弦の楽器グスレの奏者）

ノヴィサドの市場。周辺の農民が自分たちの農産物を持ち寄り売る。市は社交の場だ（みやこうせい）

の口承叙事詩をはじめ各地の農民によって継承されてきた民間伝承や民謡も収集された。実際、クムストヴォ（名付け親）の慣習やスラーヴァの儀礼、ザドルガ（大家族共同体）は農民の生活とともにあった。

第二次世界大戦後、村落部と都市部の人口構成は逆転し、農業、牧畜業を含む産業部門の就業人口も半数を切った。しかし、バルカンの農民を取り囲む環境も変わった。20世紀後半になっても、都市に住む人びとも含めて、村落部や土地（農地）とのつながりを持たない人はほとんどいなかった。その意味で、バルカンは「農民社会」であり続けたといえるかもしれない。

ギリシアを除くバルカン諸国では、農業集団化政策が実施された。もっとも、ユーゴスラヴィアのように農民の抵抗によって集団化は放棄され個人農が中心となった地域もあったし、国営農場、協同組合農場とともに一部地域で個人農も存続したルーマニアのようなケースもあった。いずれの場合も、農業技術の近代化が図られ、機械化によってこれまでの家族中心の労働分担も変化した。また、村落部においても電気や水道、道路整備が進められ、社会資本の整備によって村の生活も変化した。第二次世界大戦前の過剰な人口を抱え、自給自足的で、債務に苦しむ村という姿はそこにはなかった。

一方、工業化の進展とともに都市への人口の移動が加速され、核家族化も進んだ。ブルガリアでは、従来一般的だった三世代（祖父母、父母、子）による家族を中心とする農業は姿を消し、集団化によって、協同組合農場が農業の中心、生産の拠点となった。農場は、当初、村単位で設立されたため、村共同体の中核的な役割を果たしたりもしたが、合併統合によってこうした機能も失われた。それでも、週末に父母や祖父母の住む村に「帰郷」し、自家経営が認められたわずかな土地で畑仕事に精を出す都市住民の姿は珍しくなかった。彼らは自家製のビン詰めや野菜などを都市に持ち帰ったが、冬季や経済危機にあっては、こうした家族の絆が都市の食生活を支えてきた。

１９９０年代以降の変化は、農民たちの生活にも変化を及ぼした。かつての所有者への土地返還事業や、農場の解体は、高齢化に悩む村落地域において、新たな生産拠点の創出、そして村共同体の再生という難問を農民に迫っている。

（木村　真）

37

羊飼いの暮らし

★移動する人びとと近代国家★

ブルガリア西部のリラ山脈地方や南部のギリシアとの国境にまたがるロドピ山脈とピリン山脈の一帯、及び北ギリシアのピンドゥス地方やアドリア海沿岸地帯では、夏は、乾燥して放牧地の草が枯れてしまい、また、高温で家畜の搾乳量が下がるために、牧草が豊富で涼しい高地（夏営地）で、冬は高地が雪で覆われるために沿岸部の低地（冬営地）で放牧する、年単位の循環型移動を繰り返す移牧が発達した。18世紀末に入ると牧羊業が最盛期を迎え、上記の地域の放牧地のほかに、バルカン山脈の南のスレドノゴリエ地方やコテル地方、マケドニア内陸部にまで移牧が広まった。

ギリシアでもブルガリアでも、聖ゲオルギオス（ゲオルギ）の日の5月6日と聖デメトリオス（ディミタル）の11月8日が移動の区切りとされ、この季節になると数多くの羊が砂塵を上げて移動したといわれる。オスマン帝国時代には、大消費地イスタンブルと国境線を挟まずに結び付けられていたために、一つの移牧の群れが、1000頭を越すことも少なくなかった。

150頭前後の羊を、羊飼い一人とその手伝い、さらに町へのチーズの運び出し、羊飼いの食糧の供給などをする見習い牧童の三人で世話をしたという。そしてケハヤと呼ばれる羊飼い頭が、このようなチームを10組ほど束ねて一つのグループを形成した。ロドピ地方ではアグシェフ一族が有力で、このようなケハヤを数多く雇用して近代的な牧羊業のさきがけとなった。ギリシアと国境を接するブルガリアのモギリツァ村には、この一族のかつての勢力を偲ばせてくれる大邸宅がある。

通常、彼らは、高地の夏営地を自分たちの故郷、あるいは根拠地と見なす傾向が見られ、しばしば、ここに何家族も集まって集落が形成された。冬営地となる平地には自前の放牧地を持っていないので休耕地や入会地を借用する場合が多く、また羊が農耕民の畑を荒らすのを防ぐために、冬営地は通常、村落共同体の外に置かれたためである。

決まった耕地を持たず、常に羊や山羊とともに移動して暮らしていた彼らは、低地の定着農耕民からは、かなり異質の存在とされ、しばしば蔑視されることもあった。家族と家屋を第一とするブルガリア人の中にあって、「羊飼いのような家なし」といった慣用句が生まれ、ブルガリア語で「羊飼い（オフチャール、オフチャーリン）」というと、「遠くから、稼ぎ仕事から、出稼ぎから、よそから戻ってきた仲間の者や家の者、まれびと」という意味でも使われるようになったのもそのためだった。その一方で、彼らが情報に優れ、比較的容易にハイドゥティ（義賊）と接触したり、富裕な家の者が誘拐されるようなことがあると、賊との交渉の仲立ちになって、いわば「公界者」の役割をしていたことが19世紀の記録や手記からうかがわれる。彼らが、ときには2000メートル近い高地と平地の二つの世界を、境界を越えて移動する存在だったからである。

また羊飼いは、群れの管理の必要から他群とはかなりの距離をとる必要があり、いったん放牧地に出ると、羊の群れと一緒に移動して、人びととの交わりが少なかったために、孤高、自由などといったイメージで羊飼いが歌に登場することがある。そのような暮らしの中で、羊飼いたち自身も、長く音を引いて歌うテンポの緩やかな「羊飼いの歌（オフチャールスキ・ペスニ）」と呼ばれる歌や、カヴァルと呼ばれる縦笛を使う独特のメロディーを発展させた。テーマの上では、四囲を取り囲む自然や妖精などの超自然的存在を歌った、いわゆる神話的歌謡に優れたものが多い。ブルガリアやマケドニアのスラヴ人やトルコ人、ギリシア人など、この地域に暮らすさまざまな民族が、羊飼いを生業としていたが、中でもヴラフと呼ばれるロマンス系言語を母語とする集団や、サラカツァニ（ブルガリア語でカラカチャニン）など、5世紀にバルカン半島にスラヴ人が移住する以前からこの地に居住していた先住牧畜民もいた。「羊飼いの歌」には、母語や民族を異にするこれらの羊飼たちが共有するテーマや筋の展開が見られるのは興味深い。

羊飼いの住む高地の集落は、総じて交通が不便で、ときにはそこに至る道が危険に満ちていたので、オスマン帝国は、納税と治安の維持を条件にこれらの集落に自治権と小規模な自衛権を与える場合がよく見られた。17世紀中頃から18世紀にかけて私的大土地所有のチフトリキ制が成立しても、彼らの住む地は耕作には不適で、集落には自治・自衛権が与えられていたので、新しい土地制度に組み入れられることも少なく比較的治安が保たれていた。

商品経済が進展すると、羊飼いたちは、かねてからチーズや羊毛の出荷で市場に習熟し、移動を常態としていたために農耕民より広い視野や情報を持っていたので、牧畜だけでは生活の難しかった羊飼いは、ルーマニアや南ロシア、さらにはアメリカなどに出稼ぎに出て、収入をもたらした。彼ら

トランシルヴァニアの各地で、季節的移牧がなされる。羊の羊による羊のための生活（みやこうせい）

の村は、平地の村のように、役人の横暴や大土地所有者の土地取り上げの脅威にさらされることも少なく、家族や土地や財産の安全が確保されていたために、高齢者や女性を村に残して働きに出ることができたのである。このようにして裕福になると、彼らは、次第に牧羊生活から離れたが、代わって、ヴラフやサラカツァニが夏営地の放牧地を借地し、経営規模を広げた。

しかし、19世紀後半から20世紀初頭にかけて、この地域に次々と国民国家が成立し、国境線が引かれると、ここを越えて自由に行われていた移牧も規制が強化され、大市場イスタンブルとのつながりも次第に断たれるようになり、規模を縮小せざるを得なくなった。さらに、度重なる戦争や国境変更、夏営地、冬営地への難民の入植と開拓などによって放牧地が縮小され、定住民に適した教育制度や新しい生活様式の浸透、山間部における道路交通網の整備の遅れなどもあいまって、移牧型の牧羊業は急速に衰退した。現在では冬季は自宅の家畜小屋に、夏季は経験のある牧夫に羊を委託したり、あるいは日帰りで、近くの放牧地で放牧する形態が一般化している。多くの地域では牧羊業は耕作農業の傍ら行われる副業となり、職業としての牧夫もほぼ消滅しているといえる。

（寺島憲治）

38

クムとクムストヴォ

★血を超える絆★

旧ユーゴスラヴィア出身の映画監督、エミール・クストリッツァの1995年カンヌ・グランプリ受賞作品『アンダーグラウンド』をご覧になったであろうか。第二次世界大戦前夜からボスニア紛争までのユーゴスラヴィアを、マルコとクロという二人の主人公によせて描く壮大な作品である。この二人の主人公、マルコとクロは映画の中でお互いを「クム！」（正確には呼格で「クメ！」）と呼び合っている。二人は、クム同士なのである。ちなみにこのクム、日本語字幕では「親友」と訳されていた。クムの概念の存在しない日本語への翻訳の困難さがしのばれる。

では、クムとはいったい何であろうか。バルカン地域では、結婚に際しての立会人、及び子どもの洗礼に際しての名付け親が存在する。そして、結婚の当事者とその立会人、及び名付け親と名付けられた子は、それぞれをクムと呼ぶ。また、このクムの関係がクムストヴォである。多くの場合、名付け親が結婚の立会人にもなった。またクムの家系に属する者同士の通婚が忌避されていたことからうかがえるように、クムストヴォは血縁によるものではないが、ほぼ血縁と同義なものとして考えられていた。名付けられた子にとって名付け親は絶対の存在であ

クム関係のマルコ（右）とクロ（左）（『アンダーグラウンド』より）

り、また世代を超えてクムストヴォが世襲されてゆく場合もあった。こうしたクム同士の関係の親密さは、現在にも受け継がれている。名付け親の慣習はキリスト教世界には広く見られるものであるが、バルカン地域ほどに現在に至るまで強い社会的な機能を果たしている例は珍しいであろう。

もう一つ、映画から例を出そう。セルビアの映画監督、スルジャン・ドラゴエヴィチの1996年の作品に、『ボスニア』（原題 Lepa sela lepo gore は「美しい村々が美しく燃える」の意）というものがある。ボスニア内戦を舞台に、主人公であるボスニア出身の青年ミランが兵士となり、幼なじみのムスリム青年ハリルと戦場であいまみえるまでの様子を回想シーンを交えながら描いた作品である。この映画の中に、ミランたちセルビア人勢力の兵士が数人、既に使われなくなっていたトンネルの中に閉じ込められるシーンがある。ここでトンネルに閉じ込められる7人のセルビア人兵士の人物描写が、さまざまなセルビア人のイメージを象徴していて興味深い。その中にもお互いを「クム！」と呼び合う、二人のセルビア人兵士、ラザとヴィリュシュカが登場する。二人は、典型的なセルビア農村出身の民族主義者として描かれている。テレビニュースを見て義憤に駆られ民兵となることを決意したラザを追って、クムであるヴィリュシュカも同じ部隊の民兵となったという設定である。トンネル内の戦闘の最中、手榴弾の暴発でラザが負傷する。ヴィリュシュカは涙を流しながらクムであるラザを励ますが、ラザはヴィリュシュカの腕の中で命を落とす。その後、クムを失ったヴィリュシュカは生気を失ったようになり、やはり同じトンネルで命を落とすこととなる。ここに描かれるクムは、それなしには生きられないほどの家族も同様の存在であり、生死をもともにする存在である。クムとの関係が生きがいそのものにすら感じられる描写である。

これらの映画の中に描かれるクムたちは、バルカン社会の中でクムストヴォの持つ大きな意味を象徴しているように思う。それは決して映画の中だけの誇張とも言い切れず、現実の社会の中でも、クムとの関係は、家族との関係同様に重要なものとして考えられている。

同じ映画に、もう一つクムにまつわるエピソードがあらわれる。トンネルに閉じ込められた部隊の隊長グヴォズデンは、チトーの葬儀に350キロメートル歩いて参列したほどの筋金入りの共産主義者の軍人として描かれる。彼がトンネルの中で、敵であるムスリム側の部隊長と言葉を交わし、その後激しく銃を撃ち合うシーンがある。「あいつは誰だ」という主人公ミランの問いかけに対し、隊長は一言「クムだ」と答える。クムは敵同士となり、お互いに銃を向ける。同じ隊長は、映画のラストシーンで敵に向かい自らを犠牲にしてトラックで血路を切り開こうとする際にも、「会いにきたぞ、クム！」

と叫んで突進する。このようにクムは、当初の親密さを超え、相互に対立し殺し合いすらする愛憎いりまじった存在としてもしばしば描かれる。最初にあげた『アンダーグラウンド』の中にも、間接的ながらクロがマルコ夫婦の命を奪うシーンがあらわれる。

クムストヴォは、単に親密な関係というだけではなく、実際の社会においても機能していた。政治の世界の例をあげよう。クム同士は、相互に協力し互恵的関係を保つこともあれば、それが対立に転化することもあった。ミロシェヴィチが、彼のクムである前任のセルビア党議長スタンボリッチの尽力で政治的地歩を固めていったのはよく知られている。しかしミロシェヴィチは、結局、クムであるスタンボリッチを追放することで、セルビア共和国における実権を握ることになる。また1990年代のセルビア政界においては、極右政党セルビア急進党のシェシェリ党首と、その政敵であるドラシュコヴィチ・セルビア再生運動党首はお互いにクム同士であると、まことしやかに噂されていた。

クムストヴォは、本来、キリスト教に由来する宗教的なものであったが、社会主義体制下においても、その宗教性を薄めてクムストヴォの慣習は残り続けた。『アンダーグラウンド』の主人公二人は、かなり素行不良ではあるが共産党員である。筋金入りの共産主義者である『ボスニア』のセルビア人部隊長のクムは、ムスリムの軍人として描かれる。このように、異なる民族に属する者とクムとなる事例も見られた。

（山崎信一）

39

ギリシア移民の歴史と現在

★ディアスポラ★

2002年春、全米での封切りがわずか108館でスタートした映画『My Big Fat Greek Wedding』(邦題『マイ・ビッグ・ファット・ウェディング』)は、評判が評判を呼び、秋には1700を超える映画館で上映されるまでになった。ニューヨーク・タイムズ紙の映画評でも取り上げられ、インディーズ映画としては、その年最大のヒット作となった。2003年夏には日本でも公開された。

シカゴのギリシア系の家庭で育った二世の主人公ツゥーラが、非ギリシア系の男性に恋をし、結婚するまでを、コミカルに描いたこの映画の、いったいどこが、移民の国アメリカの人びとに受けたのだろうか。その最大の理由は、本国のギリシア人以上にギリシアに固執する、ツゥーラの家族とその親戚たちの行動の滑稽さに見いだすことができよう。そしてそれが、アメリカという、ディアスポラの国と呼びうる土地での、自分たちの経験と重なりあう部分があったからではないだろうか。母国、あるいは自分たちの先祖の国から、遠く隔たっているがために、いっそう強く喚起される伝統や文化への、ツゥーラ一族の思い入れが、面白くも切なく、彼らの心に響いたのだろう。

ギリシア・レストラン『ダンシング・ゾルバ』を営む、ツゥーラ一家が住む家は、古代ギリシアの神殿のような円柱で飾られている。庭にもギリシア風彫刻が置かれ、周囲の家屋との調和を欠いて、一軒だけ浮きあがっている。ツゥーラの父親は、ギリシア人であることがいかに誇らしいことかを、日々子どもたちに説き、母親は、その傍らでギリシア料理を作り続ける。学校へのお弁当も、ほかの子がサンドウィッチなのに、ツゥーラだけがギリシアの伝統料理ムサカだ。彼女は子どもの頃、ギリシア語学校にも通わされた。父親は、すべての言語はギリシア語起源であると信じて疑わず、ツゥーラの同級生が「Kimono（着物）は？」と、日本語の単語をあげると、父親は、一瞬考えたあと、「ギリシア語で冬はChimonas（ヒモーナス）だ。冬は寒いから、着物を着る。だから、Kimonoもギリシア語起源だ」と得意気に説明する。祝い事があると、親戚数十人が『ダンシング・ゾルバ』に集まって大宴会。もちろん、ギリシア音楽にギリシア・ダンスが付きものだ。両親と親戚がツゥーラに期待するのは、ギリシア人、もしくはギリシア系と結婚し、ギリシア人の子どもを生み、そして、母として妻として、そしてギリシア人として、肉も野菜もたっぷりの食事を、毎日欠かさず家族に与えることだ。そんなわけだから、ツゥーラが、アングロ・サクソン系の菜食主義者イアンとの結婚にこぎつけるまでは、家族や親戚、そしてイアン本人と彼の両親を巻き込んでの大騒動が展開される。

実際、本国のギリシア人で、パルテノン神殿のような家に住んでいる者はいないし、アメリカのギリシア系すべてが、ツゥーラ一族のような熱狂的なギリシア崇拝者ではない。第一、何を基準としてギリシア系と見なすかという大きな問題もある。二世以降では、ギリシア語を話せないギリシア系も多い。アメリカのギリシア系の場合は、ギリシア正教徒かどうかが重要な指標となる。だから、正教会でイアンが洗礼を受ける映画の中での場面は、ツゥーラ一族にとっては、彼をギリシア人として受け入れるための、非常に大切な儀式として描かれている。

しかし、これは映画の中でのこと。１９９０年以降の調査は、アメリカのギリシア正教徒の三分の二以上が、正教徒以外の者と結婚していることを示している。映画が現実をかなり誇張していることは間違いない。一方で、アメリカ・ユタ州のギリシア系モルモン教徒がギリシア・アイデンティティを保持しているという事実は、正教を「ギリシア人であること」の指標とすることの問題点を浮かびあがらせている。最大のギリシア移民を抱えるアメリカで、ギリシア人、あるいはギリシア系住民の定義は、今後、ますます難しくなるだろう。

ニューヨーク市のアストリア地区のギリシア正教会（村田奈々子）

ギリシア人は、歴史的に、エーゲ海を望む故郷を離れて、新天地に向かうことを厭わない民だった。黒海沿岸に金の羊毛を求めて旅立つアルゴー船の冒険物語は、おそらく青銅器時代にまでさかのぼる。紀元前８〜６世紀には、黒海やエーゲ海のみならず、地中海全域で、ギリシア人の植民活動が展開された。近代ギリシアのディアスポラの形成は、主に、18世紀以降のオスマン帝国における、ギリシア人の商業活動の繁栄と交易の拡大を背景に始まった。歴史家Ｔ・ストヤノヴィチは、18世紀を「バルカン半島の正教徒商人による征服の時代」と特徴付けている。この時期、ギリシア商人のみならず、ヴラヒ、ルーマニア、ブルガリア、セルビア、そして正教徒のアルバニア人商人たちが、バルカン半島を越えて、中・西欧へとその活動範囲を拡大し、先々でディアスポラを形成した。1774年のキュチュク・カイナルジャ条約締結後、オスマン帝国の正教徒の諸問題に介入する権利を手に入れたロシアが、積極的に正教徒移民の受け入れを始めると、ギリシア人は、ロシアにも移民した。19世紀初めには、ギリシア人のディアスポラはインドにまで広がった。

人的規模で見た場合、バルカン戦争直前の15年間、1922年の対トルコ戦により小アジアのギリシア・コミュニティが消滅した時期、そして第二次大戦後の1950～60年代に、大規模なギリシア人の移動が見られた。ツゥーラの両親がアメリカに移民したのは、この第三期に当たる。戦争による経済不安と政治的混乱が、これらの人びとの移動をうながした。移民たちは、アメリカ、カナダ、オーストラリア、そしてドイツをはじめとする西ヨーロッパにギリシア・コミュニティを作った。戦後、バルカン諸国で唯一西側陣営に属したギリシアで迫害を受けた共産主義者は、「鉄のカーテン」の向こうの東側の国々に、自発的に、あるいはやむを得ざる事情の下、亡命した。

長い移民の歴史があったにもかかわらず、ギリシア政府が、ディアスポラのギリシア人のための機関を設置したのは1984年のことである。1995年には、全世界のギリシア系同胞を対象にした、在外ギリシア人世界評議会（SAE）が発足した。これらの組織の目的の一つは、在外ギリシア・コミュニティの「脱ヘレニズム化」を回避し、ギリシア人としてのアイデンティティを保持することにある。しかしながら、「民族」の虚構性が暴かれ、「ギリシア人」の定義がますます困難になっている今日、世界に250万から700万人といわれる「ギリシア人」の「想像の共同体」を維持していくことは容易なことではない。

（村田奈々子）

40

自然と折り合い 自由を謳歌する人びと

★ロマの天地★

バルカンの諸地方を歩いていて、頻繁に出会うのはロマ（もとジプシーといわれ、その表現は蔑称とされるが、ルーマニアのロマは、別にどちらでも気にしないとする向きもある。また、ルーマニアは現地読みでロマニア、ロムニアなので、ロマと間違えられては、と当惑する人もある）である。

ロマの人口はルーマニアに特に多くて、チャウシェスクの独裁時代には40万程度といわれたが、独裁者はその存在を否定して、我が国にいるのはルーマニア人のみといった。それも方弁ということで、政治家からすればその通りであろう。

今、ロマの人口はルーマニアでは200万人以上、人によっては300万という。誰も正確な人口はつかめない。国勢調査をしても、例えば調査員が、やってきたロマに、あなたは何人かと聞いて、ルーマニア人といったら、そのままルーマニア人になるし、極めて曖昧なのである。

ルーマニアにはルーマニア人の他にハンガリー人、ウクライナ人、ロシア人、セルビア人、マケドニア人、ドイツ人、タタール人、トルコ人、ユダヤ人等々多くの民族がいて、中でもロマは特殊な位置を占めている。いや、位置も地位もないといっていいのかも知れない。社会でその存在が正当に認められているとは必ずしもいえない。言い知れぬ偏見が彼らに向けられ、一般の民は差別意識を持っている。それはぬぐい去りがたいようである。

ロマにも何がなし責任がないとはいえない。教育を受けない、規則は守らない、あまつさえ人の物をかすめる、秩序の混乱のもととなる。しかし、ロマの存在は厳然たる事実で、彼らの生活はほとんど改善されない。農村部でロマは村はずれに固まっている。一様に、まことに貧弱でひしゃげた家に住み、表現は悪いがボロ切れのように、さしたる希望もなく暮らしている。

大多数のロマが今は集落に定住して、昔の幌馬車の編隊を組んで地方を回るといった現象は減った。馬車にも各地方のプレートがついて、表向き、勝手な移動は許されない。

といっても、ロマは天下無敵の自由な人びとで、法律などあってないようなもの。ただ、集団内では長老がいて、トラブルが起こった場合、裁判官の役をつとめ、制裁の形をとる。ロマは一般に不衛生であると鼻つまみになるきらいもあるが、多くのタイプがある。

ロマの社会の中で、その職によって階層があり、職種は、鋳掛屋、屋根の樋作り、馬の蹄鉄職人、ナベ・カマ作り、馬商人、楽師等々で、技を持たない者は、かつては集団農場に草刈りや収穫の手伝いに行ったものであるが、独裁体制が崩れた後は、ルーマニアは、貧富の差がひどくなり、ロマの多くが失業状態となっている。

そのため、ロマは西へ西へとなびく。馬車でそのまま国境を駆け抜けたり、徒歩で他国へ抜け、西側の大都市のすみに設けられた居住地区にまぎれ込んでしまう例も限りなくある。まことに、ロマに国境という概念はない。例えば２００２年の晩秋に、ドイツでは増える不法滞在のロマを検束して、数万人が国外追放の憂き目にあい、一人、邦貨で2万円以内と少し渡されルーマニアへ帰ってきた。しかし故国へ帰ってきたとて、何ら生活の保障がない。

ロマは10世紀から11世紀にかけて北西インドを出て、15世紀初めにはバルカンに入っていた。多くが地主や金持ちの奴隷となり、売り買いされた。彼らは、馬の飼育係、下男、料理番、農場の労働者、また、楽師となった。ロマは、初めから卑しい存在としておとしめられていて、その家の掟に背くと、残酷な刑が待っていた。ナチスによるホロコーストの際、ユダヤ人とともにロマは絶滅の主な対象であった。ロマを賤民扱いする傾向はヨーロッパ全般の宿痾のように受け止められる。

ときどき、ルーマニアのロマの共同体を訪れることがある。先述のようにロマは、おおむね一般の村人とは離れて住んでいる。ルーマニア西部のティンカという村を訪れて、その惨状に目を剥いた。オランダの奉仕団体がしばしばやってきて、コンクリートで小さな家屋をいくつも作ったというが、電気もガスも水道もない。手洗いは集落から数百メートル先の平原。家の中をのぞくと、貧弱な木のベッドに、ボロ切れが掛かり、母子はボロ切れにくるまっている。子どもたちが大勢、村の助役（ロマで、村の権力者で、いわば小族長。彼は小ぎれいな家に住み、古びたベンツを乗りまわし、裕福そうである）とぼくを取り囲む。真冬のさなかだが子どもたちは、汚いシャツにもう一枚服を重ね着したぐらいで、はだしである。一様にやせこけて、目だけ光っている。そのはだしのまま、堅く凍った雪の上を歩き、何分でも立ち尽くす。

乏しい援助のお金や物資がくるというが、ロマは、歯ブラシの果てまで、近くの町へ売りに行って、アルコールを買い、夏場は夏場で、賃仕事で得た金がなくなるまで、飲み尽くしてしまうという。家の屋根は木組みで草葺きであったりするが、それも陥没して、部屋から空の見える家もある。ルーマニア人の彼らに対する絶望と諦念は肯定できぬものの、ある程度理解ができる。

一方、ごく少数の度外れた金持ちもいる。思いっきり華美をきわめた宮殿まがいの壮大な家を建てて、部屋は数十。金持ちは競って、大仰な家を建てようとする。バルカンにあって、ラテン気質を脈々と伝えるルーマニアにロマの存在はよくなじんでいる。

ルーマニアの混乱を反映して、滑稽な現象もある。シビウというドイツの旧植民都市に住むロマの有力者が全ルーマニアのロマの王であると宣言したところ、同じ街のロマの一方の雄が張り合って全世界のロマの皇帝とのたまい、いみじくも共存している。

ユニークな生活を送ることを余儀なくされている人びとだが、独裁体制崩壊の後、ロマの政党が二つできて、国会に議員を送り込んでいる。

とまれ、ロマがルーマニアに多いのは、人びとがバルカンでも特に寛容なことによるといってもいいだろう。

（みやこうせい）

ルーマニア南部の自由民。人びとは天地を存分に謳歌して、ともかく陽気である（みやこうせい）

41

ドナウ・デルタに暮らす人びと

★漁労の民リポヴァン人はスラヴ系旧教徒★

ドイツの黒い森に端を発して、延々と2860キロメートルを滔々と流れ、ドナウ川は、黒海への出口、面積5800平方キロメートルのドナウ・デルタに達する。もともと、ドナウはケルト語で、その重要な支流であるティサもケルト語。民族と歴史のかかわりを示唆しているではないか。

ドナウ川はまさにバルカンの歴史をけみして今日も悠々と流れる。バルカンではドナウを挟んでゲタエ・ダキア人とローマの軍隊との攻防がくり広げられ、ついにはトラヤヌス帝の軍隊がドナウに架けられた橋を渡って、川の北に押し入り属州を設けた。ドナウは下流から上流から、人、物品、文物が行き交い、歴史を支える大動脈となった。

ルーマニアの東の黒海海岸には、有史以前からフェニキア人、ギリシア人がガレー船でやってきた。またジェノヴァ人やヴェネツィア人、トルコ人が艦隊を連ねてやってきた。ギリシアの神アルゴナウテスは金の羊毛を探しにドナウ下流へやってきた。

ドナウ・デルタの中心都市トゥルチャは、実に2600年前にギリシア人によって開かれた。ドナウはここを分岐点とし大きくウクライナ沿いに北回りするキリア方面と南東に延びるスフント・ゲオルゲ方面、また、東へまっすぐ延びるスリナ方面の三つの流れに分れる。

デルタには約1万5000人の人がドナウ川にたつきを求め住んでいる。中で最も際立つのがリポヴァン人である。また、デルタの周辺には、多くの異なる民族が住んでいる。トルコ人、タタール人、ギリシア人、イタリア人、ウクライナ人、ロマ、マケドニア人等々。

再びリポヴァン人。この人たちは18世紀にロシアを離れた旧教徒で、なまりの強いロシア語を話している。リポヴァン人は、徹底した平和主義者で、ロシア正教の教義を厳格に守っている。徴兵されても、人殺しはいやと忌避したほどの平和主義者である。たばこは飲まない。戦争に行くことは好まない。しかし、大酒飲みである。強い酒をぐいぐい飲む。普通、リポヴァン人の家を訪れるときは、強いウォトカを一、二本持って行けば歓迎される。頼みごとをするときもウォトカ一本でいとも易々と解決したりする。

古き良き?習慣は新しい世代から消えつつあるが、例えば、伸ばし放題の髭はお年寄りのみ。教義で決して剃らないのである。あごの下にジャングルがあって、ここで、アブも蚊も攻撃をあきらめる。リポヴァン人の村へ行って、教会帰りの髭の一団に会うことがあるが、これは圧巻である。

男女とも、とても信心深く、ポーチ付きの回廊のある漆喰の白でまぶしい家に入ると、奥の部屋に必ず、金箔のイコンが仰々しく飾られている。部屋は大体三つ、外に吹きさらしの炊事場があって、椅子とテーブルが置かれてあり、食事兼団欒の場となっている。

リポヴァン人は、漁撈に長けていて、デルタの各地で漁をする。デルタは無数の自然の水路、それは、パズルめいてどうしても抜け出せない迷路のようであるが、そこを、木の舟で楽々と往来する。もつれたような水路を果てしなく奥に入って行って、網を置き、翌日またそれを夜明けと同時に揚げに行くのである。

何万あるかわからない浮き島には、漁師の立派とはいえない小屋があって、彼らはそこに、数カ月というもの寝泊まりして、魚を捕り続ける。毎日々々、単調な暮らしが続く。食事は捕れたての魚を揚げ物にする。あるいは、スープを作る。スープに使う水は、まさにドナウ川の水である。本流や支流は、黄濁して、飲むのには勇気を要するが、デルタの奥に何十キロメートルも入ると、嘘のように澄んだ水路があり、清水も湧いている。それをすくって、飲用水に供したり、料理に使う。ドナウの魚料理は野趣に満ちて絶品である。

浮島で、男たちは、破損した網を器用にかがる。料理もする。魚は自由に手に入るが、ときに、木舟をすべらせながら、銃で鴨を撃つ。こうしなければ生きられないと、漁師は割り切っている。数日に一度、トゥルチャから、エンジン付きの小舟がやってきて、捕れた魚を市場に運んで行く。今は携帯電話が通常となったので、互いの連絡はとりやすい。

日曜は安息日なので、漁師は働かない。教会に行って、祈りを捧げ、午後は、集落の一本道を散歩したり、家々の前の床几で、

リポヴァン人の司祭。人びとは争わず、大変信心深い。習慣として決して髭をそらない（みやこうせい）

尽きることなく話をかわす。リポヴァン人は、住居の隣りに菜園を営み、デルタ全体に繁茂する葦刈りに携わる者もいる。

ルーマニア国籍の旧教徒の、リポヴァンと呼ばれるロシア系の人たちの日常用語はなまりの強いロシア語の地方語でルーマニア語とバイリンガルだ。

リポヴァン人、また、デルタに多いウクライナ人も、小さい頃から舟を操ることが達者である。ドナウの本流にも、平気で小舟で乗り出す。司祭が黒衣をひるがえしモーターボートを飛ばすのも一幅の絵である。

学校では、ルーマニア語のほかに、少数民族の言語としてロシア語を教えている。人びとは、日常、ウクライナやロシアのテレビに興じている。サッカーの試合は特に人気があり、リポヴァン人は、当然、国際試合の場合、ロシアを応援する。村の酒場は、毎晩、酔いどれでいっぱいである。酔わなければどうしても癒せない悲しみがあるのだろうか。

リポヴァン人の政党もあって、国会に議員を送り込んでいる。ルーマニアでは、少数民族が必ず、自分たちの代表の議員を持っている。経済状態は、「社会主義」を標榜したチャウシェスク時代の方がずっと良かったと、人びとは口々にいう。男女とも同一賃金で、失業がなく、医療、教育ともほとんど金がかからなかった。しかし今は……。

自由と引きかえに、失職の自由も得た。リポヴァン人の若者は、とても暮らしていけないと、外国へと出稼ぎを目指す。とんでもない奥地から、イタリアへスペインへ出かける者もいる。リポヴァン人の生活、意識、特に若者のそれは外国生活の体験により大きく変わりつつある。（みやこうせい）

42

聖山アトスと修道士

★神と暮らす男たち★

テッサロニキは北ギリシア最大の都会であると同時に、バルカンの国際都市でもある。アドリア海の港町ドゥラス（アルバニア）を発したエグナティア街道はオフリドを経てこのテッサロニキに至り、さらにコンスタンティノープルに向かった。テッサロニキ生まれのギリシア人修道士キュリロスとメトディオス兄弟が9世紀、グラゴル文字（後のキリル文字）を携えてモラヴィア伝道に赴いたのも、この地に移り住んでいたスラヴ人を通してスラヴ語に知悉していたからにほかならない。

「ビザンツの箱船」とも呼ばれる聖山アトス（アギオン・オロス）は、このテッサロニキの南東100キロメートルほどのエーゲ海に浮かんでいる。ギリシア人が「聖なる山」と崇める修道王国は、標高2033メートルのアトス山を戴く全長50キロメートル、幅10キロメートルの半島を指し、半島は付け根部分で陸路閉鎖されている。1000年に渡って修道士の自治が認められ、修道士以外は許可を得た巡礼者しか入山を許されない聖地である。

ここには、20の修道院とその別院、さらに隠修士たちの住む僧庵が点在し、現在も2000人を数える修道士が暮らしてい

アトスを背にいくつもの修道院が建つ（川又一英）

る。その暮らしぶりは、世俗の暮らしとは対極ともいってよい。

まず、女人禁制であるから、死を見ることはあっても生命の誕生はない。電気を引いていないから、当然のことながらテレビもパソコンもない。暦も旧暦のユリウス暦であるから世俗の日付と13日ずれ、日没を一日の始まりとしている。一日二食の食事も肉は摂らず、魚やワインも数多い斎の日々には食卓から遠ざけられ、一日一食になる。

つまりアトスの暮らしは、世俗の社会では不可欠と思われているさまざまな「快楽」に背を向けているのである。人類が臓器移植や遺伝子組み替えといった領域にまで踏み込みつつある世紀に、こうした中世と変わらぬ祈り一筋の暮らしに飛び込んでくる男たちがいる。それも、少なからぬ数だ。

なぜ、男たちは世俗の暮らしを捨てたのか。

この問いには、厳密には男たちの数だけの答えがあるといわなければならない。が、近年、修道志願者に高学歴の青年が目立って多くなっているという事実が、答えの一端を物語っているように思われる。

キリスト教の修道は、エジプトの砂漠で始まっている。迫害が止んで、教会が公認・国教化に向かおうという時代である。修道とは、そうした風潮の中で祈りの原点に立ち返ろうという動きであったということができる。神に代わってコンピュータが支配するようになった21世紀、将来を約束された

第42章

聖山アトスと修道士

青年が世俗の暮らしを捨てるという事実は、現代社会に突き付けられた「ノン」の意思表示でもある。アトスに入山してくる男たちは、修道誓願に当たって、一つかみの髪を切る。その瞬間、後にしてきた世俗の社会は永久に断ち切られる。

修道士が身にまとう黒衣は死の色である。この世を死ぬことによって、キリストとともに生きる決意を表す色だ。それゆえ、死を迎えると、同じ黒衣にくるまれ、いっとき葬られる。世俗の社会と違って、肉親と別れを交わすこともなく、墓を持つこともない。そして、3年後に土から取り出され、納骨堂で改めて永遠の眠りに就くのである。

世俗の社会に生きる我々は、さまざまな執着にとらわれている。財産、家族、社会的地位、矜持……。黒衣の男たちはそれらを捨て、神とともに生きる道を選ぶ。

神とともに生きるとは、太古、楽園を追われる以前の無垢なるアダムの肖と像を回復し、神の下に立ち返ることだ。アトスの修道士は、イコンを通して目には見えぬ天上世界に向き合い、絶えざる祈りの中で神の光に包まれようとした。そこから生まれたのが、「ヘシュカスモス」と呼ばれる東方修道の輝かしい伝統である。

聖山アトスはビザンツ美術・建築の宝庫として世界遺産に登録されている。とびきり美しい自然と現代文明に毒されない暮らしぶりも魅力的だ。しかし、アトスが聖地である所以は、1000年に渡って修

アトスで暮らす修道士たち（川又一英）

道の暮らしを維持させてきたシステムそのものにある。修道士が独自の「くに」を持つのは、ここアトスを措いてはないのである。

それゆえ、聖なる山は「ビザンツの箱船」と呼ばれてきた。いうまでもなく、ビザンツとは国家としてのビザンツ帝国ではなく、その理念を指したのであり、それを支える最大の精神的支柱がギリシア正教会の信仰であった。

聖山アトスはまた、ギリシア正教会がロシア・バルカン諸国に伝わり、共通の信仰に結ばれるようになると、修道センターの役割を果たすようにもなった。アトスで確立された「ヘシュカスモス」は、各国の修道士たちを惹き付け、ここで修道生活を送った修道士たちは、修道精神の原石とでも呼ぶべきものを持ち帰った。アトスなくして、ロシア・バルカン諸国では今日あるような修道の形はなかったといってもよいだろう。

現在、アトスにある20の修道院のうち、17はギリシア正教会に属するが、三つはロシア・セルビア・ブルガリア各正教会のものであり、ルーマニア正教会もスキーティと呼ばれる別院で修道活動を続けている。コミュニズム政権崩壊後の宗教復権を機に、入山して祈りの暮らしに入る男たちも次第に多くなっている。

世俗の眼には、アトスは隔絶した世界に映る。しかし、そこは祈りによって自己を確認しようとする者に広く開かれてきた。まさに、東方正教会を代表する「修道の聖地」と呼ばれる所以である。

（川又一英）

43

さまざまなムスリムの暮らし

★地域社会の中の共生★

1980年代後半にボスニア・ヘルツェゴヴィナ中部で長期の滞在調査を行なった人類学者ブリンガ（Tone Bringa）は、『ボスニア的ムスリムであること（Being Muslim the Bosnian Way）』と題した民族誌の中で、一農村でカトリック（クロアチア人）と共住するムスリムの暮らしぶりを描いている。当時、学校教育と賃金労働の浸透によって、ムスリムの間でも家族構造や世代間関係に変化（核家族化、若い世代の経済的自立と発言力の増加など）が起きていた。人びとは町の学校や職場へ通うようになり、服装や食事もその影響を受けて、ムスリムと非ムスリムの差異は一見なくなりつつあったという。また、この村ではムスリムがカトリック教会の、カトリックがモスクの建設を援助してきたとされ、日々の近所づきあいを通じ宗教の違いを越えた村落共同体が形成されていた。しかし同時に、儀礼や祭日、食べ物、挨拶など日常の言動によって両集団の相違が繰り返し意識されていた側面もあった。例えば、ムスリムは豚肉やラードを口にすることを避けるため、食事をめぐってカトリックとの相違が顕在化する場合がある。挨拶には、双方が使用する一般的なものと、カトリック、ムスリムそれぞれに特有のもの（ムスリムの場合はトルコ語やアラビア語に由来する）とが存在し、相手や状況によって使い分けられていた。

著者ブリンガは、こうしたムスリムとしての行動規範を維持する上では、女性たち、特に母親が大きな役割を果たしたと結論づける。それには、成人男子のほとんどが町に仕事を持つのに比べ、ムスリム女性の多くが家事や子育て、そして畑仕事を担い、手仕事で現金収入を得ながら村で過ごしていたことも関係している。とりわけ社会主義時代には、都市での言動は非宗教的であるよう期待されたが、村には異なる価値規範が存在し、既婚女性は頭にスカーフをかぶることが望ましく、家族のために断食を実行し、聖者廟で行われる礼拝や死者の追悼儀礼へ積極的に参加すべきと考えられていた。

ただし、この本の後半部で論じられるように、人びとのムスリムとしての実践は、イスラムの教えに照らして正しいかどうかではなく、周囲のカトリック、もしくはセルビア正教徒との対照によって定義されており、ボスニアという地域の中でこそ意味を持っている。本のタイトル通り、彼／彼女たちはまさに「ボスニア的」ムスリムなのだ。この指摘は、バルカンにおけるイスラムを考える上で非常に重要と思われる。

歴史をひもとくと、バルカン半島へのムスリムの流入はオスマン帝国がこの地を支配する以前にはじまっていたといわれるが、ムスリム人口が目立つようになるのはやはりオスマン帝国時代である。帝国各地からムスリムが移り住むと同時に、元来この地域に居住していた人びとの中にイスラムへ改宗する者が現れた。そして、今もこれらの人たちの子孫が、イスラムの信仰や慣習を受け継ぎながら暮らしている。

ここで、最近の統計に基づいてバルカンにおける主要なムスリムの居住地をあげてみよう。まず、アルバニアでは住民の約7割がムスリムである。また、旧ユーゴスラヴィアにおいては、ボスニア・ヘルツェゴヴィナに主としてスラヴ系ムスリムが居住し、コソヴォにはアルバニア系の、マケドニアにはアルバニア系、スラヴ系、トルコ系のムスリムが暮らしている。また、ブルガリアでは人口の約10%がムスリムであり、多数をトルコ系が占めるものの、「ポマク」と呼ばれるスラヴ系ムスリムも20万人程度いると推定される。同じ「ポマク」の名で呼ばれるムスリムは国境を挟んでギリシアにもおり、西トラキア地方と島嶼部のトルコ系ムスリムを合わせ、ギリシアには少数のムスリムが居住してきたが、近年の移民の中にも一定数のムスリムが含まれている。ほかに、ドブロジャ地方、北東ブルガリアにはトルコ系とともにタタール系のムスリムが居住、各地に暮らすロマの中にもムスリムがいる。

これらのデータからもわかる通り、ムスリムはバルカンの広い地域で生活しており、彼/彼女らが多数派となる地方もあるとはいえ、各地でキリスト教をはじめとする他の宗教集団と長年共住してきたところに大きな特徴がある。また一口にムスリムといっても、その大部分を占めるスンナ派ムスリムのほかに、ベクタシーといったスーフィー（「イスラム神秘主義者」と訳されることが多い）教団に属する、もしくはそれに影響を受けた人びとなどもおり、信仰のあり方も決して一様ではない。母語とする言語や民族意識もさまざまである。

したがって、この地域のムスリムの暮らしを考える際、生活が生業や自然・地理的条件から多大な影響を受けることに加え、さまざまな文化接触の結果（例えばイスラム的要素とキリスト教的要素の共存・混淆などにより）、その土地特有のローカルな慣習が成立している点、そしてムスリムの中に多様性が

夕方の散歩を楽しむ女性たち
（ブルガリア南西部）
（松前もゆる）

存在する点を忘れてはならないだろう。

例えば、キリスト教徒にとっての聖ゲオルギオスの日（旧暦4月23日、新暦5月6日）をムスリムも祝う習慣が広い地域で見られる。ブルガリアのムスリムの間にはこの日を「フドレレス」と呼び、また、イスラムの聖者と結びつけてその信仰体系の中に位置づける人びともいる。ムスリムとキリスト教徒が混住するある村では豊穣を祈念する共通の祭日として重視されているが、その背景には、この日が秋の聖デメトリオスの日と対になって一年を二分する役目を果たしており、これを境に羊の放牧を開始し、夏季の出稼ぎに赴くなど、暦の節目となってきたことがあるだろう。そもそもこの祭日は、キリスト教成立以前から地中海地方で用いられた暦に由来するといわれている。

最後に、衣装に触れながら、近年のバルカン地域におけるイスラムの動向につい述べておこう。ムスリムたちは町では周囲と変わらない服装をする傾向にあり、村外に出る機会が多い男性たちの着衣はキリスト教徒とほとんど差がない（ベレー帽をかぶることなどがときに差異と見なされる）。一方、地域にもよるが、村の女性たちは特徴的な衣装を身にまとっていることがある。ムスリム女性の着衣に関しては、近代以降、キリスト教社会から見て異質な点がことさら強調されるようになったとの指摘があるが、そのために特色ある衣装はムスリムのシンボルとしての意味を持ちはじめる。例えば、ボスニアやブルガリアの一部地域においては、もんぺ状のズボンがそれである。ただ、同じゆったりしたズ

結婚式にて。花嫁の親族が仲人に贈り物を渡す。晴れ着も多様だ（ブルガリア中北部）
（松前もゆる）

ボンでも地域ごとに仕立て方、装飾、色などに相違があり、細身のズボンをはいた上からスカートを重ねる地域もある。また、いわゆる「ヴェール」も、頭から身体を覆うようなものから頭部に巻くスカーフ状のものまで、その形態はさまざまである。付け加えるなら、この地域で女性が頭部を覆う習慣は宗教に関係なく存在し、現在では農村部の年輩女性に多く見られるように、その着用に関しては、都市と農村、あるいは世代による相違の方が大きいと思われる。

近年、一部地域において女性たちが再びヴェールをかぶるような現象も見られ、イスラム復興やイスラム化と結びつけて報じられることもある。しかし、ブルガリア南部のスラヴ系ムスリム、ポマク女性たちの間でのアラブ式ヴェールの着用を調査したアメリカの人類学者ゴッドシー（Kristen Ghodsee）は、根底に人々の信仰があることは確かにせよ、この選択には、ポマク住民の社会的地位が関係していると指摘する。ムスリムの中でもマイノリティであるため、「より正統」と思われるアラブ式イスラムを受容し地位を確立することに意味があったという。このように、ある地域でイスラム化と見える現象があるとしても、その変化は、各社会の事情、歴史的・政治経済的背景をふまえて捉える必要がある。さらに、ヨーロッパ志向や脱イスラムと言うべき現象が生じている地域もあり、こうしたことからもバルカンにおけるムスリムたちの多様性を垣間見ることができるだろう。

（松前もゆる）

コラム4

ロマ・ミュージックの光景
グチャでのブラスバンド・フェスティバル

関口義人

バルカン10カ国に少なくとも400万（一説では700万）は居住するロマ。インドを原郷とし、外来の漂泊民だったロマの多くが渡来から500年余りを経た現在、バルカンに定住している。ロマたちは賑やかだ。それは彼らの存在故に巻き起こる社会問題や差別にかかわる政治マターのせいばかりではない。彼らの中に、数知れないほどの音楽家がいるせいである。ルーマニア、セルビアでは弦楽アンサンブル。クロアチア、スロヴェニア、ボスニアあたりではトラッドや〝ジプシー〟に伝わる哀歌をうたう。マケドニア、アルバニアなどではどぎつい演歌や歌謡を披露し、ギリシアでは現代の民衆の音楽であり、ならず者のうたであるレベーティカの演奏者の多くがロマである。もともと地域で営まれる冠婚葬祭に雇われて宴に興を添え、報酬を得て暮らしを立てるのがロマの音楽家の長年続いてきた生き方なのである。

生来、音楽における〝理由不明の〟特異な才能を示し、家系によって継承されてきたロマ・ミュージックの多様性や即興的なひらめきには驚きを禁じ得ない。バルカンで最も頻繁に耳に入るロマ・ミュージックはブラスバンド（10人編成）の重奏音だろう。バルカン北東部ではブラスバンドはハプスブルクの軍隊の進軍の名残りであり、中南部で、それはオスマン支配時代の軍楽隊（メフテリ）の置き土産であった。さて毎年8月の第一週の週末にセルビア南部の山間の、人口3000にも満たない村グチャで開かれるブラスバンドの祭典、「**Dragačevski Sabor Trubača Guča**」（ドラガチェヴォ地方グチャ村のブラスバンドの集い）はセルビア人の夏祭りであると同時にロマ・ブラスが名をあげる年に一度のチャンスである。来場観客者数およそ15～20万。宿泊設備も何もない辺鄙な村グチャにこの時期、夥しい群衆が押し掛ける。国を四つに区分して行われる予選には３０００のブラスバンドが参加する。北西部はセルビア人バンド

カフェでもブラスバンドが活躍する

が主流であり、南東部はほとんどが〝ジプシー・ブラス〟ばかりである。期間中、村中の至る所が宴会場となりブラスバンドはチップ稼ぎにこの宴席を走り回って演奏する。人気が集まるのは宴会芸に長けたロマのブラスバンドで、この期間だけで年収の半分を稼ぎ出すバンドもある。バルカンで、ことに南部のロマの多い地域一帯では管楽器（トランペット、チューバなど）の吹き手は大変なヒーローである。ロマの音楽家の家系に生まれた若者は皆、地域のブラスバンドの正式なメンバーになり、年一回のグチャ・フェスティバルで演奏できるようになりたいとの一念で研鑽を積む。コンテストで優勝でもすれば翌年からの冠婚葬祭での演奏のギャラは5倍にも跳ね上がるのである。村全体がブラスの饗宴と化すこのグチャの3日間はロマにとって晴れの舞台、出世のためのオーディションなのだ。

V

フォークロア

44

春が訪れる3月

★マルツィショールとマルテニツァ★

ルーマニアやブルガリア及びモルドヴァ共和国には復活祭（イースター）に加えて、春の到来を感じさせる独特の風物詩がある。毎年2月末から3月上旬にかけて街角で一斉に売られる、赤と白の糸をよじらせた飾り紐が付いた小さな装飾品のことである。ルーマニアやモルドヴァではマルツィショール、ブルガリアではマルテニツァと称するが、いずれも文字通りには「小さな3月」を意味する。それは3月全体ではなく、3月の中の一時期にのみ登場するものであるためであろう。こうしたアクセサリーはバルカンの一部の地域においてのみ見られるものであり、クロアチアやボスニアなどでは見かけることがない。

マルツィショールは3月1日から9日にかけて男性が女性や女の子に贈り物として渡すものである。これは3月1日の明け方、白と赤の2本の絹の糸で編まれた飾り紐あるいは髪の一房で結ばれた、真ん中に穴の開いた銀貨あるいは金貨を親たちが子どもたちの首あるいは腕にかけてやるという、ルーマニア人やアルーマニア人の旧来の習慣に由来する。この風習はその後若い娘や嫁たちにまで広がったが、現在では胸の辺りに付けられるものである。マルツィショールは地域によって「40人の殉教者の日」（3月9日）まで身に付けられることもあれば、復活祭の頃まで付けられていることもある。

銀貨あるいは金貨は豊かさ、白い糸は百合のように白い顔、赤い糸は薔薇のように赤い顔を意味する。また、かつては赤ではなく黒が用いられていたが、これは冬、寒さ、暗闇の象徴であり、白は夏、暖かさ、光の象徴であるともいわれていた。そのようなわけで伝統によればマルツィショールを身に付ける者は肌が一年中きれいになり、夏に太陽に焼け焦がれることがなく、冬の寒さにも守られて健康で花のように美しくなり、快活で優しく、富裕で幸運に恵まれ、病気や悪病から守られるという。

このようにマルツィショールは本来、男性から妻や娘、そして職場の女性の同僚に渡されるほほえましい習慣であるが、現在ではさまざまな社会的義務を解決する義理チョコ的な役割をも果たし、人間関係を良好なものにするための潤滑油ともなっている。今日では本来の意味は薄れ、贈り物には必ずしも紅白の飾り紐は付いておらず、花束を渡すだけで済ませる人もいる。マルツィショールの代わりに子どもたちにはぬいぐるみなどのちょっとした玩具をプレゼントする大人も少なくない。また、近年では次第に都市化、現代化して受け取る側の女性の要求のレベルも高くなり、高価な化粧品が最も喜ばれるようである。おまけに3月8日はルーマニアでも国際婦人デーとなっており、とりわけこの日に女性はきれいに着飾って浮かれつつ街を闊歩するが、その一方で男性は好意を寄せる女性を喫茶店などに招待し、お茶やケーキを奢らなければならない。男性にとっては懐が痛む誠につらい時期である。なお、１９８９年以降、資本主義社会に移行し、西側の文化がより多く入ってくるという状況の中で、バレンタインデーも贈り物を渡す日として次第に認識されるようになってきたが、やはりマルツィショールの方が重要だと述べる人は少なくない。

マルテニツァ（左）とマルツィショール（右）
（中島崇文）

さらに、クリスマスカードやイースターカードほど一般的ではないが、赤と白の紐が付いた、もしくは描かれたカードを2月末頃に郵便で身近な人に送る人もいる。余談ではあるが、ルーマニアではつい10年位前まで郵便事情が極めて悪く、とりわけ年末年始にまたがると国内でさえ手紙が届くのに約1カ月もかかることが少なくなかった。こうしてルーマニアの郵便局はかつて、イースターカードはマルツィショールの時期に投函するように、と呼びかけていたものである。

ところで、3月1日から9日間（モルドヴァやブコヴィナでは12日間）は「老婆の日々」とも称する。高齢の農業と母性の女神ドキアは2月末に夏が訪れ、羊たちを山に登らせる時季になったと悟る。用心のため羊皮の外套を9枚（ないしは12枚）羽織って出発する。しかし、暑くなってきたので（他の伝説によれば激しい雨あるいは吹雪に見舞われ、外套が重くなったので）一日に一枚ずつ脱いでは登っていく。マルツィショールの糸はこの老婆が山を登りながら紡いでいたものであるという。だが、ドキアはまだ羊を山に登らせる時季ではないと主張する羊飼いたちを怒らせただけでなく、マルテ（3月）の神の力を軽視して怒らせていた。こうしてマルテの神はその弟のフェブルアリエ（2月）から寒い日を何日か借りる。その結果、最後の日にドキアは厳寒に襲われ、凍死する。これは岩の塊となって、今日でもカルパチア山脈のあちこちに見られるものである。ドキアの最終日となっている3月9日は旧暦（ユリウス暦）における春分の日であり、かつ農業暦の新年の日となっている。つまり冬と夏の境目の日となっているのである。

この期間は実際、天気の変わりやすい時節である。そこで、現在でも一人ひとり誰もが3月1日になる前にそのうちどれか一日をあらかじめ選んでおく。もし選んだ日に雨や雪が降ったら一年中物事がうまくいかず、もし晴れたらその年は金銭や恋愛面で幸運がもたらされるということになる。

マルテニツァもマルツィショールとおおむね同じようなものであるが、異なる点がいくつか見られる。まず、紅白の飾り紐に付けられているのは赤白の毛糸のみで作った少年あるいは少女の形をした小さな人形であり、そこに他の色の装飾品は一切付けられていないものが最も伝統的な形と見なされているということである。この点ではルーマニアと比べて伝統により忠実であるといえるのかもしれない。ただ、マルテニツァは地方によってさまざまであり、赤白を中心に他の色糸を使ったり、金貨や銀貨、にんにくを付けたりするところもないわけではない。また、ブルガリアでは男女平等という意識がより強いのか、男性もマルテニツァを貰えることになっている。それから、マルテニツァは初めてのコウノトリ（もしくはツバメ）を見るまで身に付け、その後果樹に飾る（もしくは石の下に置く）のが習慣となっている。この果樹を囲んで1年の健康と幸福を願って春の訪れを祝うブルガリアの伝統的なお祭りそのものもマルテニツァという。さらにワインのブランド名となっているという点も見逃せない。日本でも「マルテニツァ・カベルネ・ソーヴィニョン」とか「マルテニツァ・メルロ・リザーヴ」、「マルテニツァ・シャルドネ」といったワインを輸入している業者がある。

（中島崇文）

45

結婚式と葬式

★輪舞と泣き歌★

バルカンの家庭儀礼は、親族の絆を確認し、強化する重要な機会となっている。結婚式と葬式という人生の重要な節目を確認する二つの儀礼はこの地域ではボスニアを除くと、キリスト教の形式にのっとって行われている。

農村における結婚式は普通農作業や牧畜の仕事が一段落した時期、しかも教会の斎戒期に重ならない時期に行われることが多く、このためおのずとそのシーズンが限定される。これは農村で収穫が終わり、牧羊に携わる牧夫たちが山の上の夏営地から麓の冬営地に降りてきてから、ということになり、その結果必然的にクリスマスの斎戒期を除く秋から謝肉祭までの冬季が結婚シーズンとなる。

第二次世界大戦前までのバルカン地方の全域には未婚の男女が結婚相手を探す場として夜会があった。これはブルガリアではセデャンカと呼ばれるもので、農作業の終わった後の時期、女性が集団で家内労働を行う場に、若者たちが娘たちのご機嫌うかがいに通う事実上の集団見合いであった。ここで見初めた娘との結婚が秋から冬に行われる、というパターンが多かったのである。

固有の衣装は民族の大事な証明である。すべて手づくりで、村人はたくさんの衣装を持つ
（みやこうせい）

私が、1982年にブルガリア南部の小村ノヴァコヴォで調査を行っていた際、いくつかの結婚式に招待されたのも秋であった。学校は小学校しかないこの村では適齢期の若者は皆都会に出てゆき、平日は村にはいない。しかし結婚式はやはり生まれた村で行うのである。式は日曜日の昼から始まる。村の中の大きな道に天幕を張り、中には電球を吊し、ベンチと机を並べ、仮設舞台をしつらえる。これで設営は完了である。宴会が始まり、音楽が演奏される。列席者の中でクム、クマと呼ばれる婚礼の仮親は最も重要な役割を担うが、原則として新郎新婦の家とは血縁関係があってはならない。クムストヴォと呼ばれるこの擬制的親族関係は結婚後の一種の社会保証の機能を持ち、実際の親族関係とは独立している必要があるからだ。楽師は近在のロマが多い。歌手にアコーディオン、ドラムにクラリネットといった編成で、休みなく演奏を続ける。かつてはバグパイプが欠かせない民族楽器だったが、もはやこの村に吹ける者はいなくなってしまった。式の後で「あそこの結婚式の音楽は良かった」「いや悪かった」という議論になるので、皆いい楽師を呼ぶのに金をかけるらしい。音楽を聞いていているとどうもブルガリアの音楽ではないものを演奏しているので、聞いてみると「あれはセルビアの歌だ」とか「これはギリシアのだ」とかいう。ブルガリア人の結婚式でそれでもいいのか、と聞くと不思議そうな顔をされたが、そういえば日本の結婚式だって、「高砂」ばかりやっているわけではない。バルカンの音楽はつまり

自分たちの音楽であるのだろう。葬式と違って当事者の意識による変化の速い結婚式である。私がその村で出席した結婚式で、新郎新婦が民族衣装を着て登場したことはなかった。

宴会は延々と続き、新郎新婦が客の間を回ってくると、その胸にお祝儀の紙幣をとめてやる。日が傾いてくると、婚礼の当事者たちは、楽師もうちそろってぞろぞろと村役場前の広場に出てくる。これからホロと呼ばれる輪舞が始まるのだ。暗くなるとまた天幕に戻って宴会が翌朝まで続くのである。

結婚式と違って葬式は当事者の意志が介入しないだけアルカイックな特徴を残す家庭儀礼である。前述のノヴァコヴォ村で一度大きな葬式に参列した経験がある。亡くなったのはその村の女性の村長の一人息子だった。仲間たちと夜通し裏山の教会堂で飲みあかしたあげく、翌朝に村の大通りをオートバイでとばし村の教会の壁に激突し、頭から道に転落、即死してしまったのである。この村に滞在するに当たっては世話になっていた村長だったので、翌朝家に弔問に訪れる。戸口で喪主の父親がバルカン共通の果実蒸留酒ラキヤを勧めるのでグラスから一口飲んで、残りを敷居に注ぐ。そこで私は初めて葬礼の泣き歌を聞いたのである。バルカン地方には広く死者を悼むフォークロアとして「泣き歌」がある。死んだ若者の遺体は部屋の床に置かれた棺の中に横たえられ、母親の村長とその母、つまり死んだ若者の祖母が棺に取り縋って泣いていた。故人の母親である村長はブルガリア共産党員であり、私は全く期待していなかったのだが、この村が位置しているロドピ地方に伝承されている「泣き歌」を祖母と二人で歌っていた。ロシアやルーマニアでは職業的な「泣き女」が葬式に雇われることがあるが、ブルガリアでは北部以外では「泣き女」の存在は知られていない。

埋葬はその日の午後に行われた。村人によれば日が傾く午後に埋葬は行わねばならない。葬列の先頭にはヴァイオリン、クラリネット、アコーディオンの三つの楽器を弾く村の楽師たちが、もの悲しい葬式の曲を奏でてゆく。葬列は村はずれの墓地に着くまでに三度立ち止まる。特に十字路では必ず止まらねばならない。これはゴルゴタの丘に向かい十字架を背負って歩くイエスをしのぶためだとされている。こうして村に別れを告げる。

墓地に着くとコムソモール（共産主義青年同盟）の幹部が弔辞を読み、用意してあった墓穴に棺を降ろし、参列者は順番に土くれを墓穴に投げ入れる。その後参列者はそれぞれ持ってきたパンや料理を墓地の草地に広げ、死者供養の宴会が始まるのである。

バルカンでは伝統的にはこの村長の息子のような事故死の場合、死者が死後吸血鬼などになって、生者に害をもたらすことのないようにしかるべき処置を行う。ノヴァコヴォ村では教会で祈祷をあげてもらえなかった死者は吸血鬼になると司祭が話していた。

結婚と死は人生の大きな区切りであり、それゆえに逆説的ではあるが、民衆的な想像力の中では大きな共通性を秘めている。実際に死を婚礼に例えるメタファーが東ヨーロッパのフォークロアには多く見いだされる。またルーマニアなどでは未婚の若者が亡くなると、故人に結婚衣装を着せ、同じように未婚で亡くなった異性との結婚、という死後結婚の形式で葬礼を行う例が報告されている。

（伊東一郎）

ルーマニア山村の葬列。ルーマニア正教にのっとり儀式が行われるが異教の要素も入る（みやこうせい）

46

スラーヴァと「名の日」

★聖者と祝祭★

バルカン地方において祝祭は親族や一族の絆を確認し、強化する重要な社会的役割を担っている。この祝祭の中心を占めるのは、キリスト教の教会暦で定められた聖者の祭りである。

一方、一般的にヨーロッパのキリスト教徒は基本的にいずれかの聖者の名を洗礼名として持つのが普通だが、バルカン地方では自分の名と同じ聖者の祝日は自分の「名の日」（イメン・ダン）として祝う。この名の日は誕生日と一致する場合が多いが、必ずそうなるとは限らない。誕生日と名の日が一致しない場合、名の日の方が誕生日よりも盛大に祝われるが、祝う側もいちいち祝われる人の誕生日を覚えておかなくてもよい、という利点を持つ。ゲオルギ（ブルガリア）とかジョルジェ（セルビア）、ユライ（クロアチア）という名の男性なら聖ゲオルギオスの日（4月23日）が名の日で、その日に祝いに行けばよいのである。年に一度の名の日は幼年期にはさまざまな儀礼をともなうことが多く、東部ブルガリアでは、子どもが生まれて最初の名の日あるいは聖ゲオルギオス祭に子どもの髪と爪を切るポストリジンと呼ばれる儀礼が行われた。

さらにバルカン地方においてはキリスト教の祝日は、個人だけでなくさまざまな共同体の祭りとしても祝われる。これは異民族支配の長かったこの地域で、祝祭が共同体強化のために機能したことからきている。例えば、セルビア、ツルナゴーラ（モンテネグロ）では、同一のブラーツトヴォ、即ちクランは共通の守護聖者によって結ばれており、そのキリスト教暦における祭日はスラーヴァと呼ばれ盛大に祝われた。スラーヴァにはスルージバ（お勤め）、クルスノ・イーメ（名の日）、スヴェティ（聖者）などの異称があるが、最も一般的なスラーヴァは動詞 slaviti「祝う」から派生した名詞であり、広義には祝日一般を指す。

　スラーヴァが祝われる日は民間暦で重要な位置を占める有力な聖者の祭日に集中している。例えば12月6日の聖ニコラオス祭、11月8日の大天使聖ミハエル祭、4月23日の聖ゲオルギオス祭などはスラーヴァとしてよく祝われる。同一の守護聖人をスラーヴァとして祝うクラン＝ブラーツトヴォは、慣習的にはもともと同一の祖先から出たものと考えられ、19世紀にはスラーヴァを同じくするクラン同士の通婚はそれだけの理由で好ましくない、とさえ見なされていた。セルビアの多くの村落では住民の半数以上が共通のスラーヴァを祝うという事例が珍しくなかった。私自身はセルビアで聞き取り調査を行ったことがないので、以下の記述は主にハルペルンが１９５０年代に中央セルビアのシュマディヤ地方オラシャツ村で行った調査に基づいていることをお断りしておく。

　スラーヴァの準備は前もって行われる。司祭が水を聖別しに訪れ、女性はスラーヴァのための儀礼食の準備に追われる。千切りのキャベツでサラダを作り、肉の煮凝り（ピクティヤ）を用意する。ヌードル入りのチキン・スープを作る。またゆでた小麦のケーキに砂糖をまぶしたジト（コリヴォ）を作るが、これはセルビアでは追善食に用いられる料理で、このためスラーヴァは異教時代の死者崇拝の

儀礼の際に焼かれる飾りパン（コラーチ）は豊饒の印として大事な象徴となる
（みやこうせい）

キリスト教化したものだ、ともいわれる。またこの日のためにコラーチと呼ばれる特別なパン（ケーキ）を焼く。コラーチの表面には十字架が描かれるが、これを太陽崇拝の名残と見る民俗学者も少なくない。また家長はスラーヴァのメイン・ディッシュである子豚の丸焼きを準備する。

かつてはスラーヴァは3日間続くものだったが、現在は1日あるいは一両日で終わることが多い。スラーヴァの客は親友や隣人、親戚たちである。同じ村では同じ日にスラーヴァを祝う家が多く、同一世帯が複数のスラーヴァを祝いに行かなければならなくなるので、そのような場合他人の家のスラーヴァを夫婦揃って訪れるのは難しくなる。そのような場合は当然、夫のみ、妻のみが異なる家のスラーヴァを祝いに訪れることになる。そこには誰が誰のスラーヴァに行くか、という

第46章

スラーヴァと「名の日」

社会人類学的に興味深い問題があらわれることになる。

スラーヴァの当日は教会暦における祝日でもあるので、教会でこの守護聖人のためのミサをあげる。ジトとコラーチはこの時に聖別される。客は正午頃スラーヴァの祝われる家を訪れる。家は年に一度の入念な清掃をすませ客を待つ。1950年代の村のスラーヴァでは客の数は8人から12人くらいが普通だった。客は部屋いっぱいに置かれたテーブルに社会的なランクに従って座る。テーブルには花をさした花瓶、蠟燭受けに立てた蠟燭、いつも欠かせないラキヤの瓶、赤ワインを満たした水差しが置かれる。

座をしきるのはドマチンと呼ばれる家の主人である。スラーヴァはドマチンが蝋燭に火をともし、十字を切ることで始まる。それからまず壁にかけた守護聖者の聖像画（イコン）に、それから自分、客の順で香をくゆらせ、客と家族とを祝福する。客はスラーヴァに招いてくれた家の健康と繁栄を願って祝杯をあげる。その後で女性がこの日のために準備したコラーチを運んできて主人の前に置く。コラーチは主人と主賓の両手で、表面に描かれた十字に沿って四つに分けられる。この際ナイフなどの金属製品を用いてはならない。これはスラーヴァの儀礼の中でも最も重要なものと見なされる。分けられたコラーチに赤ワインが注がれ、一同は「キリストは我らとともにあり、今そして永遠に、アーメン」と唱える。これは三度繰り返され、そのたびに男たちは唇と両頬に接吻する。その後で祝宴の御馳走が運ばれてくる。

スラーヴァは夜遅くまで続き、叙事詩の伴奏に用いられる弦楽器グスレの奏者などがその場にいればさらに場は盛り上がるのである。

（伊東一郎）

47

遊び

★儀礼の中の遊戯、日常の遊び★

農村で聞き取り調査をしていて、年輩の人たちに子どもの頃の遊びについて尋ねると、当時は学校から戻ると牛や羊の放牧などの手伝いをしたもので、遊びといえば牧草地で数人集まればできるものが多かったという。かけっこや跳躍で競い合い、あるいは棒や石など身近にある道具を使って遠投力を競ったり、定めた的をねらったりして楽しんでいた。

しかし、子どもたちがより多くの時間を学校で過ごすようになるにつれ、遊びも少しずつ変化していったようである。集団で行なう遊びや競技が学校で教えられ、校庭が子どもたちの遊び場となった。集団競技としてのボール遊びが浸透し、サッカーは、子どもたちの遊びであると同時に、大人たちにも人気のスポーツとなった。鬼ごっこや隠れん坊、目隠し鬼などもバルカン各地に伝わり長年親しまれてきたが、最近では、子どもたちがパソコンやスマホを操り、ゲームに興じるなど、現代日本と変わらぬ情景を目にすることも多い。

こうした事柄からは、子どもの遊びであっても、地域の経済や労働形態、社会変化を反映している面のあることがうかがえる。心理学や民族学など複数分野の研究が明らかにしたように、

第47章
遊び

遊びが社会的に単なる気晴らし以上の意味を持つことは、バルカンにおいても同様である。スポーツや競争の性格を持つ遊戯は身体能力の向上に一役かっているし、ごっこ遊びは、子どもが社会を模倣し、学ぶ機会を提供してもいる。また、儀礼や祭日の際に行われる遊戯は、暦や神話、社会組織と深く結びつき、共同体の世界観を人びとの前で再現する役割を担うと指摘されてきた。そして、そうした儀礼の中の遊戯は日常的な遊びと全く異なるものではなく、むしろ相互に影響しあってきたといわれ、同様の所作が双方の場で見られる。以下、儀礼的性格を持つ遊びについて見ていくことにしよう。

仮面仮装劇は、暦と関連した、バルカン各地に見られるパフォーマンスで、冬から春にかけての路上で主に演じられる。例えばルーマニアでは、クリスマスから新年にかけ、仮面や衣装などで仮装した人びとが「ビフライム」と呼ばれるキリスト降誕劇を演じながら、家々を門付けして回る。その他、豊饒の象徴と考えられている山羊や熊の仮装をすることもあり、これらの行事は、年の変わり目にあたって再生と豊饒を祈念する意味があるとされる。

2月後半から3月前半にやってくる謝肉祭の時期も、多くの地域で仮面仮装劇が行われる。ブルガリア東部の男性による仮面劇は「クケリ」と呼ばれ、皮や羊毛を使った仮装、花嫁への女装、異民族や聖職者への仮装と、それにともなう性や身分秩序の一時的転倒が見られる。仮装した男たちは腰に付けた大小の鐘を鳴らしつつ共同体を練り歩くが、その音は邪悪な存在を駆逐すると信じられている。道中、性的行為を象徴する動作で観衆の笑いを誘い、耕作や種蒔きの様子を演じるなど、この場合も健康と豊饒とを祈願する意味合いが強い。セルビアやクロアチア、ギリシアなどでも、同じ時期に仮面仮装劇が見られる。

春にはこれ以外にも数多くの儀礼的遊びが行われる。復活祭に向けて美しいイースター・エッグを作ることも、人びとの楽しみの一つであろう。キリストの復活を強調する東方正教会では、さまざまな色と繊細な模様を施した彩色卵が各家庭で準備される。そして、復活祭当日に人びとはこの卵（固ゆで卵）を使ってちょっとした遊び兼占いをする。一人が握っている卵の上からもう一人が卵をぶつけ、家族の中で誰の卵が最後まで割れないかを競うとともに、この一年の健康を占う（丈夫な卵を選んだ人ほど健康に過ごせる）。

また、ブランコ遊びは古い歴史を持ち、春の祭日にバルカン各地で特別な意味を持って行われてきた。ギリシアやブルガリアでは、特に復活祭や聖ゲオルギオスの日（旧暦4月23日、新暦5月6日）に、共同体周辺の大木に縄をかけてブランコを作り、娘たちが中心になって遊ぶ習慣がある。ブランコを揺らし、男女の恋の歌が歌われる。その場には若者や子どもたちも集まり、かつては未婚の男女が公に出会う機会となっていた。このブランコに乗れば災難や病から逃れることができるとする地方もある。

さらに、冬期と夏期の境で、羊の放牧開始の起点となる聖ゲオルギオスの日は、バルカンの広い地域で重要な意味を持っている。生業や環境にもよるが、ムスリムにとってもこの日は節目と位置付けられることが多く、羊にまつわる儀礼とともに、ブランコ、運動競技、民衆劇などが行われてきた。これと同様、聖ゲオルギオスの日には各地でさまざまな遊びが見られ、例えばブルガリアにおいては、娘たちによる結婚占いが行われる。これは、器に各自があらかじめ入れておいた指輪などを歌に合わせて一つずつ取り出していくもので、自分の指輪が取り出された際の歌詞によって未来の結婚相手を

聖ゲルギオスの日のブランコ遊び。ブルガリアのフォークロア・フェスティバルでの１コマ（松前もゆる）

占う（新年や夏至の頃に実施する地域もある）。また、ギリシアでは運動競技会が催される。

こうしてみると、これらの祭日はキリスト教の暦に即しているが、その実、各地固有の習俗と混じり合い、農事暦や人びとの時間意識、さらに、子どもから娘、若者となり結婚するという、各社会のライフサイクルと不可分であることも明らかになってくるだろう。

最後にもう一つ、古くから続く人びとの楽しみとして、冬の夜長に催される糸紡ぎの集いに触れておきたい。これは、セルビアでは「プレロ」「（ポ）セロ」、ブルガリアでは「セデャンカ」、ルーマニアでは「シェザトアーレ」などの名で呼ばれているもので、農閑期の夜、娘たちや女たちは糸紡ぎや編み物などの仕事を持って近所の家に集まる。彼女たちはそれぞれ仕事にとりかかるが、しばらくすると娘たち目当てに若者グループがやってきて、歌や踊り、ゲームが始まるのが常であった。集いは真夜中過ぎまで続き、人びとの冬の娯楽であると同時に、若い男女が出会い、親しくなる重要な機会でもあった。近年こうした集まりは少なくなったが、今なお農村部では、少人数で集まって手仕事をしながらおしゃべりに興じる光景をしばしば目にする。先程まで外をかけ回ったり、テレビを観たりしていた子どもたちも、大人たちのそばに腰かけ、村の噂話を大笑いしながら聞いていたりする。子どもたちは、今もこうして楽しみながら村社会について学んでいるのであろう。

（松前もゆる）

フォークロア

48

結婚儀礼と悪魔払いの舞踊カルシュ

★バルカンの踊り★

ヨーロッパやバルカンでは、ことあるごとに伝統の音楽や踊りが見られ、人びとの日常生活の中に定着していた。踊りは、もともと結婚式や特別な儀礼のときに踊られたり、また、日曜や祝祭日の午後に村や町の中心にある広場で踊られてきた。ヨーロッパでは男女のカップルダンスを中心に人びとの楽しみとして舞踊文化が発展し、それがやがてタンゴやワルツ、バレエ、モダンダンスを生み出してきたのに対して、バルカンでは集団の輪踊りを中心に娯楽と儀礼という両方の側面を持ってきた。地域的にヨーロッパの舞踊文化の影響が見られるのは、トランシルヴァニア、バナト、スロヴェニアである。ここでは同じ結婚式や日曜の踊りでも男女のカップルダンスが見られ、他のバルカン地域で、コロ（セルビア・クロアチア語）、ホロ（ブルガリア語）、オロ（マケドニア語）、ホラ（ルーマニア語）といった輪踊りが見られるのと趣を異にしている。それが、現在では舞台公演ぐらいしかその姿を見ることができなくなってきた。伝承の主体も舞台公演を行うための舞踊団や地元でのリバイバルの受け皿となった保存会である。音楽もポピュラーミュージックとしてシンセサイザー、ヴォーカルを使ったものへと変貌を遂げている。リトアルダンス（宗教的な儀礼舞踏）としての制約から外れた舞踊文化は、地域によって大きく変容、発展、衰退を遂げていった。現在、ヨーロッパやバルカンで見られる伝統の音楽や踊りのほとんどは伝統のリバイバル、フォークロリズムである。かろうじてルーマニアの一部において、結婚式での踊りや特別の儀礼舞踊がフォークロアとして存続している。用いられる楽器もその時代の流行により、簡単な木管の笛から、バグパイプ、ヴァイオリンなどとさまざまである。ここでは、最近の研究成果を踏まえルーマニアの結婚式と儀礼舞踊であるカルシュについてその具体的な様子を見てみたい。

　結婚は儀礼である結婚式と披露宴とに分かれている。まず結婚を進行させるための飾り木もしくは旗が若者によって婚礼の前日に作られる。飾り木の完成とともにホラという輪踊りが始まる。結婚式の当日はまず花嫁と花婿の支度が行われるわけであるが、その支度後には輪踊りがある。婚礼の出発前にも村の井戸水で清めた後輪踊りを行い、花嫁の家で飾り木を先頭に輪踊りが行われる。その後、教会での婚礼が行われた後にも、教会前、披露宴会場（花婿の家である場合が多い）で祝いの輪踊りが行われる。披露宴になって初めて、ホラ以外の輪踊りが行われる。披露宴は夕刻に始まり翌日まで行われることが多いが、新郎新婦は夜中に宴会場から抜け出し結婚初夜を迎えた。オルテニアにおいては１９５０年頃までは結婚初夜を迎えた花嫁が処女であった場合、花婿が赤いシーツを振りかざし喜びの輪踊りを踊った。このように結婚の儀礼的な場面で輪踊りは欠かせないものとして存在し、踊りは婚礼儀礼を司る大きな要素となっている。披露宴においても音楽が途切れることはほとんどなく、休みの音楽と踊りの音楽が交互に演奏されている。

ルーマニアの儀礼、男性舞踊カルシュ（稲垣紀夫）

披露宴においてはホラ以外の10種類前後の輪踊りが行われる。演奏される音楽はシンセサイザーをともなったものがほとんどである。

踊りが結婚儀礼の大きな要素であるということは、トランシルヴァニアにおける若者の葬式にもその証拠を見ることができる。結婚は人生における最大のイベントであり、葬式と同様に誰でも行わなければならない重要な儀礼と考えられてきた。このため、結婚前の若者が亡くなった場合に、結婚式と葬式を同時に行うこととなる。飾り木の作成、婚礼衣装、音楽と踊りといった結婚の要素と泣き歌、弔い歌といった葬儀の要素が混成される。踊りが行われるのは、通夜の夜、お墓で埋めるとき、埋葬が済んでからの場面である。葬儀舞踊の習慣のない地域で娯楽とも共通する音楽と踊りが葬儀の最中に行われるということは大きく矛盾しているようだが、婚礼と葬儀を同時に行うために起きる現象

ルーマニアの結婚儀礼の女性の輪踊り（稲垣紀夫）

である。このことは、結婚儀礼に踊りが必要不可欠な要素であったことを示している。

オルテニアの年中行事で最大のものは、冬至に当たるクリスマスや新年ではなく、夏至に当たる聖霊降臨祭ルサリである。このルサリに行われているのが、家々を回って行われる儀礼舞踊であるカルシュである。農村生活においてこの夏の10日間が最大の行事の季節に当たり、女性は死者を弔いトムヤクという魔除けを行い、男性はカルシュに参加する。カルシュとは悪魔払い、厄払い、病気払いを行う行事であり、その踊りそのものを指し示している。男性グループはカルシャリと呼ばれ、旗やにんにくを持ち厄災である悪魔のレレやドラクを払うためにヴァイオリン弾きをともなってカルシュを家の庭で踊る。ときには口にニンニクを含み、踊りをもってして悪魔を払い病気を治すのである。家々を回っているときにはカルシュの悪魔払いを滑稽に表現した仮面劇も行われるが、それは余興であり、カルシャリたちの休息時間でもある。現在カルシュは、非常に技術的に高度な舞踊としても発展し、それを競うコンクールも行われている。社会主義時代を経て子どもがカルシュを習うようになり、ルーマニアの伝統のシンボルとしての側面を持たされてきている。なお、ブルガリアにもカルシュは見られるが、そのほとんどはリバイバルである。

バルカンの人びとはなぜ踊るのか、それは現在でこそ伝統といわれているが、結婚式や儀礼、ここでは紹介しなかったが毎日曜日の午後の踊りと生活リズムの中に踊りが組み込まれており、人びとにとって踊りは日常的なものであったからである。

（稲垣紀夫）

VI

言葉

49

ギリシア語の二つのかたち

★ディモティキとカサレヴサ★

ギリシアでは、19世紀にオスマン帝国から独立して近代的な国民国家を形成してから長い間、二種類のギリシア語が併存する状態が続いた。その二つのギリシア語とは、民衆の口語をもとにしたディモティキ（民衆語）と、古代のアッティカ方言を基盤として、文語と口語を折衷した擬古的なカサレヴサ（純正語）である。社会言語学では、このように同一言語の異なる二つの形態が併存している言語状況を「ダイグロシア」と呼び、異なる二つの言語が一つの国で使用される状況を指す「バイリンガリズム」と区別している。現代ギリシア語はダイグロシアの代表的な例とされている。

近代ギリシアの歴史の中で、ディモティキとカサレヴサは、対等な立場で存在してきたわけではない。今日、ギリシアの公用語はディモティキである。しかしながら、独立直後の1834年の法制化から1976年まで、短期間の例外を除いて、公用語はカサレヴサであり、国会、法廷、軍隊、そしてさまざまな公的手続きで使用されてきた。中・高等教育機関ではカサレヴサのみが唯一の教育言語だった。

19世紀にヨーロッパで高揚したナショナリズム運動は、概して各々の民族の口語を称揚し、それを新たに誕生した国民国家の公用語として採用する傾向にあった。そのことを考えるなら、ギリシアが、ディモティキでなくカサレヴサを公用語としたのは、例外的な現象といえる。その背景には、近代ギリシアの国家形成を支えた政治イデオロギーが、古代ギリシアの輝かしい歴史の記憶と密接に結び付いていたという事実がある。近代ギリシアは、古代ギリシアの「再生」であり、かつ近代ギリシア人は古代ギリシア人の末裔と見なされた。したがって、長い歴史の中で、トルコ語、イタリア語、アルバニア語、そしてスラヴ諸語の影響を受けて「腐敗した」口語であるディモティキではなく、より古典ギリシア語に近いカサレヴサこそが、近代ギリシア人が公用語として使用するにふさわしい言語と見なされたのだった。フランス在住のギリシア人古典学者アダマンディオス・コライス（１７４８～１８３３年）が、「我々は、今日のギリシア人のために書くのであって、我々の亡き先祖のために書くのではない」と述べ、当初はディモティキを讃えて、ディモティキの辞書を編纂する準備を進めていたにもかかわらず、最終的にカサレヴサの提唱者となったのも、古代ギリシアの再生というロマン主義的な幻想に基づく、近代ギリシア国家への夢を抱いていたからにほかならない。

　このように、ギリシア語は、単なるコミュニケーションの道具ではなく、近代ギリシアの政治イデオロギーと、近代ギリシア人のアイデンティティを体現するものと見なされた。したがって、ディモティキとカサレヴサの優劣をめぐる、いわゆる「言語論争」は、学問の世界にとどまることなく、政治の場に持ち込まれることとなった。例えば、１９０１年に福音書の、１９０３年にアイスキュロスの『オレスティア』のディモティキ訳が出版されると、それが引き金となって、アテネではディモ

1903年**11**月に上演されたアイスキュロスの「オレスティア」（ディモティキ版）のプログラム（出典：*Ιστόρια της Ελλάδας τον 20ον αιώνα, Οι Απαρχές 1900-1922*, Αθήνα, 1999, σ. 247.）

ティキの使用に反対するデモが勃発し、死傷者が出る惨事となった。第二次大戦期には、古典ギリシア語教授カクリディスがディモティキで書いた本を出版した科で裁判にかけられ、職を追われた。内戦期や、１９６７～74年の軍事政権期には、ディモティキは共産主義者の言語であると規定され、使用者はそのシンパと見なされて、国家の安全を脅かす危険人物として抑圧された。１８８０年以降、ディモティキによる文学作品が次々と発表されるようになっていたにもかかわらず、政治イデオロギーと堅く結び付いたカサレヴサの公用語としての優位は揺るぐことがなかった。

興味深いことに、近代のギリシアで、これほどの地位を獲得していたカサレヴサには、統一された文法が存在しない。カサレヴサは、意識的に古典ギリシア語の文体や語彙に近づけた、あくまで人工的な言語である。どの程度古典ギリシア語に近づけるか、あるいはディモティキに近づけるかは、カサレヴサを使用する個々人の裁量に任されていた。したがって、単にカサレヴサといっても、それの指し示す範囲は広く、多様な形態を有している。ディモティキとカサレヴサの明確な線引きができない場合すらある。

ここで、ディモティキとカサレヴサの違いの例を、単語のレベルで見てみよう。例えば、「家」はディモティキでは spiti（スピティ）だが、カサレヴサでは ikos（イコス）である。これは、古典語の oikos（オイコス）から造られた形で、英語の economy は、この oikos から派生した単語である。また「ジャガイモ」は、ディモティキでは patata（パタタ）で、英語の potato（ポテト）に通ずる単語であるが、カサレヴサでは yeomilon（イェロミロン）となる。文字通りには「大地のりんご」の意味を持つこの単語は、フランス語で「ジャガイモ」を意味する pomme de terre（「大地のりんご」）を参考にした造語である。

今日、公用語の地位を獲得したディモティキは、トリアンダフィリディスによって１９４１年に出版された『近代ギリシア語文法』を基礎に、それを修正した形が用いられている。しかしながら、カサレヴサの例に見たように、これが唯一のディモティキであるとはいえない。ディモティキにも、カサレヴサに近似するものもあれば、あくまで口語に忠実な形を主張する者もいる。そして、もちろん、カサレヴサそのものの重要性が完全に失われたわけではない。ギリシア語の深い味わいは、古典ギリシア語、そしてカサレヴサの知識がなければ、とうてい理解することができないからである。近年、若年層の語彙力低下を嘆き、カサレヴサ回帰の論調が勢いを増しているのも、決して故なきことではない。

（村田奈々子）

言葉

50

アルバニア語、ルーマニア語と文字改革

★500年にわたる「文字の旅路」★

以前、筆者がアルバニアの友人宅にいたとき、テレビで1978年の国産映画『文字の旅路』を見る機会があった。主人公は、外国の支配下にあったアルバニアの民衆に文字教育を施すため各地を旅するザスカル・トドリ。ザスカルは、彼の活動を快く思わない勢力の差し向けた刺客により命を落とすが、従者トゥンジが主人の遺志を継ぎ、旅を続けるというもの。国内の映画祭で複数の賞を受賞した名作として今日でも評価が高い。

作家シュテリチの掌編『パンとナイフ』に着想を得たこの映画の主人公は（脚色はあるものの）本名をセオゾル・ハジフィリピという、18世紀の実在の人物である。ギリシア文字やグラゴル文字をもとに考案したとされる彼の文字は、ラテン文字（ローマ字）による現在のアルバニア語表記とは異なる（図1A）。

ストラボンやプトレマイオスらの記述によれば2世紀には固有の言語文化を持っていたとされるアルバニア人だが、現存最古の文献は1555年のブズクによるミサ祈禱書であり、それより前はごく断片的なものしか残っていない（ブズクより前のアルバニア語断片で最も古いものは、1462年、ドゥラス大主教パル・ア

図1A（右）ハジフィリピの文字。（出典：Osmani, Tomor, Udha e shkronjave shqipe, Shkodër, 1999.）

Alfabeti i sotëm	Alfabeti i T. Haxhifilipit shek. XVIII	Alfabeti i sotëm	Alfabeti i T. Haxhifilipit shek. XVIII
A	[illegible]	S	[illegible]
B	[illegible]	SH	[illegible]
C	[illegible]	T	[illegible]
Ç	[illegible]	TH	[illegible]
D	Λ	U	[illegible]
DH	[illegible]	V	[illegible]
E	i	X	[illegible]
Ë	[illegible]	XH	[illegible]
F	[illegible]	Y	[illegible]
G	[illegible]	Z	[illegible]
GJ	[illegible]	ZH	[illegible]
H	[illegible] X	AS	[illegible]
I	|	KS	[illegible]
J	[illegible]	MB	[illegible]
K	c	NO	[illegible]
L	[illegible]	NG	[illegible]
LL	[illegible]	NGJ	[illegible]
M	[illegible]	NX	[illegible]
N	v	NXH	[illegible]
NJ	[illegible]	PS	[illegible]
O	o	ST	[illegible]
P	[illegible]	SHT	[illegible]
Q	[illegible]	TE	[illegible]
R	[illegible]	Omega	[illegible]
RR	[illegible]		

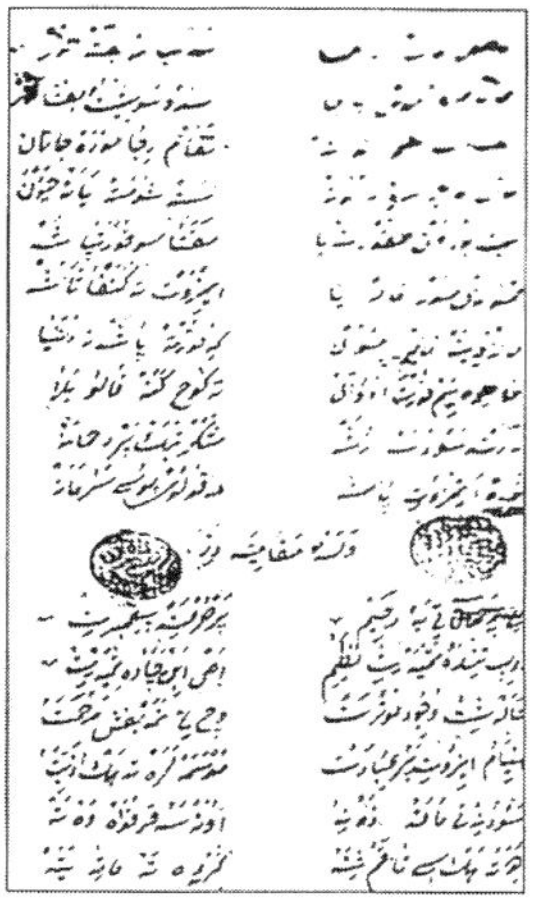

図1B（上）　アラビア文字で書かれたフラクラのアルバニア語詩。（出典：同上）

ンジェリ〔パウルス・アンゲルス〕のラテン語文書中、洗礼の作法についてアルバニア人向けに説明した2行足らずの箇所である）。祈禱書はラテン文字で書かれているが、長らくローマ、ビザンツ、オスマン帝国などによる支配を受けたアルバニア語圏の使用文字はラテン文字、ギリシア文字、アラビア文字と各地で異なっていた。ハジフィリピのように個人や組織によって独自に考案されたものも含めれば、数十種類に及ぶ。

17世紀まではブディやカザズィなどのラテン文字改良型が多いが、18世紀以降は筆者不詳のエルバサン文書、ハジフィリピ、メクスィなどのギリシア文字改良型に加え、チャミやフラクラなどのアラビア文字表記

Monastir, 1-20 Vjeshte e trete 1908.

Vendimi i Komisionit mbi çeshtjen e Abecese.

Pas qe u-kenduan verbalet e diteve t'jera e pas qe e pame se puna qe kishim bere ishte mjaft e madhe, po jo aqe sa te na kenaqte te gjithe e t'i sherbente si perparimit te gjuhes si te perhapurit te diturise nder ne, te shtyre edhe nga disa shkake te perjashtme, u-kthyem prapa e me pelqim te te gjithe u-vendos qe te merret Abeja e Stambollit e me te bashke edhe nje Abece gjest latine qe te mesohen e te perdoren baraz nder mest te Shqypetarevet. Mesimi nde shkolla do te jete i shtrenguar e i detyreshem, per te dyja. Abetet jane keto:

1) a, b, c, ç, d, δ, Ɛ e, Ɛ ɛ, f, g, ɠ, h, i, j, k, l, ɫ, m, n, ŋ, o, P p, q, r, ꝛ, s, ʃ, t, ŧ, u, v, x, y, z, ʐ, ʑ.

2) a, b, c, ç, d, dh, E e, Ë ë, f, g, gj, h, i, j, k, l, ll, m, n, nj, o, P p, q, r, rr, s, sh, t, th, u, v, x, y, z, zh, xh.

U-deftua edhe deshiri i Komisionit e pelqeu shumi, qe pas dy vjetes te mbahet nje kongres t'jater, ku e kure t'a vendosnje Kongresi i sotshem per ortografi e letrsiture te gjuhes shqype.

[illegible signatures]

Vendimin e Komisionit e pelqyen te gjithe zz. delegatet, te cilet po e nenshkruajne dyke sine besim se kane per t'a mbajtur.

[illegible signatures]

Tefik A. Zavalani

図２　マナスティル会議（**1908**年）の決議文と参加者の署名（出典：Osmani, Tomor, Udha e shkronjave shqipe, Shkodër, 1999.）

も見られる（図１B）。19世紀初頭の民族復興運動（リリンディア）ではヴェチルハルジやクリストフォリジらの表記法、それらの集大成とも言えるイスタンブル文字（１８７９年）、フィシュタやグラクチらが20余年の改良を加えながら発表したバシュキミ（同盟）文字など、現在に近い表記体系が優勢となった。１９０８年、マナスティル（現マケドニア共和国ビトラ）の会議で、ラテン文字によるアルファベットが決定された（図２）。これが、今日使われているアルバニア語のアルファベットである（18世紀後半は、ボリチなどのアラビア文字表記法も併存していた。またアドリア海を隔てたイタリアのアルバニア人（アルバレシュ）社会では、デ・ラダらにより１８９５年以降三度開催された会議で単一の表記法を決めたが、実際にはあまり普及しなかった）。

第二次世界大戦後は、社会主義政権で主導権を得た南部出身者（ホジャ労働党第一書記も南部ジロカスタルの出身）の方言を中心に標準語形成が進んだ。１９７２年にはアルバニア科学アカデミーの正書法が制定され、コソヴォでも１９６８年に公式採用された。コソヴォ（２００８年に独立を宣言）とアルバニアの学術交流が盛んになった現在も、「72年正書法」に大きな変更の動きは見られない。

歴史の長い言語でありながら、文字表記をめぐって近代に大きな変化を経験した点では、ルーマニア語にも同じ流れを見ることができる。ルーマニア語（ダコ・ルーマニア語）の文書は、１５２１年にクンプルング（現アルジェシュ県の一都市）の一富豪がブラショヴの行政官にトルコ軍のドナウ河畔侵攻を伝えた「クンプルングのネアクシュの書簡」（図３）が現存最古のものであるが、当時のルーマニア系国家、ワラキア・モルドヴァ両公国では古代教会スラヴ語が聖職者階級の使用言語であり行政用語でもあった。このためルーマニア語の表記にもキリル文字が使用され、その状況は19世紀中期まで続いた。

18世紀後期、フランス革命などの影響下でシンカイら「トランシルヴァニア学派」と称される知識人たちが、ラテン語などロマンス系諸語の枠組みでルーマニア語を体系化しようとする「再ロマンス化」運動を展開した。

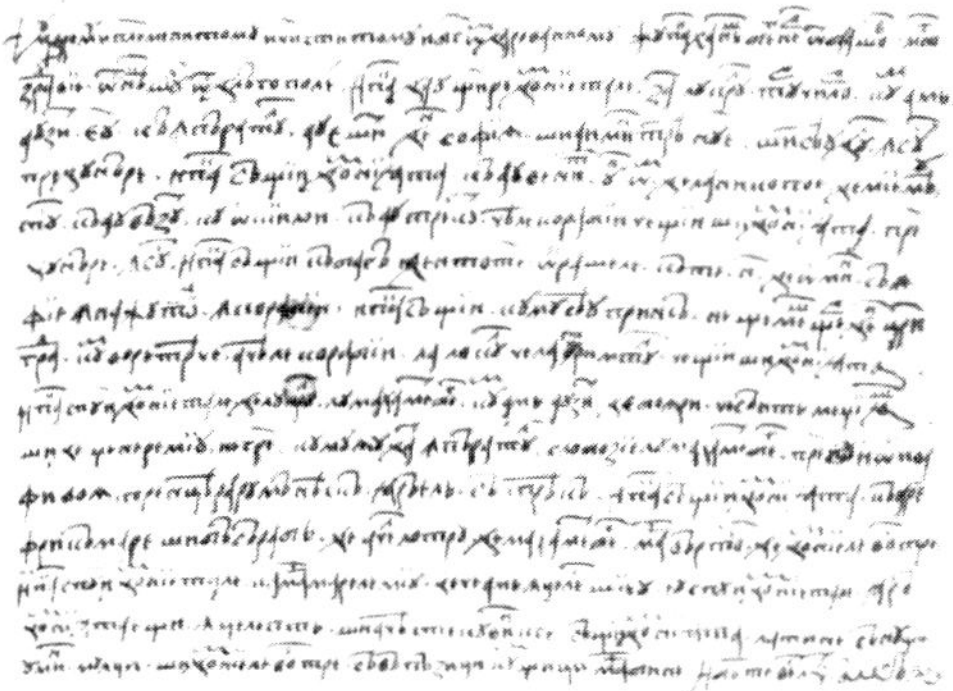

図３　クンプルングのネアクシュの書簡
（出典：Apud Hurmuzachi-Iorga, Documente, Institutul de Memorie Culturală Bucures,ti, XI, 843.）

1859年のルーマニア統一と、翌1860年にかけての文字改革でラテン文字によるルーマニア語の表記法が公式に採用された（これに先立ち、1858年頃から学校教育にラテン文字が導入された。一方、ルーマニア正教会は1890年代までキリル文字によるルーマニア語の表記を維持した）。ただしこの前後の1世紀近い期間に正書法はルーマニア文学協会、及びその後進であるアカデミーによる数十回の改訂作業を経ており、1881年、1904年には当初の語源重視型から表音・音韻重視型へと大幅に改められている。

1954年にルーマニア科学アカデミーによる正書法が制定され（ここでさらに音と綴りの一致が図られた）、共産党体制崩壊後の1993年にも再び正書法改革が実施され、現在に至る。ちなみに、ソ連邦の構成共和国となったモルドヴァでは、1940年以降キリル文字による「モルドヴァ語（モルダヴィア語）」としての表記が導入され、ロシア語の流入も増大したが、1989年の憲法改定（主権宣言は翌年の1990年、共和国独立宣言は1991年）を経て半世紀ぶりにラテン文字表記が復活。公文書はもちろん、道路名の表示などもラテン文字に切り替えられ、2013年には公用語を「ルーマニア語」とする憲法裁決定が出されるなど、名実共に「ルーマニア語」への回帰が進む傾向にある。

アルバニア語とルーマニア語の文字改革の歴史には、19世紀の西欧ロマン派の影響を受けてバルカン地域全体で広まった民族再生運動を機に大きく発展したこと、社会主義政権下で中央集権的に標準語と正書法（ともにラテン文字による）が制定されたこと、1990年代の政治的変化以後その一部再検討が進んでいることなど、いくつかの類似点を見ることができる。

（井浦伊知郎）

51

セルビア・クロアチア語の生成と解体

★「ユーゴスラヴィア」の運命とともに★

「むかしむかしあるところに『ユーゴスラヴィア』という名の国がありました」……これは、クストリッツァの映画『アンダーグラウンド』に登場する台詞だが、この「ユーゴスラヴィア」をそっくり「セルビア・クロアチア語」に置き換えても、やはり一つの物語ができるであろう。この「言語」こそ「ユーゴスラヴィア連邦」にとってなくてはならぬものであったから。いや、これなくして、ユーゴスラヴィアの成立はなかったかもしれない。そしてだからこそ、その崩壊によって、消え去るほかなかったのかもしれないのである。

セルビア・クロアチア語 srpskohrvatski という名称は、「セルビアの（srpski）」、「クロアチアの（hrvatski）」という二つの形容詞をつなげたものである。日本では「セルボ・クロアチア語」ともいわれるが、これは、英語の Serbo-Croat（-Croatian）等、ヨーロッパ諸語における二語連結形をそのまま音でうつしたもので、これではどこの言葉かわかりにくいということから、後に「セルビア・クロアチア語」が選ばれるようになった。

このように二つの形容詞が並べられたのは、「ユーゴスラヴィアを構成する二大民族、セルビア人とクロアチア人の話す言語

V. Brodnjak, *Razlikovni rječnik: srpsog i hrvatskog jezika*〔セルビア語・クロアチア語差異辞典〕, Zagrev, 1993.

なり」とのメッセージが込められていたからである。といってもこの二民族だけが話していたわけではない。そして、統一的標準文法が日の目を見ることもついになかった。何しろ、いろいろな矛盾をたくさん抱えた「言語」だったのである。

「セルビア・クロアチア語」という名称は、19世紀半ば、南スラヴ諸民族における民族主義的覚醒の時代に端を発する。オーストリア・ハンガリー帝国領のクロアチア、トルコ領のセルビアなど他国の支配下にあったこの地域で、一部知識人の間に、大国の支配を脱するには諸族が兄弟として力を合わせ、一つの国家として統一することが必須、との気運が盛り上がった。そのためには「言語も一つであるべし」というのが、伝来の民族独立思想の帰結である。

言語学を修め、口承文芸等を収集して各地の言葉の研究を進めていたセルビア人言語改革者ヴーク・カラジッチは、このような理想の実現を目指し、統一的標準語の確立を提唱した。彼の考えはクロアチアの進歩的知識人からも支持され、両者の思いは１８５０年の「ウィーン文語協定」として結実する。そこでは「セルビア人とクロアチア人は同じ言語を話す、一つの民族である」と謳われている。約１００年後、この理想はユーゴスラヴィア連邦の「現実」となった。セルビア人とクロアチア人の確執は、結局この作られた「現実」を実質にすることなく終わったが、だからといって「セルビア・クロアチア語」が実態のない人工的創造物であったというのは正しくない。

　スラヴ諸語は印欧語族の中でも親縁性の高いグループであるが、特にスロヴェニアからブルガリアまでの南スラヴ諸族は、互いに意思疎通の可能な非常に近い言葉を話し、かつ地理的にも連続しているので、言語的には一つの方言連続体と見なすことも可能である。ユーゴスラヴィアの主要民族の中で北のスロヴェニア人と南のマケドニア人の言葉は比較的独立性が高いが、これ以外の地域、即ち、クロアチア、セルビア、ボスニア・ヘルツェゴヴィナ、モンテネグロなどの間では言語差は極めて小さく、しかも方言的な特徴による地域区分と、共和国領域や特定民族の居住地などが一致するわけではない。したがってこれらを、話者総計およそ１５００万の一つの言語領域と見なすこと自体に無理があるわけではない。問題は言語そのものとは別のところにあったのである。

　言語そのものとして、セルビア語とクロアチア語はどのくらい違うのだろうか。問題が言語以外にあるとすればこの問いにはほとんど意味はないが、大雑把にいって、我が国の琉球方言と本土方言の違いよりはるかに小さく、関東と関西程度と想像していただくのが近いかと思う。

Vuk Stefanović Karadžić

Karadžićeva POSLANICA ANTI KUZMANIĆU (»Pravopis nije najmanja stvar«)

ヴーク・カラジッチ、ウィーン文語協定本文とともに紹介されている（クロアチア文章語の歴史解説の1ページ）（Z. Vince, *Putovima hrvatskog književnog jezika*〔クロアチア文章語の道程〕, Zagrev, 1978.）

さて、連邦の柱となった後もこの「言語」は安定せず、特にクロアチア側の「独自志向」は何度か大きなうねりを見せた。クロアチアが、共同刊行中の「セルビア・クロアチア語」大辞典プロジェクトから離脱したり、「セルビア・クロアチア語」という名称を排し、「クロアチア、あるいはセルビア語」という名称を公然と使用するようになるなど、独立志向に連動して次第に言語の独自性を志向する動きも強まっていく。ラテン文字とキリル文字というような使用文字の違いは、両者が一対一で対応するような正書法が工夫されていたこともあり、それ自体が本質的問題とはいえないが、その背景にある「カトリック」対「正教」という宗教文化圏の違いは、区別意識の高まりに際しては見過ごせない要素であった。

1991年、ユーゴスラヴィア連邦の崩壊によってクロアチアは「クロアチア語」を手に入れ、彼らの「一国一言語」は実現した。しかし文法的に近いセルビア語からの独立性を確立するには、ある程度の「作為」が必要で、それが文化の違いを強調する語彙区別化政策となった。この政策の結果は主として外来語に表れている。即ち、自国語への「意訳」主義を貫くクロアチアと、原音をそのまま導入する傾向の強いセルビアという､旧来からの外来語取り入れ方式の違いが、ここに一層明確になったのである。こうして「セルビア・クロアチア語」は「クロアチア語」と「セルビア語」に分解したわけであるが、そうなるとこれまで大きな枠組みに漠然とくくられていたその他の民族の言葉も、影響を受けずには済まない。クロアチア語の独立は、ボスニア・ヘルツェゴヴィナや、独立色を進めるモンテネグロなどにも波及し、「国」の独立が「言語」の独立を推進する方向に作用しているのが現状といえる。

（中島由美）

52

バルカニズムの謎

★文法共通性はどこからきたか★

バルカンには不思議なことがいろいろあるが、言葉についてもさまざまな興味深い様相を我々に見せてくれる。その一つとして言語学で特別の研究対象となっているのが「バルカニズム」といわれる現象で、これに関係する諸言語を「バルカン言語群」とか、「バルカン言語同盟」といっている。

言語同士が互いによく似た特徴を持っているとき、最も普通に考えられるのはそれらが同じ「系統」に属するのではないか、ということである。平たくいえば言語の親戚関係である。このような関係については、比較言語学という分野によって、言語の血筋を見極める基準のようなものが確立している。もっともこの基準はもともとインド＝ヨーロッパ系の言語同士の関係を明らかにするために追求されたものであり、世界中のすべての言語に有効であると断言はできないが、これによってある程度いろいろな言語の関係を見極めることはできる。それによれば、「系統」の証明には「音韻対応」と「文法特徴の類似」が必要である。

「音韻対応」というのは音の類似である。類似といっても、英語の television と日本語の「テレビ」の音が似ているのは、日本語が英語から単語を借りてきたからであって、これを証拠に両言語が親戚であるとは誰も考えないだろう。しかし表面的に同音でなくても、二つの言語の間で類似の意味を持つ単語を調べて、一方でaという音が出現するところに、他方で必ずbという音が対応している、ということになれば、これは何か特別の関係があると考えないわけにはいかなくなる。

バルカンに居住する主要民族の言語は、この系統関係からいえば、インド＝ヨーロッパ語族に属するものである（表1）。しかし、彼らはさまざまな歴史的経緯を経て、それぞれ別個の言語グループとして発達を遂げた後にここに集合することになったので、その関係は大変遠い親戚関係というようなものになる。したがって、前記のような音韻対応が一目瞭然明らかというわけにはいかない。

ところが、これらの言語には不思議な文法的特徴の類似が見られる。なぜ不思議かといえば、そのほとんどが比較言語学でいうところの文法的類似とは性質が異なり、本来このメンバーのどの言語も持っていなかった特徴だからである。例えば、インド＝ヨーロッパ語には冠詞を持つ言語があるが、承知のようにいずれも単語の前に置かれる。ところがここでは単語のおしまいに語尾のようにくっつく後置冠詞といわれるものが出現するのである。英語などの冠詞が「その」など指示語から発達したのと同様に、ここでもこれらの冠詞部分は指示語的要素が元になって形成されている。しかし文法上の機能は同じでも、各言語が冠詞部分に使っている語形は相互に全く対応関係のないものなので、どれか一つの言語から借用したとは考えられない。ほかにも「動詞不定形の消滅」や「格語尾の融合・退化」など、興味深い特徴が多い（表2）。

この現象に最初に本格的に注目したのはデンマークの言語学者サントフェルトで、『バルカン言語学』（Kr. Sandfeld, *Linguistique balkanique: problèmes et résultants*, Paris, 1930）を著し、言語学徒を大いに刺激した。今日では「バルカン言語群」のメンバーとして、マケドニア、ブルガリア、ルーマニア、アルーマニア（ヴラフ）、アルバニア、現代ギリシアの各言語があげられており、多様な研究成果が蓄積されている。とはいえ、すべてのメンバーが同等もしくは同質に同じ特徴を共有しているというわけではない。その一方で、セルビア語のような近隣の言語にも部分的にバルカニズム的な特徴が観察される。

なぜこのような現象が発達したのかについて、バルカン先住民族の言語の影響を重視する考えも存在したが、今日ではいわゆる言語接触、それも比較的短期間に急激な接触が起こったため、と考えるのがより一般的になっている。例えば、本来格変化を持っていたスラヴ諸語のマケドニア語やブルガリア語がほとんどの格語尾を失ったこともバルカニズムに関連付けられるが、同様の文法簡略化は、やはり言語接触を経て大きな変化の過程をたどってきた英語や、ピジン・イングリッシュなどにも観察されるので、特定の言語の影響を想定するよりも、言語接触に原因を求める答えの方に、現段階では説得力がある。とはいえ、バルカン言語群といわれる諸言語が、互いにどのような形で、いつ、どの程度の接触状態にあったのかということを歴史的に確定するのは容易ではない。変化を遂げて近代に至るまでの過程を検証しようにも、バルカン諸言語は文語による記録に恵まれない言語が多いこともあって、多くの謎に包まれているが、それだけに魅力ある分野といえよう。

（中島由美）

		イタリック語派	
アルバニア語	現代ギリシア語	ルーマニア語	イタリア語
ni̯eri	anthropos	om	uomo
bi̯eshkë	vuno	munte	monte
kokë	kefali	kap	kapo
mirë	kalos	bun	buono
i vi̯etëi	pali̯os	vechi	vekkiios
fle	kimame	a dormi	dormire
ch	ti	she	ke
ku	pu	unde	dove
tre	tris	trei	tre
shtatë	efta	shapte	sette
バルカン言語群			

マケドニア語	関係するバルカニズム的特徴
toj chovek / chovekot	後置定冠詞の発達
go saka chovekot	代名詞二重使用の発達
mu kazke na chovekot	語尾変化（格変化）による文法関係表示から、前置詞を主体にした関係表示への変化
zhena mu na chovekot	
so toj chovek / so chovekot	
od nego	前置詞と共に用いる人称代名詞形の、旧対格形への統一
so nego	
saka	動詞不定形の消滅

表1

	スラブ語派			
	東スラブ	南スラブ		
	ロシア語	セルビア語	マケドニア語	ブルガリア語
人	chlovek	chovek	chovek	chovek
山	gora	planina	planina	planina
頭	golova	glava	glava	glava
良い	dobryi̯	dobar	dobar	dobări
古い	staryi̯	star	star	star
眠る	spat'	spavati	spie	spi̯a
何	shto	shto	shto	kakvo
どこ（で）？	gde	gde	kade	kăde
3	tri	tri	tri	tri
7	sem'	sedam	sedum	sedem

表2	
	セルビア語
その人	taj chovek
その人を愛する	voli tog chovek
その人に言う	kazhe tom chovek
その人の妻	zhena tog chovek
その人と一緒に	sa tim chovekom
彼から	od njega
彼と一緒に	sa njim
愛する	voleti

◆表1は基礎語彙を比較したもの。太い点線内はスラヴ諸語で、ロシア語も含め親縁関係が強い。実線内がバルカン言語群を構成する主要言語。いずれも印欧語族に属し、ギリシア語、アルバニア語はそれぞれ独立の語派、ルーマニア語はイタリア語やフランス語などと同じイタリック語派（細い点線）に属する。
◆ここでは音形を較べるため、各言語の正書法でなく、日本的ローマ字表記をベースにし、一部各言語固有の表記を用いた。ロシア語 [t'][m'] は「チ」「ミ」、ブルガリア語の [ă] は広めの「ウ」と「ア」の中間のような母音、アルバニア語の [ë] もこれに似た母音。アクセント等の表記は省略。なお、アルバニア語については、本国ではなく、マケドニアで発行された辞書の形を採用した。

Ⅶ

食文化

53

東西文明の十字路で

★麦と米の物語★

バルカンを旅していてうれしいことはたくさんあるが、特にたいていの日本人にとってありがたいのは、おいしいお米が食べられることではないだろうか。米の生産地として名高いマケドニア東部のコチャニという所ではジャポニカ種の水稲栽培も行われ、真珠のように白い粒ぞろいのお米がブランド米よろしく市場に並ぶ。現地の物価からすると贅沢品といえるほどの値段だが、これでふっくらもっちりのご飯が炊けるのである。

ではバルカンの人びとはどんな風にしてお米を食べるのだろうか。このコチャニでごちそうになったお米料理で、特に印象に残っているものがある。それは、素焼きの土鍋に似た容器に水とお米を入れてオーブンで固めの粥ほどに炊き上げ、塩とにんにくのみじん切りを加えてバターをかけただけの、実にシンプルなものであったが、素朴で力強いバルカンの地力に触れたような忘れられない味だった。また、南部の農家でいただいたのは、太陽の香りをたっぷり含んだ真っ赤な干しピーマンと一緒にじっくり炊き上げたもの。「今日はお肉がなくてごめんなさい」、というのが奥さんの台詞だったが、ほかに何もいらないくらいうれしいごちそうだった。

第53章

東西文明の十字路で

休日の昼食。じっくりオーブンで炊きあげた野菜たっぷりのヘルシー米料理
（スコピエ近郊にて、1999年　中島由美）

ご飯文明国出身者の勝手な言い分ではあるが、ヨーロッパ北西部で肉料理の添え物として出されるお米は、野菜と同じようにお湯でゆでてザルに上げた「ゆでお米」とでもいうようなものが主流で、主食にするにはいささか物足りない。逆に、中近東や中央アジアのボリュームたっぷりピラフは、贅沢なごちそう感にあふれているが、毎日食べるには重そうだ。東西文明の十字路といわれる土地柄のせいかどうか定かではないが、バルカンのお米料理に東西の長所を取り入れた「ほど良」さがあって、我々を大いに落ち着かせる効果があるのは確かである。

旧ユーゴスラヴィア圏で広く愛されているお米料理の代表格といえば、まず、米と玉ねぎ、挽肉をさっと炒めてから大きくて柔らかいピーマンに詰め、鍋に並べてコトコト煮る「ピーマン詰め」であろう。元はトルコ経由でもたらされたに違いないオリエンタルな味であるが、飽きのこないおふくろの味として、欠かせない家庭料理となっている。また、鳥を柔らかく水煮して米を加え、オーブンで仕上げるチキン・ピラフ、これも家庭的なもてなし料理だが、しっかりとダシのきいたさっぱり味に、間違いなくやみつきになる。特にこの二品はここに住んだことのある日本人の皆さんが帰国してからも作り続けて各家庭の自慢料理にしておられるようで、料理の力は実に偉大である。

とはいえ、我々と違い、彼らにとってお米は「料理」であって、主食はあくまでもパンなので、当然ながらお米料理があっても、パンは必ず食卓に用意されている。

最近は都市部のごく普通のスーパーでも、いろいろな種類のパンを見かけるようになったが、ひと昔前は大型コッペパンのような形をした大量生産の1キロパンが主流であった。それでも町のあちこちのキオスクにまで朝早くから焼きたてが配送されてくるので、我々と同じようにパンは気軽に買える食品と化していた。しかし農村部では今でも三日ごと、などと日を決めて家庭で焼いているところがあり、主婦の大事な仕事とされている。パンづくりの上手な働き者の若奥さんは、ご近所の評判も高く、お姑さんも鼻高々。自家製パンはもっちりと重量感があり、肉と野菜の煮込み料理の皿に浸して食べると、しっかりと腹ごしらえができ、ご飯とはまた違った充足感に満ちている。

さて、このように主食の元となる小麦が伝統的儀式に必須の食物であることは、我々にとってのお米と同じである。家の守護聖人の祭り、スラーヴァに供される「小麦」はその代表といえよう。これは小麦の粒を弱火でゆっくりと煮て軟らかくしてから、砂糖、くるみなどと一緒にこね合わせ、大皿にきれいに盛り付けたもので、スラーヴァの際に司祭が自宅にきて執り行う儀式には必ず用意しなければならないとされているし、また、日本でいえば法事に当たる故人をしのぶ儀式の際にも供される。

昔ながらのパンづくり。　（マケドニア北部の山村にて、1986年　中島由美）

これを、例えばセルビアでは「ジト」、マケドニアでは「プチェニッツァ」などと、「穀物」の総称や「小麦」そのものの名前で呼んでいる。小麦の粒を、豆を煮るときのようにあらかじめ水に浸しておき、弱火で軟らかく煮てからていねいに皮を取り除いたり、あるいは挽肉機で細かく挽いたりし、それからたんねんにこねるという調理法を見ていると、お餅を連想してしまう。ふんわり軟らかなスポンジ台のケーキも良いが、こうした「主食」食べ物をゆっくり味わっていると、農民でなくとも収穫への感謝の気持が自然と湧いてくるから不思議である。そういえば、農家ではよく、無漂白の粗引き小麦をイーストを入れずに塩と水だけで練って平たく焼いたものをごちそうになる。「昔はこれが子どものおやつだった」などという古老の話を聞きながら、ストーブの上で焦がしつついただく。噛むほどに小麦そのものの味と香りが広がって、何ともいえない「なつかしい」食べ物であった。

（中島由美）

54

おやじの味、おふくろの味

★肉料理★

「我々の好物は仔豚だが、それも野外で丸焼きにしたのが何といっても一番である」……セルビアのレシピ集にはこんなことが書いてある。これは各家の守護聖人の祝日「スラーヴァ」のごちそうの話ではあるが、それにしてもうらやましい。その「作り方」を紹介しよう。「きれいにした仔豚に塩をよくすりこんでおく。豚の大きさに合わせてバーベキュー用の串か、なければ棒を用意し、糸で足を縛ってくくりつける。戸外に火を起こし、二股を土に差して固定し、串をセットする。ゆっくり回しながらていねいに焼く。ビールを浸したふきんで、ときどき表面を濡らす。きれいなきつね色になるよう均等に焼く。忍耐強く、2～3時間はかけること。焼けたらそのままでも、切り分けて出してもよい。たっぷりのサラダとワインも忘れないように」

山がちなバルカンでは、移動型牧畜業がより古層の基本産業といえよう。古えよりノマドとして知られるヴラフなどは、バルカンが民族国家の枠組みに再編され国境などというものができるまで、マケドニア山岳地帯とアドリア海沿岸の間を季節移動していたというし、定着生活を営むことになったその他の民族も、牧畜を重要な生業としてきた。この地方の主要な原家族形態といわれる大家族共同体ザドルガの生活なども、家畜の存在抜きには語れない。スラーヴァのお祝いも、このザドルガと密接に結び付いている。年に一度、一族郎党が集って大事な家畜を屠り、丸焼きにし、これを分け合って食することは、一体感確認の象徴ともいえる儀式だったのであろう。

というわけで、今日でも「祝い事にはまず焼肉」である。父権色の強いこの大家族文明においては、その支度は男の仕事であるらしい。野外パーティーでも焼肉奉行を男性陣があい勤め、手ずから切り分けて客や家族に配る。子どもの大学卒業、兵役壮行会、婚礼などの大きなお祝いには、たいてい仔牛、仔豚、仔羊等の丸焼きが注文され、訪問客に振舞われる。通りすがりの旅の者とて遠慮はいらない、お祝いにあやかろう。外皮パリパリ中味まったり……、まさしく肉食文化圏ならではの醍醐味である。

中世ヨーロッパの森林地帯では「獣肉と木の実」食が原型で、ゲルマン民族は王侯といえど宴席で丸焼き肉にむしゃぶりつき、大食するのが勇者の証であったというが、7世紀頃までの間に北方から移動して定住するようになったスラヴ人も、肉食文化をこの地に持ち込んだものであろうか。地中海やオリエントの多彩な料理文化を取り入れるのは、後世のことである。

とはいえ古老の話によれば、昔はそんなに肉が食べられたわけではないという。大事な生活の柱なればこそ、ハレのごちそうであったのに違いない。年表をひもとくと1908年に「豚戦争」というのが見えるが、これはセルビアから流入する豚肉に対し、オーストリアが高い関税を課したことがきっかけだというから、既に重要な換金生産物であったことがわかる。バルカン全体で畜産を見ると、北よりでは豚、南よりでは羊が優勢になり、伝統焼肉料理もそれに対応しているようだ。

オフリドの焼肉屋さん。ひき肉団子、豚の骨付きロースなどを焼いてくれる
（2003年　中島由美）

挽肉団子も焼肉屋さんの定番だが、こちらはトルコ経由、オリエントの味である。中東では大きな挽肉の固まりを炙るケバブが町の風物詩だが、ここでは小型のウインナソーセージのようにまるめて炭火で焼いたものをチェバプチッチ、キェバップなどという。煙もうもうの店先で熱々をいただいても良いし、「お持ち帰り」も便利。安くてボリュームがあり、旅行者にも実にありがたい。ありがたいといえばバルカン旅行中によくお世話になるのが、街角のショーウインドーにこんがり焼けた姿を曝すグリルチキン。半羽分を紙にくるんでもらってホテルに帰ると、ひとり旅の寂しさも忘れる。

焼肉をおやじの味とすれば、おふくろの味は煮込み料理である。日本の家庭では作りたてを尊重する傾向が強いが、こちらでは皆が集って食べる午後2時から3時頃のメイン・メニューは、肉と野菜をじっくり煮込んだ「作りおき」ものが多い。まず玉ねぎを炒め、豚、牛、鳥などの肉片と、じゃがいもや赤ピーマン、ナスなどをたっぷり入れる。ここで活躍するのが「ヴェゲタ」という、我が「味の素」にヒントを得て考案されたという噂の調味料。粉末パプリカをたっぷり入れても美味。これをさらに鍋ごとオーブンで加熱するものもある。ほんのりこげ味のする鍋物は、昔はよく農繁期の昼食として携行されたそうだ。水分が少ないので「持ち」がよく、充分煮込んであるので消化にも良い。家族総出の刈入れの夏、涼しい木陰でパンを分け合い、鍋を囲む、そして食事の後は午睡……、そんなひとコマが目に浮かぶような味である。

煮込み料理も挽肉を使ったものはオリエンタルな香りがする。ピーマンの中をくりぬいてご飯と挽肉を詰めたもの、ナスやじゃがいもと挽肉のムサカ、挽肉と野菜入りの大型パイなど、トルコから見ると「バルカン料理」などというものはなくて皆トルコ料理だそうだが、どれもバルカン家庭料理になくてはならない定番といえよう。

（中島由美）

55

お国自慢の赤と白

★ワイン★

バルカンのワインはヨーロッパ随一の歴史を誇る。ワインは小アジアで生まれたといわれるが、これがエジプトを経てギリシアに伝えられた。その道筋に当たるクレタ島のミノス宮殿には、魚介類のみごとな装飾を施したワインの大瓶がずらりと並び、4000年後の観光客を驚かせている。ホメロスは『イリアス』などでしばしば「葡萄酒色の海」と詠み、『オデュッセイア』では「葡萄酒色の牛」とまで形容している。それほどワインは日々の生活と分かちがたく結び付いていた。ただこの頃のギリシア人はワインを水割りで飲むのが普通だった。松脂をたっぷり使用した木樽に密封して醸造されたワインはどろどろとして臭いが強く、とてもそのままでは飲めなかったらしい。

バルカンは高温乾質でカルスト地が多く、古くから多くのブドウを栽培し良質のワインを造ってきた。それゆえワインにまつわるおもしろい話にも事欠かない。

例えばスロヴェニア（旧ユーゴスラヴィアの一共和国）の北東にイェルザレムという村がある。言い伝えによると12世紀、エルサレムへ遠征する途中で十字軍の分隊がたまたまこの地に野営

第55章
お国自慢の赤と白

したところ、村の娘たちはご馳走とワインでもてなした。すっかり気を良くした聖戦士たちは、風光明媚で美人ぞろい、おまけにおいしいワインと三拍子がそろった当地にほれこんでしまった。はるか先の雲をつかむような聖地へ苦しい旅を続けるよりも、いっそここをエルサレムと名付けて目的達成としようじゃないか、そう評議する。そこで彼らは行軍をやめ、村の娘たちと結婚し、新しい聖地イェルザレムに住みつくと幸せに暮らしたという。

ブルガリアは7世紀に建国すると、先住民であるトラキア人から伝統的なワイン造りを学んだ。そういえばギリシア神話ではブドウとワインの神様ディオニソス（ローマ神話ではバッカス）がトラキア人であった。ブルガリア・ワインがおいしいのもうなずける。ところがその頃ワインの飲みすぎによる弊害が出たため、ブドウ畑をつぶすよう法令が下された。ある日のことである。王クルム汗のライオンが檻を破り、首都プリスカはパニックにおちいった。これを捕らえたのはマヴルトという青年で、彼は母親に付きそわれて王の前に進み出た。王は、「そちの息子はどこからあのような力と勇気を得たのじゃ」と母親に問うた。母親は、「おそれながら申し上げます。私は禁を犯してひそかにブドウの樹を一本残し、ワインを造り、息子に毎日飲ませていたゆえ勇気と力を得たのです」と答えた。王はこれを聞くと禁止令を廃止し、青年の手柄をたたえてそのブドウをマヴルトと名付けたという。マヴルト種は現在もアセノフグラト近在で栽培されていて、ブルガリアが誇る赤ワインの原料となっている（田島高志『ブルガリア駐在記』恒文社、１９９４年）。

まだ社会主義国であった頃のブルガリア、旧ユーゴスラヴィア、ルーマニアからはブランド用の原料ワインがバルク（樽づめの状態）でかなり日本に輸入されていた。最新のデータで見ても、我が国のワイン輸入量に占める2001年度国別トップ15の11位にブルガリア（391キロリットル）が名を連ねていて、意外に健闘していることがわかる。ちなみに世界規模でバルカン諸国の位置を確認しておくと、2000年度のブドウ栽培面積トップ20ではマケドニア13位、ギリシア15位、ブルガリア16位、ルーマニア18位で、輸出量トップ20ではルーマニア9位、ギリシア15位だった（講談社編『世界の名酒事典2003年版』講談社、2002年）。

バルカン諸国のワイン造りは確かに盛んだが、フランス、ドイツ、イタリアなどの西欧諸国に比べると技術革新の面で遅れをとっている。しかし銘酒は多い。それらのいくつかを東京で手軽に味わいたいときは、まず銀座7丁目のライオンがお勧め。ブルガリアのカベルネ・ソーヴィニョン（ヤンボル、スリヴェン産）やメルロー（スリヴェン、ハスコヴォ産）のふくよかな赤が待っている。白ではプレスラフ産のシャルドネ。ライオンのなめ前、新橋寄りにあるルーマニア・レストラン「ダリエ」では、さっぱりしたルーマニアの白ワインが味わえる。六本木のギリシア・レストラン「ダブル・アックス」では、かの有名なレツィナに挑戦してみよう。ハーブやスパイスの利いた松脂入りの白で、匂いのきつい癖のあるワインだが、エスニック料理にはぴったりだ。

バルカン各国のワイン事情はインターネットなどで検索できる。もし現地に行くチャンスがあれば、以下のヒントをもとに、安くておいしいワインを堪能してきていただきたい。例えばアルバニアでは首都ティラナ近郊のシェシュ・イ・ズィ（赤）やシュコダル地方のカルメット（赤・白）。クロアチアではダルマツィア地方に赤の銘酒が多い。特にディンガチはコクがあり、地元の生ハムを肴にすると口福この上ない。白ではドゥブロヴニクが誇るマルヴァジヤが黄金に輝き、ストン産の牡蛎と最高のコンビネーションをなす。ボスニア・ヘルツェゴヴィナではモスタルのジラフカ（白）。セルビアではヴォイヴォディナ地方のフルシュカゴルスキー・ビッセルというスパークリング・ワイン（白）が手軽なシャンパンに化けてくれる。モンテネグロでは何といってもブラナッツ（赤）だ。情熱的な南国の風がいっぱいに詰まっている。ルーマニアでは名産地コトナリのグラサ・デ・コトナリ（白）、タムイオアサ・ロムネスカやフェアテスカ・アルバ（いずれも白の甘口）がお勧め。赤ではムスファートルのカベルネ・ソーヴィニョン及びピノ・ヌアが良いだろう。ギリシアはほぼ全土でワイン造りが行われていて特定の銘柄を挙げることは不可能である。一般的にはマケドニアの赤、アッティカの白、クレタ島のロゼ、ロードス島の白ワインが知られている。

ルーマニア西部のオラデアのバー。ルーマニアはかくれた名ワインの産地である　（みやこうせい）

　しかしワインほどお国自慢の対象になるものも少ない。バルカンはヨーロッパの火薬庫という名に恥じず、今なお楽しい独断と偏見の熱いワイン戦争があちこちで繰り広げられているのである。

（定直正光）

56

村びとの酒

★ワインとラキア★

広くヨーロッパを見渡してみると、アルコール飲料には二つの大きな地域のあることがわかる。穀物を原料とする北のビール・ウォッカ圏と、ブドウなどの果実を原料とする南のワイン・果実酒圏である。ビールとワインはともに発酵酒であるので、そのままでは長期保存ができず、それを蒸留してアルコール度数の高い蒸留酒が造られるため、このようなペアが生まれる。また北部では気温が低く、発酵に必要な糖度の高いブドウや果物が少ないので、原料の穀物をいったん加熱、糖化し、酵母を加えて発酵させる独自の技法が発達した。

ヨーロッパでも南に位置するバルカンは、もちろんワイン・果実酒圏である。バルカンは、古代ギリシアの時代からワインの醸造が盛んな場所であるが、古くは赤ワインだけであった。白ワインは、後に西欧世界から製造技術が伝えられて造られるようになった。この地方では古くから自生種のブドウがワイン醸造に使われてきたが、19世紀後半から20世紀初頭にかけてフィロクセラと呼ばれる害虫のネアブラムシがアメリカからもたらされてヨーロッパで繁殖し、自生種のブドウは絶滅に瀕した。そのため、現在、栽培されているブドウには、この害

第56章
村びとの酒

村のプラム酒の醸造所。人びとは徹夜して二度蒸留の地酒を試し飲みし、会話を楽しむ（みやこうせい）

虫に強いアメリカ産のブドウを台木に、残ったヨーロッパ産のブドウを接木して作られた苗木が利用されている。ブルガリアで19世紀にブドウ栽培とブドウ酒生産で有名になるスヒンドルやビャラチェルクヴァといった地域は、この害虫被害から立ち直るために早くから新しい苗木の生産に取りかかり、繁栄した所としても知られている。現在、自生種として残っているのは、ブルガリアのマヴルトなどの数種類にしか過ぎない。

この地域では、蒸留酒といえばワインを造った後の澱を利用して造る酒が一般的である。しかし、標高の高い山間部ではワイン用の糖度の高いブドウが生育しないので、プラム、あんずなどの果物が利用されるが、これらの果物からは蒸留酒しか造られない。蒸留酒は、ブルガリア、マケドニア、セルビアなどのスラヴ語圏ではラキヤ、ロマンス語圏のルーマニアではツイカと呼ばれるが、プラムから造られるものも良く飲まれ、スラヴ語圏ではスリヴォヴィツァなどと呼んで、特に果実名を特定することもある。ちなみに、蒸留技術は、中世にアラブ世界からオスマン帝国を経由してバルカンに伝えられたもので、蒸留酒を表すラキヤという語はトルコ語のラク rak に語源があるが、同一語源の語でもバルカンのラキヤは、トルコでよく飲まれるような水で割ると白濁するアニス酒ではない。アニス酒は、ブルガリア語ではマスティカ（мастика）と呼ばれ、現代ギリシア語では「チューインガム」も意味する *μαστίχα*（樹脂）に由来する。そのマスティカも、ギリシアに行くとウゾ（ούζο）と呼ばれている。うろ覚えの知識でバルカンを旅していると、とんでもないものに出くわすことがある。

　さて、この酒だが、日本のように「とりあえずビール」ということはない。家庭に食事に呼ばれると、まずラキヤで酒肴をつまみながら喉と胃の下ごしらえをし、食事にはワインを飲む。ラキヤは冷凍庫で冷やしたり氷を入れて飲むことがあるが、これは新しい飲み方である。ワインも水やレモネードで割って飲むことがあるが、この習慣は非常に古く、ギリシア人プルタルコス（46～125年頃）も『食卓歓談集』に記している。5～6世紀頃にバルカンに移住してきたスラヴ人は、先住民からこのようなワインの飲み方を受け継いだものと思われる。

　ワインはこのように食事と結び付いているために、村の居酒屋で、ワインだけを飲んでいる場面に出くわしたことはあまりない。普段、仕事が終わって男たちが一杯ひっかける酒は、ラキヤなどの蒸留酒かビールである。近年、社会主義体制が崩壊して、ブルガリアでも街にビアホールらしきものも出現しているが、酒だけを提供している酒場は地方に行けば行くほど少なくなる。

第56章
村びとの酒

祭りや祝い事にも、酒は欠かせない。いや、酒の役割は、むしろここにある。ブドウ酒がキリスト教においてキリストの血として聖体拝領で用いられていることはよく知られるが、キリスト教導入以前からも、この地では生命と豊饒の象徴とされて盛んに利用されてきた。墓参の際には祖先の墓に、新しく家を建てるときの定礎式には土台にワインが注がれるし、儀礼的にブドウの初剪定の行われる2月14日の聖トリフォンの日には、剪定されたブドウの枝の切り口にブドウ酒がかけられる。またイスラム教徒シーア派に区分されるバルカン東部に暮らすアレヴィと呼ばれる人びとは、聖者廟などでの集会でアニス酒を回し飲みして、一種の神人共食儀礼を行う。また、牛などの家畜の売買交渉に決着がつくと、売り手が買い手に落着の印として酒を奢るのが慣わしであったし、結婚式の招待には水筒に詰めたラキヤが招待状の役割を果たす場面は民衆歌謡にしばしば歌われている。

このように酒は、儀礼や節目ごとに利用されるものであった。前世紀末から今世紀初頭にかけて、北東ブルガリアの慣習法を集めて歩いたマリノフは、大著『ブルガリアの慣習法』に、プロゴレレツ村のルカンじいさんの言葉を記録している。「……村祭り、結婚式、洗礼式や祝い事のあるような日や機会には、人は誰でも酔っ払いになれるんだ」と。酒を飲む時と場所に、人びとの暗黙の了解があるのだ。そのようなとき、酒は、ケからハレへ入る橋渡し役となる。酔いも許される。しかし、機会を逸したのべつ飲む酒は、社会的非難の的になる。「飲んだくれ」とは、「…… 日曜ごとや毎日飲み出すようになった」ときに使われる言葉で、「飲んだくれると、人はどんなことでもしでかすので、大きな罪なんだ」とルカンじいさんはいう。だから、レストランや居酒屋でろれつの回らなくなった酔客を見ることはほとんどないし、そのような客には他の客の目も厳しく、村の居酒屋では亭主が酔客を追い出す場面も見られる。

ブルガリアでは、祝いごとや客のために自家用のワインを造り、どんな町や村にも村や集落で管理する蒸留所がある。社会主義時代には、蒸留器の個人所有が規制され、村の蒸留所を利用するたびに量に応じていくばくかの代金を支払ったという。自家消費の酒には酒税がかからないが、村びとは、「あのときだって、誰も多めに造っていたのさ」、と笑って話してくれる。酒は、社会主義の時代でも、村びとの酒であり、人びとの酒であったのだ。

（寺島憲治）

57

カップから香る歴史と未来

★コーヒー★

現代のバルカンを理解するためには何を読むべきかと問われたなら、私は迷うことなく『カフェ・ヨーロッパ』（長場真砂子訳、恒文社、1998年）を推薦する。かつて祖国のクロアチアから魔女の一人として糾弾されたスラヴェンカ・ドラクリッチの名著だ。

彼女によれば冷戦後のバルカン諸国では西ヨーロッパへのあこがれが急速に蔓延し、欧米風に名付けられた喫茶店が次々に現れたという。ソフィアではウィーンなるコーヒー店が少なくとも二軒ある。アルバニアの首都ティラナにはカフェ・エヴローパがいくつもあるらしい。友人にどこへ行くのかと聞かれて、「ヨーロッパ！」と答えるとき、彼らの自尊心がくすぐられるからに違いない。ブカレストにはハリウッド。そこでは伝統的なトルコ・コーヒーではなく、エスプレッソやアメリカンが幅をきかせている。これこそバルカンの人びとをわずかにせよヨーロッパに近づいた気分にひたらせる魔法の「黒いスープ」であり、従来のトルコ・コーヒーはアジア的後進性の象徴と見なされている、と。

だが、トルコ・コーヒーは久しくバルカンの人びとに親しまれ、あるいはブルガリア・コーヒー、マケドニア・コーヒー、セルビア・コーヒー、ギリシア・コーヒーなどと呼ばれて、すっかり土着化している。「本国のトルコでは紅茶が主流になって、コーヒーもネス・カフェに人気があるというのに、私たちは未だに征服者がもたらしたトルコ式のコーヒーを飲んでいる。よっぽど人がいいのね」といって苦笑していたセルビア人女性を思い出す。ドラクリッチ女史の指摘にもかかわらず、バルカンでは当分トルコ・コーヒーと欧米式のコーヒーが平和的共存を続けることだろう。

イスラム世界で愛飲されていたカーファは、16世紀初頭エジプト経由でトルコにもたらされるとカーフェと改名した。コーヒー豆を煎り粉末にして熱湯にひたし、その汁液を飲ませるカーフェはたちまち国中に広まった。やがて1554年イスタンブルにできた豪華なコーヒー店（カフェ・カーネス）は、内外の客人を魅了し、大変なにぎわいを呈した。記録によれば彼らはコーヒーを飲みながら詩の朗読に耳を傾け、歴史家の史談に胸ときめかせたというから、やがてヨーロッパに花開くコーヒー文化を先取りしていたのかも知れない（地中海学会編『地中海事典』三省堂、1996年）。

トルコ（オスマン・トルコ）は14世紀後半から15世紀の前半にかけてバルカン半島を征服していったが、それとともにコーヒーも当地へ浸透していった。彼らは住民にワインをやめてコーヒーを飲むよう奨励したらしい。トルコの詩人ベリギーはバルカン半島とそのイスラム化（ボスニアやアルバニアでは特に多くのキリスト教徒がイスラム教に改宗した。20世紀末の凄惨なボスニア戦争やコソヴォ紛争の淵源の一つがここにあるといえよう）を、「コーヒーの勝利」と謳っている（綿引弘『物が語る世界の歴史』聖文社、1994年）。

一説によれば、ヨーロッパで最初にコーヒー店が開業したのはベオグラードで、およそ1580年、続いてサラエヴォの1592年、以下ヴェネツィア(1640年)ロンドン(1652年)マルセイユ(1659年)アムステルダム及びデン・ハーグ(1663年)パリ(1675年)等と続く(M. Ljubisavljević, *Sve o Kafi, Beograd*, 2001)。

サラエヴォに本格的なコーヒー店が開業した頃、同じボスニアの奥深く、セルビアとの国境をなすドリナ川に架かる美しい石橋の上に奇妙な喫茶店がお目見えした。長さ250歩ほどの橋の中央部は左右に張り出しがあり、川下側は石のソファーにかたどられている。ヴィシェグラード町の人びとは入れかわり立ちかわりここに腰をおろし、世間話にあけくれていた。そういう彼らを相手ににわかコーヒー店が現れたのだ。川上側の張り出しには橋の由来を記した丈高い石碑が建っているが、その根方に噴水があるのを利用した親方がいた。彼はここにコンロとジェズバ(コーヒー沸かし)とフィルジャン(コーヒーカップ)を持ち込み、とろりとしたコーヒーをデミタスに入れてソファーの客に供していた。それから300年たっても同じ光景が見られた。ビシェグラード町で幼年時代を送ったイヴォ・アンドリッチは、後年ソファーで見聞きした伝承をもとに長編『ドリナの橋』を書き、1961年にノーベル

サラエヴォのカフェ。人びとはトルコ・コーヒーを飲むのを常とする。バルカンの坩堝。(みやこうせい)

文学賞を受けたのである（松谷健二訳、恒文社、1966年）。

ベオグラードのカレメグダン公園近く、セルビア正教会の大本山サボールナ・ツルクヴァと道を隔てて「?」（ズナック・ピータニャ、疑問符）という風変わりなコーヒー店がある。典型的なトルコ建築でレトロ気分を満喫させてくれる。1823年、ミロシュ公の貿易顧問だったイチャク邸として建てられたが、1879年以来コーヒー店に転じて今に至ったもの。両大戦間はここに未来の文学者たちが集い、大いに激論を戦わせていたという。ただバルカンで最もユニークなコーヒーを飲みたい向きは、すこし面倒な手続きをとって、ギリシアはハルキディキ半島の突端にのびる聖山アトスまで行くことをお勧めする。もちろん観光気分ではだめで、女人禁制でもある。正教の修道院に泊まり、朝早くから勤行に参加し、一日二食に耐えなければならないが、心やさしい修道士は日本からの巡礼者に必ずトルコ風の甘いお菓子ハルバとトルコ・コーヒーでもてなしてくれる。アテネ市内の数あるカフェニオンではけっして味わえないユニークな体験となるだろう。

トルコ・コーヒーは濾さずにそのままカップへ注ぐので、しばらく沈殿させてから飲む。飲むときも気を付けて、舌にざらざらしない程度のところで終える。それからカップを逆さにして受け皿の上に置く。頃合いを見計らってカップを起こすと、カップの内側にコーヒーかすが乾いてさまざまな模様を描いている。人びとはそれを読み、あれこれの占いをする。この遊びは大変な人気で、占いに長けた老婆やロマ（ジプシー）が荒稼ぎをしているという噂を聞いたこともある。たいていは他愛ない恋占だが、もし本当に当たるものなら、ぜひ、多難なバルカンの21世紀を予想してもらいたいものだ。


（田中一生）

VIII

文化とスポーツ

58

「世界文学」としてのバルカン文学

★エリアーデ、パヴィチ、カダレ★

「バルカン文学」という呼び名でひとくくりにできるような、共通の美学や手法によって結ばれた文学圏があるわけではない。バルカンのそれぞれの民族が持つ文学は、言語も歴史的伝統も互いに異なっており、安易にひとくくりにするわけにはいかないだろう。しかし、そうはいっても、この地域の文学をゆるやかに結び合わせるある種の共通性が認められ、それがバルカンの文学に、世界の他の文学とは異なる独特の雰囲気と魅力を与えていることもまた否定できない。

バルカンの近代文学は西欧に比べるとだいぶ遅れて出発した。クロアチアのドゥブロヴニクのルネサンス期の大詩人イヴァン・グンドゥリッチ（1589〜1638年）のような先駆的な例もあるが、全体として見れば、今日我々が名前を知っているような重要な文学者が登場するのは、19世紀以降である。オスマン帝国やオーストリアの支配下に置かれ、あるいは覇権を争う大国間の争いに翻弄されたバルカンの民族は、18世紀末から19世紀にかけて民族覚醒運動を展開し、国民文学もその中で形成されていった。文学は近代的な民族意識を支える最も重要なメディアだったのである。

スロヴェニアのプーシキンと呼ばれるフランツェ・プレシェレン（1800～49年、姓はプレシェルンという表記もある）、不朽の長編叙事詩『山の花環』で知られるモンテネグロのペタル・ペトロヴィチ・ニェゴシュ（1813～51年）、ブルガリアの詩人・民族解放運動家フリスト・ボテフ（1848～76年）や国民文学の父と呼ばれるイヴァン・ヴァゾフ（1850～1921年）、ルーマニア近代詩の頂点を極めた国民詩人ミハイ・エミネスク（1850～99年）といった文学者が近代のバルカン諸国民の民族的アイデンティティの形成と近代文章語の確立・洗練のために果たした役割は、極めて大きい。バルカンの近代文学の多くが、ナショナリズム、あるいは愛国主義の情熱に貫かれたものになったのも、歴史的必然といえるだろう。

20世紀に入ってからも、この地域の複雑な歴史と民族問題を背景に、クロアチアのミロスラヴ・クルレジャ（1893～1981年）やボスニア出身のイヴォ・アンドリッチ（1892～1975年、1961年ノーベル文学賞受賞）といった大作家が活躍した。こういった系譜を視野に入れると、「民族的アイデンティティや自国の複雑な歴史に関して強く意識的であること」が、バルカン地域の文学の際だった特徴だとひとまずいうことができる。

しかし、ナショナリズムのパトスに支えられた文学は往々にして偏狭で、普遍性を欠いたものになることがあるし、モダニズムからポストモダニズムを経た現代の世界文学の視点から見ると、少々古めかしい「時代遅れ」のものに見える危険さえある。バルカンの文学にとってもその危険は無縁なものではないのだが、まさにこのような土壌から20世紀、特にその後半、民族の境界をむしろ越えることによって普遍的な力を獲得する、スケールの大きな現代文学が生み出されることになった。ここではそういった傾向を代表するこの地域出身の特に重要な現代作家として、エリアーデ、パヴィチ、カダレの3人の名をあげておきたい。

ルーマニア出身のミルチャ・エリアーデ（1907～86年）は、20世紀最大の宗教学者の一人として国際的に有名だが、同時に優れた小説家でもあった。宗教学の精力的な研究と並行して、彼は小説においても「聖なるものの顕現」を探求し、それを多くの幻想的な小説に結実させた。代表的な作品に『セランポーレの夜』（1940年）、『妖精たちの夜』（1955年）、『ムントゥリャサ通りで』（1968年）などがある。エリアーデはこういった作品を通じて、現代の「神話創造」としての「物語」の世界を作り出し、実験のための実験に走って力を失った西欧の現代文学を批判すると同時に、西と東を媒介する役割を果たした。

セルビアのミロラド・パヴィチ（1929～2009年）の名前を一躍国際的に高めたのは、『ハザール事典』（1988年）という長編である。これは中世に滅亡したハザール王国をめぐるさまざまな伝承を、キリスト教・イスラム教・ユダヤ教の三つの立場から集めて事典形式にまとめたという破天荒な体裁の本で、バロック的な徹底的な遊びと奇想に全編が貫かれている。一見無邪気で純粋な遊びにも見えるのだが、それを背後で支えているのは、古代から現代まで、三大宗教圏を自由に行き来できるしなやかで壮大な作者の構想力である。このような作品は、複数の文化が入り乱れて存在するバルカンという背景なしでは生まれなかったのではないかと思われる。

イスマイル・カダレ（1936年～）はしばしばノーベル賞候補として名前をあげられるアルバニアの世界的大作家で、作品も多いが、『誰がドルンチナを連れ戻したか』（1980年）という比較的短い

作家イスマイル・カダレの生地、ジロカスタル風景。あたりは月世界に似た荒れ地（みやこうせい）

長編一つをとっても、その非凡な力量がよくわかる。東西の両教会陣営に挟まれた中世アルバニアを舞台とし、民間伝承に題材をとった幻想小説でありながら、同時に高度に洗練された現代の政治的寓話としても読めるこの作品は、やはりアルバニアという小国の地政学的な位置とバルカンの土俗的な想像力があって初めて可能になった傑作といえるだろう。

こういった作家たちに顕著に見られるのは、互いに対立する複数の文化圏の間に身を置きながら、世界の多様性に対して保っている開かれた姿勢であり、また土着のルーツを自覚し、頑固に守る一方で、ときには軽々と大胆にその境界を越え出ていくたくましい物語的想像力である。これは欧米「先進国」の洗練された現代文学には見いだしにくいバルカン文学独自の魅力であり、バルカンの複雑な歴史と風土によって鍛えられて初めて出てきたものだ。

この3人以外にも、よく知られているバルカン出身の現代の文学者としては、セルビア出身のユダヤ系作家ダニロ・キシュ（1935～89年）、批判精神としなやかな機知で知られるクロアチアの二人の女性作家ドブラヴカ・ウグレシッチ（1949年～）とスラヴェンカ・ドラクリッチ（1949年～）、アメリカに亡命したルーマニア出身の作家ノルマン・マネア（1936年～）などがいる。

こういったバルカン出身の文学者たちは、今日の世界文学の最も突出した部分を担っている。バルカン文学は決して辺境の地方文学であるにとどまらず、「世界文学」として読まれるべき独自の魅力と普遍性を備えているといえるだろう。

（沼野充義）

59

イコンから歴史画へ

★神中心から人間中心へ★

イコンから歴史画への展開は、中世から近世への展開、あるいは神中心から人間中心主義（ヒューマニズム）への展開、また啓示から自然観察への展開である。ドイツ・ルネサンスの画家デューラー（1471～1528年）は『絵画論』草稿の中で次のように記す。「彼ら（古代人）が人間の最も美しい形を彼らの偶像神アポロにあてはめたように、われらもその同じ尺度を、全世界の最も美しい方であられる主キリストのために用いたく思う」（前川誠郎『デューラー』講談社、1990年、65頁）。このように西欧ではルネサンスにおいて、形の定まった神を描くことから、我々の判断による美を描くことに展開し、現実を見つめる科学的な写実の眼差し（遠近法、明暗法、人体解剖学）が成立する。しかし、ルネサンスを欠いたバルカン地域では、写実は西欧の画家によって外来のものとして持ち込まれるか、あるいはイコンの画面の中で描き加えられる細部の現実描写に見られるのみで、プリミティヴにとどまる。

バルカンの近代は、1683年のウィーン攻略失敗を受けてのオスマン・トルコの撤退から始まる。解放されたハプスブルク領内へのセルビア人のトルコ領内から大移動（1690年）と、

図１　ヨヴ・ヴァシリエヴィチ画のイコン「大祭司としてのキリスト」**1745** 年、クルシェドル修道院

オスマン・トルコによるクレタ島の占領（１６６９年）にともなうギリシア人のイオニア諸島への移動が、バルカンの近代の始まりを画す。中世の超越的なイコンとは違って、現実と世俗の美を描くルネサンスの人間主義への変化の影響がバルカンにおいても見られるようになり、戦争画や俗人の王侯貴族の肖像画が単独で描かれ、また風景画や静物画が導入され始める。

人間主義の近代絵画は、いくつかのルートを経てバルカン諸国に流入した。ハプスブルク領内へは首都ウィーンから、バルカン諸国で描かれた正教のイコンへは、正教の盟主ではあるが既に西欧カトリック美術の影響を受け始めていたロシアまたウクライナから、そしてダルマツィアやギリシア、ルーマニアへはイタリア、特にヴェネツィアからの影響が大きかった。そしてバルカン各地の近代絵画は、ロシアでも同じであるが、ルネサンスに発する西欧の模倣であり、画家の移動もあったものの、将来された西欧版画が大きな役割を果たしたことは特筆すべきである。17世紀のアトスの修道院壁画にすら、ホルバイン（１４６５～１５２４年）ら宗教改革期のドイツの画家による黙示録の聖書挿絵が壁画に模写されているし、イコンや壁画には、将来された西欧の版画によってバロックのモティーフが流入し、全体の図柄や装飾部分が表面的に模倣された。セルビアのクルシェドル修道院のイコン（１７４５年）（図1）と壁画（１７５６年）はウクライナのイコン画家によるもので、風景表現を取り入れており装飾的で美しい。またイコンを描く職業画家は「ゾーグラフ」と呼ばれ、伝統的なイコンを土俗的な手法で描き続けるが、富裕層の生活の変化に応じて肖像画も注文されて描き始める。１８３２年の独立後のギリシアでは、ヨアンニス・マクリヤンニスの指導でイコン画家ディミトリオス・ゾーグラフォス（１７９０頃〜１８４０年以降）が独立戦争をプリミティヴに描き（１８３９年）、今ではギリシア近代芸術の出発点と見なされている。ブルガリアのザハリイ・ゾーグラフ（１８１０〜１８５３年？）は、19世紀前半からのブルガリアの民族主義（「ブルガリア・ルネサンス」と呼ばれる）を代表する画家であり、イコンや壁画の合間に肖像画も描いている。

イタリア・ルネサンスに発する近代のアカデミズムが本格的にもたらされるのは、バルカン諸国の画家たちのウィーンやミュンヘン、またローマへの留学による、セルビアのコンスタンティン・ダニール（１７９８〜１８７３年）の描くイコンは見事な技術を見せ（図2）、セ

図２　コンスタンティン・ダニール画のイコン「大天使ガブリエル」**1850** 年頃、ベオグラード国立美術館

図３　カタリナ・イヴァノヴィチ画の歴史画「1806年ベオグラード解放」1873年、ベオグラード国立美術館

ルビアのカタリナ・イヴァノヴィチ（１８１１～１８８２年）、ルーマニアのコンスタンティン・レッカ（１８１０～１８８７年）はプリミティヴな魅力がある民族主義の歴史画を描いた（図３）。ウィーンに近いセルビアにおいては、当時ウィーンで評価の高かったラファエロやグイド・レーニの宗教画がイコンの図柄に流用されるとともに、19世紀の後半になるとナザレ派の宗教画の影響が見られ、ライプチヒで１８５２年に刊行されたユリウス・シュノル・フォン・カロルスフェルト（１７９４～１８７２年）による木版画の絵入聖書（Die Bibel in Bildern）の図柄がイコンに模写された。ギリシアでは、ミュンヘンの画家ルドヴィヒ・ティールシュ（１８２５～１９０９年）がイコン画にナザレ派の影響を直接もたらし、また肖像画や歴史画も描いた。また、ミュンヘンで学んだニコラオス・イシス（１８４２～１９０１年）が愛国的内容の象徴主義の作品を残すが、イコンを描かなかったように、西欧のアカデミズムはギリシアでは内在化されず、イコンとは結び付かなかった。イコンがギリシア近代絵画の源と考えられるようになったのは、フォティス・コントグルー（１８９６～１９６５年）が中世イコンへの回帰と民族主義とを結び付けてからのことである。マケドニアではディミタル・アンドノフ・パプラディシュキ（１８５９～１９５４年）が近代の最初の画家であり、

ロシアへ留学した後、セルビアの影響も受けてイコンのほかに肖像画も描き始めた。20世紀においてバルカンは革命後のロシアと異なり、中世イコンへの回帰は緩慢で、セルビアにはウィーンの影響がイコンに長く残り、パーヤ・ヨヴァノヴィチ（1859〜1957年）やウロシュ・プレディチ（1857〜1953年）はウィーンのアカデミーで学んだ大画面の歴史画と並んで20世紀半ばまで油彩のイコンを描く。

再び民族主義の時代となった1980年代以降、共産主義崩壊後のロシア・イコンが帝政時代に回帰して、グイド・レーニなどのバロック様式のイコンが再び描かれ始めるのとは対照的に、セルビアはローマ・カトリックへの対抗もあって中世ビザンツ文化とのつながりを自覚することが多く、イコンも中世イコンの様式を模して描かれる（図4）。

現代においては歴史の視覚的再現は、映画やテレビが中心的なメディアとなっているが、バルカンではイコンの魔術的側面は残存し、また聖テオドルや聖ドミトリエらの戦士聖人が、ボスニアやコソヴォにおける現代の紛争に姿を現したとの風説もあり、超越的な中世のイコンと、人間主義の近代の歴史画は今なお連続している。（鐸木道剛）

図4　パーヤ・アクセンティエヴィチ（**1942**〜）画のイコン「聖トマス」**1990** 年代末、個人蔵

60

民族を超える音楽

★旧ユーゴスラヴィアのポップスとロック★

バルカン音楽と聞いて、何が想起されるのだろう。あの美しいブルガリアン・ヴォイスであろうか。音の中にも地中海色あふれるギリシア民謡であろうか。あるいは、エミール・クストリッツァ監督のカンヌ・グランプリ受賞映画『アンダーグラウンド』で一躍知られるようになったロマのブラスバンドであろうか。「ワールド・ミュージック」が音楽ジャンルとして定着する中、バルカン半島を含む世界各地の音楽が日本にも知られるようになってきた。

いかなる音楽も文化の一形態であり、ゆえにそれを生み出した社会のあり様を映す鏡である。そして、おそらく伝統音楽よりはポップスやロックの方がその反映度は高い。ここでは旧ユーゴスラヴィアのポップスとロック音楽の歌詞を題材に、音楽がどう社会を反映してきたかを少し考察してみよう。

ヴォイヴォディナのノヴィサド出身で、現在に至るまで旧ユーゴスラヴィア各地で人気を博している歌手ジョルジェ・バラシェヴィチの１９７８年のヒット曲、『僕らにまかせて欲しい』の歌詞は次のような内容である。

第60章

民族を超える音楽

1950年代生まれの我々を代表して／僕はチトーへの誓いのために詩をつくる
過去や遠く過ぎ去った戦いに触れることはしない／僕はそれが終わってから生まれたのだから
でも僕らのこれからの人生にはまだ戦いが隠されている／深い渦が僕らを脅かす
まだ百もの攻撃が僕らを待っているのを知っている／僕らは平和を守らなければならないのだから

僕らにまかせて欲しい
僕らが誤った道を進んでいると疑う者がいる／僕らがレコードを聞きロックを演奏するから
でも僕らの中ではどこかで戦いの炎が燃えている／僕らにはよくわかっていることを伝えたい
僕らにまかせて欲しい

未来の日々の運命は僕らにかかっている／その運命を恐れる者もいるかもしれない
僕らの身体にはパルチザンの血が流れている／僕らにはなぜここにいるのかがわかっている
僕らにまかせて欲しい

この曲は戦後生まれのバラシェヴィチと同世代の若者の共感を呼び、大ヒットした。未だチトーも存命であり、世代間の葛藤が読み取れるとはいえ社会主義体制への信頼感は揺らいでいない。

1980年代に入り、チトー死後のユーゴスラヴィア社会が動揺を示すようになると、体制を諷刺する歌詞を持った歌も作られるようになる。ベオグラードのロックグループ「リブリャ・チョルバ」

の1982年の曲、『愚かでいるのは何と素晴らしいのか』を紹介しよう。

愚かでいるのは何と素晴らしいのか／家畜でもイライラすることはできる
出されるものをただ飲み込むだけ／愚かでいるのは何と素晴らしいのか

愚かでいるのは何と素晴らしいのか／脳みそは隠しておいた方がいい
そして黙って泳ぐだけ／愚かでいるのは何と素晴らしいのか

政治にはかかわるな／眠れ、働け、黙れ、食べろ
もう誰も信じるな／寝ろ、起きろ、立て、座れ

ヘルメットの中で髪が燃える／砂埃の中を這いつくばる
もう誰もわからなくなっている／俺たちが機械の中にいることを……

これは、上官の命令には絶対服従、疑問を差し挟むことの許されない軍隊生活を皮肉ったものである（社会主義時代のユーゴスラヴィアは徴兵制が敷かれていた）。さらに同じリブリャ・チョルバの『西部戦線異状なし』という曲は、歌詞の中の「愚か者だけが理想のために死ぬ」という部分が体制批判であると問題になり、放送禁止の憂き目にも遭った。

ステージに立つビエロ・ドゥグメ
（提供：http://milosm.coolfreepage.com/）

１９８０年代は、ゴラン・ブレゴヴィチ率いるサラエヴォのロックグループ「ビエロ・ドゥグメ」が、ユーゴスラヴィアのビートルズにも例えられ、ユーゴスラヴィア全域で大人気を博した時代でもあった。特に１９８８年の『聖ジョルジュの日を私は愛する者と過ごさない』はユーゴスラヴィア中でヒットし、一種の国民歌のように歌われた。彼らをはじめボスニアのロックグループは、伝統音楽の特徴をロック音楽と融合させたエスノロックとでもいうべきものが持ち味であった。

１９９０年代、ユーゴスラヴィアが紛争に突入すると、この地のポップスとロックもそれを反映するようになる。紛争が激化する中、民族主義的なテーマを歌った歌も増えたが、その一方で次のような曲も生まれた。一九九二年に発表された、ザグレブのロックグループ「フィルム」の『ベオグラードの我が友よ』というバラードである。

ベオグラードの美しい娘たち／愛することを知っていた
ノヴィサドのあの娘の／ブロンドの髪が思い出される
彼女のために俺は車で／ドナウとサヴァの河岸を走った
百もの村々を愛した／俺は何と幸せだったことか

ベオグラードの我が友よ／俺たちはセルビアの歌は何だって知っていた
戦争の前には良く歌ったものだ／「ようこそ娘さん、クロアチア人の王女さま」
ベオグラードの我が友よ／スラヴォニアでは村々が燃えている
ベオグラードの我が友よ／もう海にも行けないいな

ベオグラードの我が友よ／サヴァのほとりで出会うことになるだろう
おまえには俺がわからないかもしれない／そして俺を撃ってくるかもしれない
最初の弾は撃つがままにしておこう／おまえたちがいつも最初だ
二番目の弾は許してやろう／三番目の弾は俺には当たらない

俺は狙いをつけたくはない／そして神に祈る
狙いが外れるようにと／でも弾はおまえに命中するだろう
俺はおまえの死を嘆き悲しむだろう／おまえの目を閉じてやるだろう
俺は何と悲しいことだろう／俺は友を失ってしまった

この曲はユーゴスラヴィア紛争のさなかにもかかわらず、戦争の前線のすべての側で共感を呼び受け入れられ、また聴かれた曲であった。紛争の結果、旧ユーゴスラヴィアは解体したが、その音楽までが解体されたのではなかった。

（山崎信一）

61

クストリッツァとアンゲロプロス

★他者イメージの投影場所としてのバルカン★

１９９５年度カンヌ映画祭のパルムドールは、二つの作品によって競われた。一つはサラエヴォ出身のエミール・クストリッツァ監督による『アンダーグラウンド』、もう一つはアテネ出身のテオ・アンゲロプロス監督による『ユリシーズの瞳』である。結果的に賞は前者が勝ち取ったが、両作品には共通点がある。両監督がバルカンと呼ばれる地域の出身であり、またどちらもユーゴスラヴィア紛争を題材にそれぞれの映画を撮ったという点である。当時ユーゴ紛争は記憶に新しく、両作品が注目の的となったのは想像に難くない。しかし、西ヨーロッパに位置するカンヌという場所を考えたとき、バルカンへのその熱狂的な視線は、オリエンタリズムに象徴されるような、文明的ヨーロッパとは対照的な野蛮性に対する好奇心ととれなくもない。文明と野蛮との対比の中で、しばしばバルカン地域は後者と同一視されるのであるが、これはバルカンを他者性のうちに閉じ込める危険性をはらんでいる。ボスニア・ヘルツェゴヴィナ出身の監督ダニス・タノヴィチによる『ノー・マンズ・ランド』（２００１年）のラストシーンは、まさにこの点を問題化しているように思える。このシーンは、地雷の上に横たわるはめになったボスニア人の青年が、最終的に見捨てられる運命を描いたものである。ここに象徴されるのは、憎しみと暴力の世界に閉じ込められたまま放置されるバルカンの姿である。そしてこの同情の対象ではあるが、絶対的に文明の外部に存在する他者としてバルカンを眺める視線こそ、この地域と欧米との隔たりそのものなのである。

スロヴェニアの哲学者スラヴォイ・ジジェクは、オリエンタリズムならぬバルカニズムの幻想を提供することによって、まさにこのような欧米とバルカンとの距離の維持に貢献しているとして、『アンダーグラウンド』及びマケドニア人監督ミルチョ・マンチェフスキーの『ビフォア・ザ・レイン』（１９９４年）を批判した（Slavoj Žižek, "Multiculturalism, or, the Cultural Logic of Multinational Capitalism," New Left Review, No.225, Sep./Oct. 1997, pp.37-40.）。実際にクストリッツァの作品を観ると、エキゾティックなジプシー音楽や踊りといったバルカン的イメージがあらゆる場面にちりばめられ、観客は完全に異文化世界へと引きずり込まれてしまう。また、マンチェフスキーの方も、イスラム教徒と正教徒との間の復讐劇という前近代的バルカンを象徴するようなテーマを扱い、しかも三つの物語が最終的に一つとなるような構成をとることによって、バルカン的な暴力性を円環のうちに閉じ込めてしまっているかに見える。しかし、主人公のマケドニア人青年が最後に旅立つとき、この円環に風穴が開き、閉塞状態からの脱出が可能となっている点も見落としてはならないだろう。そして『アンダーグラウンド』に関しても、我々が異文化に求めるエキゾティックな魅力とは別に、この映画がバルカニズム幻想を内側から打ち砕くような強靭さを持っていることも否めないと私は思う。

周知のとおり、バルカンという地域は、オスマン・トルコやハプスブルクといった他国の利害及び

DVD『アンダーグラウンド』現在は、販売終了。
発売：アスミック

宗教によって分断されてきた歴史を持つ。この歴史の複雑性は、西でも東でもなく、ヨーロッパでもアジアでもない曖昧な境界としてのバルカンのイメージを形成し、またこの曖昧さのために、バルカンは文明的な西側と野蛮な東側との差異化の場所となってきた。そしてこの場所において、ヨーロッパに同一化する人びとが自らのアイデンティティを区別する際に、バルカン的他者が生み出される。バルカンとは外部の他者というよりヨーロッパの内なる他者なのだ。ともかくも、こういったバルカン的他者の絶え間ない定義付けと差異化の恣意性を、クストリッツァはある場面を通して明らかにしているように思える。『アンダーグラウンド』において、主要人物の一人イヴァンは、肉親殺しの罪悪感から教会で首吊り自殺をする。魂の救済を象徴する教会の鐘は、罪びとの死体によって鳴らされる。この矛盾は、バルカンを分断してきた宗教の意味、そして天と地との境界を曖昧にする。分断とは、境界とは何なのか。この場面はその意味を問い直しているようであり、バルカンが他者イメージの投影場所でしかないことを暴いているようである。

『ユリシーズの瞳』も、このような空虚な投影スクリーンとしてのバルカンをテーマにしていると思われる。主人公Aは、バルカン初

DVD『ユリシーズの瞳』
(『テオ・アンゲロプロス全集
DVD-BOX BOX II』に収録)
発売：IMAGICA・紀伊國屋書店

の映像を記録したといわれるマナキス兄弟の幻のフィルムを追って、スナイパーに包囲されたサラエヴォまで旅をする。やっとフィルムを手に入れ、現像にも成功するが、スクリーンには何も映し出されない。アンゲロプロスは、フィルムが象徴する起源の眼差しによって捉えられたバルカンの姿を、未だいかなる分断や解釈にも冒されていない、空虚なスクリーンとして表現している。そもそもクストリッツァの巧みなモンタージュとは対照的に、アンゲロプロスはカメラの長回しによって場面を構成するのを好む。固定されたカメラの同一のフレームの中で、人物や風景が現れては去り、しばしば時代さえもが移り変わる。各々の場面の中では分断よりも継続性が強調され、この継続性は特定の解釈による意味付けを跳ね返す力を持っているのである。

我々は、バルカン地域で生み出される映画にしばしば戦争や暴力、エキゾティックなイメージを期待しがちである。そして実際にバルカン映画はこれらの要素を扱い、それによって注目されてきた。しかしこれらの映画がそれだけでなく、バルカニズムの夢に酔う観客を、その夢が生成される空虚な深淵から見つめ返す眼差しを持っていることも忘れてはならないだろう。（茂野　玲）

62

バルカン・サッカー今昔物語

★東欧革命がサッカー界にもたらしたもの★

これまで数々の天才たちを輩出し、何度か世界を驚かすような快挙を成し遂げ、強豪国を警戒させるだけの伝統と実績を誇りながら、しかしなぜか栄光からは程遠い——それがバルカン諸国のサッカーの現状であり、また魅力でもある。

これまでのワールドカップや欧州選手権では一度も優勝したことがなく、クラブレベルでも欧州チャンピオンズカップ（現チャンピオンズリーグ）で優勝したのは、ルーマニアのステアウア・ブカレストとユーゴスラヴィア（以下、ユーゴ　現セルビア・モンテネグロ）のツルヴェナ・ズヴェズダのみ。それも、1990年代初頭までの話だ。潤沢な資金力を背景にEU圏のビッグクラブがタイトルを独占する現状にあっては、バルカンを含む旧共産圏のクラブがこうした栄誉に浴する可能性は、今後も限りなくゼロに近いといえよう。それでもバルカンのスタジアムでは、今日も若きタレントたちが続々と出現し、ピッチ上で驚異的な美技を披露している。端的にいえば、それがバルカン・サッカーの一番の魅力である。

バルカンの地にサッカーがもたらされたのは、南北に多少の差はあれ、20世紀初頭のことであった。サッカー協会が最も早く創設されたのは、ルーマニアの1909年。以後、ユーゴ（1919年）、ブルガリア（1924年）、ギリシア（1926年）、アルバニア（1930年）と、大戦間に次々と協会が設立され、各国でリーグ戦が行われるようになった。

1930年、FIFA（国際サッカー連盟）会長のジュール・リメの呼びかけで、第一回ワールドカップが実現する。しかし、南米ウルグアイでの開催だったため、欧州各国は一様に参加を渋り、大西洋を渡ったのは結局4カ国だけであった。しかし、このうちの2カ国がルーマニアとユーゴであったことは、実に意義深い。両国は、バルカン・サッカーを代表して歴史にその名を刻み、ユーゴはこの大会でベスト4に進出している（当時、3位決定戦はなかった）。

第二次世界大戦終結後、バルカン諸国はギリシアを除いてソ連を首班とする東側陣営に取り込まれ、やがて社会主義特有のサッカー文化が営まれるようになる。国内リーグは国家機関がバックアップするクラブに再編され、陸軍のクラブ（ユーゴのパルチザン、ブルガリアのCSKAなど）や内務省のクラブ（ユーゴのツルヴェナ・ズヴェズダ、ルーマニアのディナモ・ブカレストなど）は、政府の肝いりで強化されていった。

その一方で、どの国にもたいてい「庶民がサポートするクラブ」や「マイノリティのクラブ」が存在していた事実は見逃せない。ロマや鉄道労働者が熱狂的にサポートしていたラピッド・ブカレスト（ルーマニア）や、クロアチア民族主義が色濃く反映されていたディナモ・ザグレブやハイドゥク・スプリト（いずれも旧ユーゴ、現クロアチア）などがそれに当たる。一般市民の自由が抑圧されていた社会主義政権下において、彼らは自らがサポートするクラブに声援を送り、権力を象徴するクラブを打倒することを夢見ることができた。こうした「反権力」のクラブが優勝する機会は極めて限られていたが、それでもスタジアムにおいて「擬似権力闘争」が政府公認で行なわれ、そこでは市民が自分の愛するクラブの名を叫ぶ「表現の自由」が保証されていたことは特筆すべきであろう。

社会主義時代のバルカン諸国では、スポーツは国家の「プロパガンダの道具」に利用され、選手の発掘・育成とチーム強化は国家レベルで行われていた。とりわけ国際的なスポーツであり、国民的にも人気があるサッカーは、五輪やワールドカップに向けた強化が積極的に図られたが、1960年のローマ五輪でユーゴが優勝したものの、世界中のプロフェッショナルが集うワールドカップで栄光を獲得するには至らなかった。冷戦時代においては、1962年チリ大会でのユーゴの4位が最高。ブルガリアは一度も勝利に恵まれず、ルーマニアも1970年メキシコ大会に出場するのがやっと、という情況が長く続いた。

そんなバルカン・サッカーが、世界中から熱い眼差しを浴びるようになったのは、1989年の東欧革命以降である。1990年代初頭には、ルーマニアのハジ、ブルガリアのストイチコフ、そしてユーゴのストイコヴィチ、サヴィチェヴィチといった才能が一斉に開花。1994年米国大会では、ルーマニアはベスト8、ブルガリアは強豪ドイツを破って4位と、いずれも望外の戦績を残した（なお、この大会ではギリシアも初出場している）。

しかし連邦が瓦解した旧ユーゴ諸国は、くっきりと明暗が分かれた。セルビアとモンテネグロ両共和国で構成された新ユーゴは、「内戦の加害者」であることを理由に米国大会では予選を闘うことさえ許されなかったのに対し、独立を勝ち取ったクロアチアは、旧ユーゴの遺産を引き継いで4年後のフランス大会で3位に上り詰めた。さらに2002年の日韓大会では、スロヴェニアが予選でユーゴ

練習を終えてクラブハウスに戻るツルヴェナ・ズヴェズダの少年チーム
（宇都宮徹壱）

を蹴落として大会初出場を果たしている。

とはいえ、これら新生国家にしても決して未来が明るいわけではない。旧ユーゴ時代の国内リーグでは、異民族のクラブ同士が切磋琢磨することで高いレベルが維持されていたが、五つの共和国に分裂した現在では、それぞれ国内リーグが整備されたものの密度の高いゲームは激減。ライバルを失った強豪クラブは、軒並み弱体化しているのが実情である。

１９８９年の東欧革命は、確かにバルカン諸国のサッカーに自由をもたらした。政府のスポーツへの干渉も表面上はなくなったし、選手の国外への移籍も容易になった。だが反面、国内リーグの空洞化やレベルの低下が急速に進んだのも事実だ。これまで政府のサポートを受けていたクラブは、スムーズな民営化ができずに経営難に苦しんでおり、若く有能な選手を西側に切り売りすることを余儀なくされている。スター不在のスタジアムには熱気が失われ、日常の憤懣を溜め込んだ若者たちの暴力の場と化した国も少なくない。こうした環境の激変はマフィアの侵入を許すこととなり、勝敗を左右するような八百長や買収なども横行している。そんな現状にあって唯一の救いは、西側での成功を夢見る才能豊かな選手たちが、今もこの地から生まれていることだろう。20世紀の激動にさらされながらも、「タレントの宝庫」としてのバルカンの存在感は、依然として健在である。

（宇都宮徹壱）

追記　２００４年にポルトガルで開催された欧州選手権で、ギリシアが大方の予想を覆して見事優勝したことは、バルカン・サッカーにとって実にエポック・メーキングなできごとであった。ギリシアの快挙は同国民のみならず、文化的・宗教的に結び付きが強いセルビア・モンテネグロの人びとをも熱狂の渦に巻き込んだ。

コラム5

バルカン・サッカーへの誘い

宇都宮徹壱

一口に「バルカン・サッカー」といっても、やはり国や地域ごとによって微妙に異なる。セルビアとクロアチアのように、かつては一つの国であっても、民族や宗教の差異はそのままスタジアムの雰囲気に反映される。それらを網羅的に紹介するにはあまりにも紙幅が限られているので、本稿は「かの地でサッカー観戦をする方のためのガイダンス」という体裁をとることにした。その国の国民性を理解するには、スタジアムでサッカーを観戦するのが最も手っ取り早い方法である。今後、もしバルカン諸国を訪ねることがあれば、観光地ばかりでなくスタジアムにも足を運ぶことをお勧めしたい。

試合が行われるのは、国内リーグであれば大抵は週末の昼間である。もちろん夜に行われる場合もあるが（代表戦や欧州カップなど）、初心者がひとりで観戦するのは避けた方がよい。何しろ首都でも街灯が少ない上、国によっては追いはぎやスリといった怪しげな連中が跋扈していて、スタジアム周辺はかなり物騒だ。やはり安全な日中に、ひなびた風情のスタンドでゆったり観戦する方が、はるかにいい思い出となることだろう。

荷物は極力少ない方がよいが、新聞紙と雨具は必須アイテムだ。バルカンのスタジアムは、どこも恐ろしくベンチが汚い。新聞紙は座布団代わりに最適だ。また、日本のような屋根付きスタジアムなどまずお目に掛かれないので、雨が降っても惨めな想いをしないよう、簡単な雨具は用意しておきたい。逆に服装で留意すべきなのが、特定チームのレプリカ・ユニフォームやマフラーなど。特にライバルチームのグッズを身に付けるのは、トラブルの原因にもなるので避けたい。つまらぬ因縁をつけられないためにも、極力地味な服装、それもできればグレーや黒系統の動きやすい服装であることが望ましい。

肝心のチケットだが、人気チーム同士の対戦や欧州カップなどでない限り、大抵は売り場で当日券を買うことが可能だ。値段も驚くほど安い。ただし座席に関しては、コアなサポーターが陣取るゴール裏は避けるべきだろう。発炎筒は焚かれるし、花火は投げ入れるし、とても落ち着いて観戦できないばかりか、そもそも危険である。それにゴール裏の住人には、過激な人種差別主義者も少なくない。明らかな異邦人である私たちは、やはりメインスタンドかバックスタンドに、大人しく腰を落ち着けるほうが無難である。

ディナモ・ザグレブのサポーター「バッド・ブルー・ボーイズ」（宇都宮徹壱）

最後に食事。スタジアム周辺では、ろくな食べ物が売っていないと考えた方がよい。ヒマワリの種なら手に入るだろうが、あまり美味くないし、何やらリスになったような気分なるので、事前に腹の中を満たしておくことが肝要である。それに関連して、特に女性は入場前にトイレを済ませておくことを強くお勧めする。スタジアムのトイレの臭いと汚さは、筆舌に尽くし難いものがあるからだ。以上の基本情報を頭に入れたら、あとは何とでもなる。さあ、スタジアムに行こう！

IX

世界の中で

63

ヨーロッパ統合とバルカン

★取り残される「西バルカン」★

旧ユーゴスラヴィア解体にともなう一連のユーゴ紛争は、1991年から2001年まで10年間も続いた。ユーゴ紛争は紛争当事国のクロアチア、ボスニア・ヘルツェゴヴィナ、新ユーゴスラヴィア（03年にセルビア・モンテネグロ独立）、マケドニア（19年2月、北マケドニアに改称）のみならず、周辺のバルカン諸国にも多大な影響を及ぼした。このため、バルカンはヨーロッパ統合過程から大きく取り残された地域となってしまった。

ここでいうバルカンについては、若干の説明が必要であろう。体制転換後の東欧において、中欧（ポーランド、チェコ、スロヴァキア、ハンガリー）としてのくくりから除外された地域がバルカン（南東欧）と規定された。バルカン諸国とは旧ユーゴスラヴィア、ルーマニア、ブルガリア、アルバニアの4カ国であった。しかし、ボスニア内戦終結後の1996年頃から、EUは「西バルカン」という地域区分を用いるようになる。「西バルカン」とはユーゴ紛争と直接的な関係のないルーマニアとブルガリア、それにユーゴ紛争からいち早く距離を置いたスロヴェニアを除く、旧ユーゴスラヴィア諸国（クロアチア、ボスニア・ヘルツェゴヴィナ、セルビア・モンテネグロ、マケドニア）とアルバニアの5カ国のことであった。しかし、２００６年６月にセルビアとモンテネグロは分離し、それぞれ独立した国家となった。さらに08年、コソヴォがセルビアから独立した。一方、クロアチアは13年にＥＵに加盟した。現在、クロアチアを除き、コソヴォを加えた6カ国が「西バルカン」であり、なおＥＵやＮＡＴＯとの関係が問題となっている。

２００４年春にＥＵとＮＡＴＯへの加盟を果たしたスロヴェニアでは、03年3月に国民投票が実施され、ＥＵ加盟は90％、ＮＡＴＯ加盟は66％の賛成票を得ている。ルーマニアとブルガリアについて見ると、ＥＵとの関係では１９９３年に加盟交渉を進める前提となる連合協定を結んでおり、ＮＡＴＯとの関係では９４年に加盟の前提といえる旧ソ連・東欧諸国との平和のためのパートナーシップ（ＰＦＰ）に調印した。その後、両国は改革努力が認められて、２００２年11月のＮＡＴＯ首脳会議で加盟が承認され、04年4月にスロヴァキア、スロヴェニア、バルト三国とともに新規加盟した。一方、03年12月のＥＵ外相会議で、両国の加盟はまだ無条件ではないが、07年1月加盟という具体的な日程が確認され、日程どおりに加盟が実現した。

これに対して、「西バルカン」諸国のＮＡＴＯやＥＵとのかかわりは遅れた。ＮＡＴＯとの関係では、１９９０年代前半期にユーゴ紛争と直接的なかかわりの薄かったアルバニアは94年2月、マケドニアは95年11月にそれぞれＰＦＰに調印した。しかし、クロアチア、ボスニア・ヘルツェゴヴィナ、セルビア・モンテネグロの紛争当事国はこの過程から取り残されてしまった。クロアチアは98年に内戦が最終決着を遂げ、国連東スラヴォニア暫定機構（ＵＮＴＡＥＳ）の撤退後、２０００年5月にようやくＰＦＰに参加することができた。02年11月のＮＡＴＯ首脳会議で、クロアチア、マケドニア、アルバニア3カ国のNATO加盟が見込まれたが、国名をめぐるギリシアとの論争をかかえるマケドニアを除く、クロアチアとアルバニアだけが09年4月に正式加盟した。一方、国際的な孤立路線をとり続けたミロシェヴィチ政権が2000年10月の「民衆革命」によって崩壊した後、セルビアとモンテネグロは国際協調路線を模索することになり、和平後のボスニア・ヘルツェゴヴィナと同様にPFP交渉を続けた。モンテネグロは16年夏に加盟が予定されている。

1999年のコソヴォ紛争の際に、78日間に及ぶNATOの空爆を受けたセルビア国民がNATOや平和のためのパートナーシップに対してどのような感情を持っているかは興味深いところである。データは少し古いが、03年6月に実施された世論調査（ベオグラードの社会科学研究所附属「政治学調査と世論のためのセンター」が実施）によると、信頼できる国際機関としてはEU、PFP、国連機関、欧州安全保障協力機構（OSCE）、ハーグの旧ユーゴ国際戦犯法廷、NATOの順であり、EUでも38%しか信頼されていない。PFPは27%の信頼度だが、調印賛成は48%、EU加盟賛成は80%であった（表参照）。04年1月に実施された別の調査（ベオグラードの「民事・軍事関係のためのセンター」が実施）では、PFPの調印賛成は65%に増えている。EUやNATOをそれほど信頼してはいないが、加盟には賛成するというセルビア国民の現実主義が垣間見られる。

EUと「西バルカン」諸国との関係は、連合協定のバルカン諸国版である安定化・連合協定によって進められている。この協定をマケドニアは01年4月、クロアチアは01年10月に結び、クロアチアは03年2月、マケドニアも04年3月にEU加盟申請を行なうに至った。アルバニアは03年1月から安定化・連合協定の交渉に入った。セルビア・モンテネグロとボスニア・ヘルツェゴヴィナはこの協定の

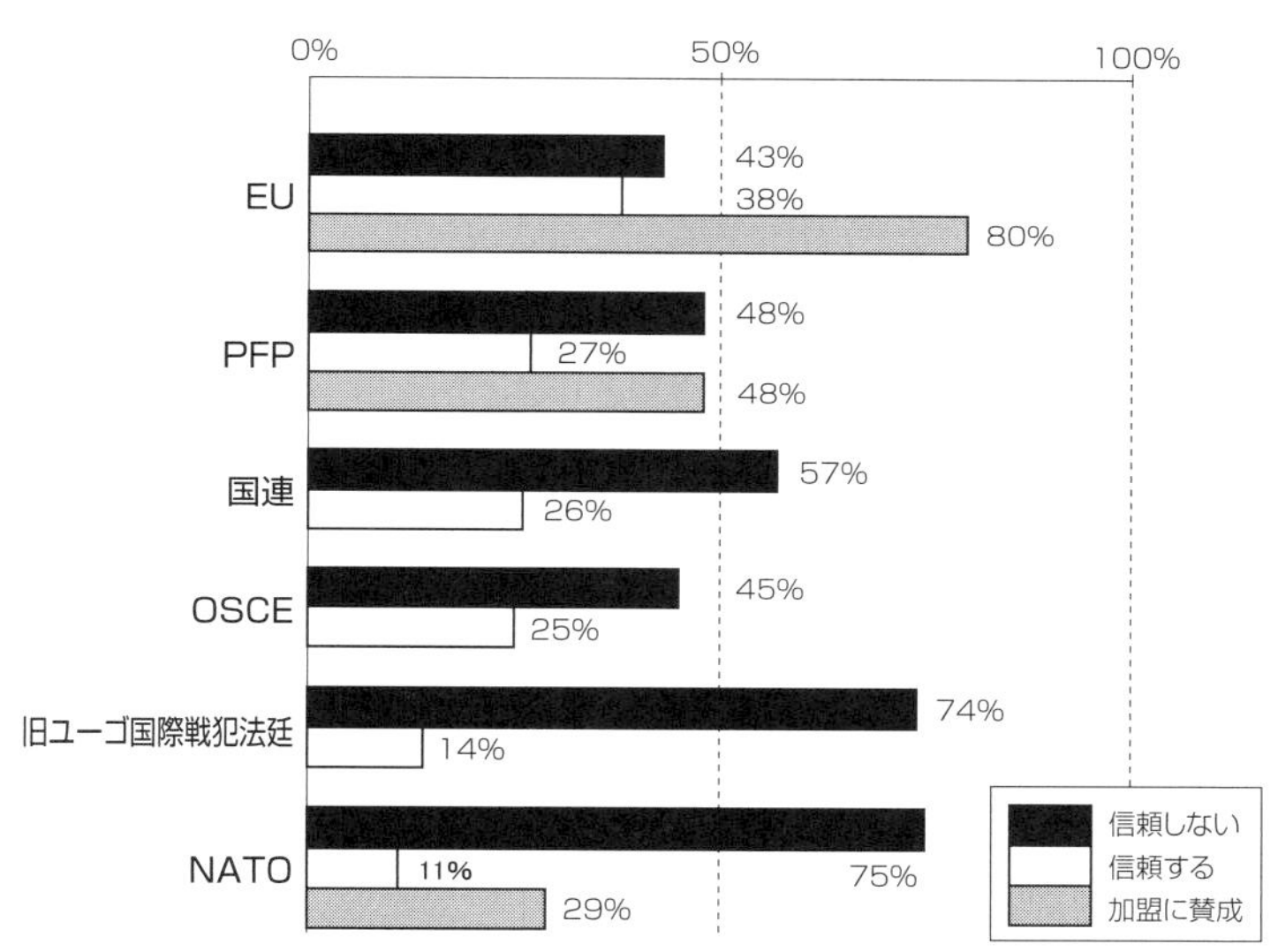

国際機関の信頼度と未加盟機関への加盟の賛否

交渉に入る努力を続けた。その後もクロアチアはEUとの順調な関係を維持し、ルーマニアやブルガリアと同じ07年の加盟を目標に掲げた。しかし、03年11月の議会選挙で、故トゥジマン大統領を党首としていたクロアチア民主同盟が政権に復帰したため、EUとの良好な関係の変化が懸念された。クロアチア民主同盟は民族政党から保守政党への転身を遂げてEUとの関係を最優先する政策を掲げた結果、04年6月には加盟候補国（13年7月に加盟）となった。

EUは残るアルバニア、セルビア・モンテネグロ、ボスニア・ヘルツェゴヴィナの三国と「ヨーロッパ・パートナーシップ」を確立して関係の緊密化を図ろうとした。こうした状況において、セルビアでは国際協調よりも国家主権や国民の誇りを掲げる民族政党のセルビア急進党の躍進が見られたが、04年6月の大統領選挙ではEUやNATOとの関係を最優先させる民主党のタディチが勝利を収めたため、EUの懸念は解消された。しかし、有権者の20%ほどの人たちが国際協調に反対する候補者に票を投じた。「西バルカン」諸国、特にEUやNATO加盟からとり残されてしまったセルビアとボスニア・ヘルツェゴヴィナの国民はEUの拡大を目の当たりにして、EU加盟を強く望んではいる。だが、経済支援との引き換えにさまざまな圧力をかけて市場化や民主化を要請し、欧米のスタンダードを押付けようとするアメリカやEU諸国の姿勢に対する反発もある。欧米諸国の支援なしに経済復興は困難であることを知りながら、EUやNATOへの不信感を拭い去れないといった国民感情が底流にある。欧米諸国の対応がこれら諸国のナショナリズムを推進している側面のあることは否定できない。この二国がEUとNATOに加盟してはじめて、ユーゴ紛争が本当に終わることになるのだろう。

最後に、2005年以降の「西バルカン」諸国とEUとの関係を簡単に付け加えておく。マケドニアはクロアチアについで、05年12月に加盟候補国となることができた。アルバニアも、問題をかかえながら06年12月に安定化・連合協定を結んだ。セルビア・モンテネグロから独立を達成したモンテネグロはEUとの関係を急速度で進め、07年10月には安定化・連合協定を締結し、08年12月には加盟申請を提出するに至った。10年12月には加盟候補国となり、12年6月には加盟交渉を開始した。05年12月に加盟候補国となったマケドニアは、ギリシアとの国名問題が未解決のままで加盟交渉に進めない状態が続いている（国名問題は19年1月に決着）。アルバニアは09年4月に加盟申請を提出し、14年1月に加盟候補国となった。

EUとの関係が最も遅れた二国、セルビアは08年4月、ボスニア・ヘルツェゴヴィナも6月に、それぞれ安定化・連合協定を締結した。内戦終結後20年を経て、まだ国際社会の暫定統治が続いているボスニア・ヘルツェゴヴィナのEU加盟には、なお長い時間が必要であろう。セルビアのEU加盟プロセスは、コソヴォ問題への取り組みと旧ユーゴ国際戦犯法廷（ICTY）への協力姿勢と密接に関連しながら進んだ。09年12月、加盟申請が受理され、12年3月に加盟候補国となった。14年1月には加盟交渉も始められた。セルビア進歩党のヴチッチ政権はEU加盟を最大の政治課題として取り組んでいる。こうしたセルビア政府の取り組みに対して、国民はどのように考えているのだろうか。15年10月の世論調査（新セルビア政治思想社による1100人の電話調査）によると、EU加盟賛成は47％、反対は42％であり、前述の03年の世論調査と比べると、賛成が半減した。ロシアとの関係を進めるべきだとの回答が68％を占めた。セルビア政府は世論を背景として、ロシア、非同盟のアラブ諸国、中国との関係も維持しながら、巧みなバランスを取って外交関係を進めている。

（柴　宜弘）

64

歴史教育から見た和解の試み

★国民史を超えられるか★

2002年9月、クロアチアのアドリア海北部に位置する風光明媚なブリユニ島で「旧ユーゴスラヴィア諸国の歴史教育に関するラウンドテーブル」が開催され、これに出席した。この島は旧ユーゴ時代にはブリオニ島と呼ばれ、チトー大統領の別荘になっていて、国外からの要人を招待したり、非同盟諸国首脳会議の準備会談を行ったりする場所として知られていた。現在は、この島に二つあるホテルが国際会議やシンポジウムの会場として広く利用できるようになっている。

このラウンドテーブルを主催したのはクロアチアの首都ザグレブのNGO「教育の自由のためのフォーラム」であった。ヴェスナさんという女性を中心に数人で運営する小さなNGOだが、歴史教育や市民教育を通じて、旧ユーゴ諸国の和解を進めるために積極的に活動を続けている。旧ユーゴ諸国は1995年にボスニア内戦が終息した後も、相互のヒトやモノの行き来が途絶えた状態が続いた。特に、セルビアとクロアチアは隣国同士にもかかわらず、長い間、バス便だけで鉄道は途切れたままだった。クロアチア内戦を終結させた一九九五年のクロアチア軍によるクライナ攻撃（嵐作戦）により、20万ものセルビア人が難

2002年**9**月にラウンドテーブルが開催されたブリユニ島のホテル・イストラーネプトゥン　（柴　宜弘）

民となって、ボスニアやセルビアに脱出した。セルビアに逃れた難民の故郷への帰還は未だに解決されていない。また、旧ユーゴ財産継承問題が未解決のままの状態（2001年6月、旧ユーゴ諸国のあいだで「分離問題に関する合意書」が締結）において、政府が主導して旧ユーゴ諸国の和解を進めることができなかった。

こうした状況下で、ヴェスナさんはクロアチア政府や国外の財団の援助を取り付け、セルビア共和国の教育研究所と協力しながら歴史や地理の教育関係者を集めてラウンドテーブルを組織した。旧ユーゴ規模での和解の試みとしては画期的なものだった。コソヴォからの代表は出席できなかったが、その他の旧ユーゴ諸国から40名ほどの参加者があり、各国の歴史教育や地理教育カリキュラムの現状と比較が2日間にわたって熱心に続けられた。旧ユーゴ諸国からの参加者が一堂に会し、他国の教育カリキュラムについての情報不足を改めて相互に認識しあっただけでも、このラウンドテーブルの意義は大きかった。

歴史教育を通じて和解を目指す活動はバルカン規模でも続けられている。ギリシア第二の都市テッサロニキのNGO「南東欧の民主主義と和解のためのセンター（CDRSEE）」が中心となって、1997年にバルカン諸国の歴史教科書を検討しようとする試みが始められた。95年のデイトン合意によってボスニア内戦が終結したのを受けて、旧ユーゴ紛争で分断されてしまったバルカンを一つの地域として捉え返し、共通の歴史認識を作ることでこの地域の対立を超えようとする試みであった。センターの呼びかけに応えて、自国中心的であり、近隣諸国の歴史やそれら諸国との関係が等閑視されがちであったバルカン諸国の歴史教育に問題を感じていた歴史研究者が国の枠を越えて参加した。

1999年にはブルガリア出身のバルカン史研究者で現在はアメリカのイリノイ大学で教鞭をとるトドロヴァを委員長として歴史教育委員会が結成された。17人のメンバーはギリシア、トルコ、キプロス、ブルガリア、ルーマニア、セルビアとモンテネグロ（当時、新ユーゴスラヴィア）、スロヴェニア、クロアチア、ボスニア・ヘルツェゴヴィナ、マケドニア、アルバニアの歴史教科書執筆者と歴史研究者、およびドイツのゲオルク・エッカート国際教科書研究所のヘプケン所長であった。センターは99年から2001年にかけてバルカン史の微妙な問題をタブー視することなく、精力的に7回のワークショップを開催した。ワークショップのテーマは①南東欧におけるハンガリーの遺産、②キプロスを教えること——寛容と理解を求めて、③マケドニアのアイデンティティ——相互補完性、紛争、否認、④アルバニア人とその隣人たち——将来のための過去、⑤aバルカンの帝国——共通の遺産、異なる遺産、bギリシア人とトルコ人——共通の歴史を持つヤヌス、⑥ユーゴスラヴィア——壊れた鏡でみたとき、誰が「他者」か、⑦宗教教育と「他者」観であった。

ワークショップには17人のメンバーに加えて、中等学校の現場の歴史教師も参加した。従来は考えられなかったことだが、バルカン諸国で論争の的となっているテーマが設定され、自由に議論を交わす場として機能した。ワークショップの分厚い報告集（Christina Koulouri (ed), *Clio in the Balkans: The Politics of History Education*, Thessaloniki, 2002）を読むと、会議の熱気が伝わってくる。このワークショップの成果をふまえて、02年から04年には歴史教科書の副教材を①オスマン帝国の統治、②国民国家の建国、③バルカン戦争、④第二次世界大戦の4テーマで、英語とバルカン諸国語によって作成する試みが続けられた。

ギリシアのペロポネソス大学のクルリ教授を総編集責任者として、２００５年に英語版の共通歴史副教材（15〜18歳向けの史料集）が出版された。その後、バルカン諸国の言語への翻訳が進み、05年にはセルビア語版、06年にはギリシア語版、07年にはクロアチア語版、マケドニア語版、ボスニア語版、アルバニア語版が相次いで出された。さらに、モンテネグロ語版、ブルガリア語版と続き、13年には日本語版も出版された。この共通歴史副教材は各国の歴史教科書に対抗させて、国を超えた共通の歴史理解をつくることを目的とした極めて実践的な試みである。そのため、バルカン諸国の教育現場で実際に使われてこそ意味をもつ。各国語版の部数の少なさ、各国の教育省が副教材として認可していないなどの問題はあるものの、歴史教育を通して和解を進める積極的な試みとして高く評価できる。

歴史教科書の副教材を作る試みは、これ以前にオーストリアのグラーツ大学バルカン社会文化研究センターを中心とする「南東欧の歴史と歴史教育」というプロジェクトによって成果が出されている。このプロジェクトは歴史教育委員会とメンバーが重なりながら、２０００年から始められ、ベオグラード大学の社会史協会とブルガリアのブラゴエフグラド南西大学バルカン学国際セミナーが全面的に協力した。英語およびセルビア語とブルガリア語で出版された子どもとジェンダーに関する2冊の歴史副教材は、政治史や軍事史に傾いていた従来のバルカン諸国の歴史教科書には見られない社会史や家族史や文化史といった新しい歴史学の方法を取り入れて叙述が進められており、バルカン諸国の国民史の枠を越えて地域としてのバルカンの共通性を具体的に提示しようとするものであった。

このように、質は少々異なるが、旧ユーゴ諸国の間でも、これより広範なバルカン諸国の間でも、NGO主導で歴史教育を通しての和解の活動が進行している。国家主導で教育の問題が取り扱われることは不健全であり、その意味でバルカンの現状は好ましいといえるだろう。特に、1990年代に新たに国家を建国した旧ユーゴ諸国にとっては、国民史を新たに作り上げるという課題と同時に、バルカンあるいはヨーロッパという地域の歴史に向けて国民史を乗り越えていかなければならない現代的な課題をも負っている。こうした困難な課題を自覚したバルカンのNGOや歴史研究者の試みは、我々にとっても学ぶべき点が多い。

（柴　宜弘）

65

日本とバルカン

★「人間の安全保障」の考えを生かして★

２００４年４月５日、日本政府のイニシアティヴでＥＵ議長国アイルランド（当時）との共催による「西バルカン平和定着・経済発展閣僚会議」が東京で開催された。クロアチア、ボスニア・ヘルツェゴヴィナ、セルビア・モンテネグロ、マケドニア、アルバニアの西バルカン５カ国の外交・経済担当大臣、コソヴォ暫定行政ミッション（ＵＮＭＩＫ）及びコソヴォ暫定自治政府代表、ＥＵ加盟国、欧州委員会、南東欧安定協定、ＵＮＨＣＲ（国連難民高等弁務官事務所）、ＥＢＲＤ（欧州復興開発銀行）、世銀など39カ国と12国際機関の関係者が参加した大規模な会議であった。２００１年の「九・一一事件」以後、アフガン戦争、イラク戦争と続き、西バルカンに対する国際的な関心が失われつつある時期に日本が中心となって開催した点で、大きな意味を持つ国際会議であった。加えて、この会議は旧ユーゴスラヴィア時代ベオグラードのサッカー・チーム「ツルヴェナ・ズヴェズダ（赤い星）」に属し、ナショナル・チームの主力選手であり、１９９０年代には名古屋グランパスの選手としてＪリーグでも活躍したストイコヴィチ氏（現在、セルビア・モンテネグロ・サッカー協会会長）が平和親善大使として出席したことでも話題を呼んだ。

「西バルカン平和定着・経済発展閣僚会議」で川口順子外相と握手するストイコヴィチ平和親善大使（提供：毎日新聞社）

ストイコヴィチ平和親善大使は昼食会でのスピーチで次のように述べている。「世界のありとあらゆる国、民族、宗教、言語のプレイヤーが一つのチームを形成しています。フットボール（サッカー）の世界ではそれが当たり前ですから、私自身、チームメイトがどこの国の出身だとか、どの民族だとか、まったく意識すらしませんでした。実際、苦楽をともにした私の仲間は西バルカンのさまざまな国の出身です。例えば、Jリーグ『ジェフ市原』の監督を務めるイヴィツァ・オシムはボスニア・ヘルツェゴヴィナの出身ですが、彼は私のフットボールの師であり、今でも親友です。クロアチアのプロシネチュキ、シュケル、ボクシッチ、ヤルニ、マケドニアのバブンスキー、ボスニア・ヘルツェゴヴィナのハジベキッチ、アルバニアのロリ・ツァナらは皆友人であり、今でもよき仲間です。まさに、フットボールは、国境や民族や言語の壁を越えることのできる『架け橋』だと言えるでしょう」

日本はこの地域の平和の定着と経済発展を会議の開催理由としており、民族融和や平和構築を進める上で、ストイコヴィチ氏はうってつけの親善大使であった。スピーチの中で、日本の一大学生がボスニアの民族融和を進める目的でサラエヴォに少年サッカー・チーム「クリロ（翼の意味）」を結成し、徐々に三民族がこのチームに加わるようになった実例を紹介している。日本政府だけでなく、日本人が国際機関を通じて、あるいはNGOの活動を通して、あるいは「クリロ」の結成のように個人の行動によってさまざまに紛争後の西バルカンの平和構築にかかわってきた。

日本政府はこれまで主として距離的に遠く離れた西バルカン諸国に対して、中立的な立場から経済支援を行ってきており、その額は既に総額1400億円を超えている。経済支援は無償資金協力と有償資金協力とに大別される。これらを少し詳しく見てみると、無償資金協力には①病院の医療機材や道路建設機材整備、公共運送力復旧などのための一般無償、②対象を特に限定しないノンプロジェクト無償、③食糧増産援助、④1000万円を上限として、NGOが学校の修復事業にあたるなどの草の根無償がある。有償資金協力とはマケドニアのズレトヴィツァ水利用改善計画（2003年）の場合のように、円借款を供与するものである。また、技術協力として西バルカン諸国の復興支援のため研修員の受入、専門家の派遣、開発調査などが実施され、ボスニア・ヘルツェゴヴィナやコソヴォには選挙監視員も派遣されている。

このほか、日本独自の文化関連施設に対する支援形態の文化無償協力が5000万円を上限としてクロアチア、セルビア・モンテネグロ、マケドニアに実施され、ザグレブ、ベオグラード、マケドニアの管弦楽団に楽器が供与された。このように、日本はさまざまな形で支援を続けてきたにもかかわらず、欧米諸国に比べてなかなかその顔が見えないとの批判があった。そのため、ボスニアの首都サラエヴォやセルビア・モンテネグロの首都ベオグラードに一般無償としてバスを供与する際、EUの前例に倣い誰の目にも触れるように、黄色地の車体に「日本国民から」と書かれることになった。たしかに、市民の重要な交通手段である公共のバスの供与は感謝されたに違いないし、車体に書かれた「日本」の文字は人目を引くことになった。しかし、トルコで生産されたバスの供与がボスニアやセルビアに及ぼす経済効果はそれほどではなく、これらのバスがサラエヴォやベオグラードで生産されていたらと考えざるを得ない。失業率が30％に達している両国にとって、雇用の拡大は緊急の課題である。現地の自立的な経済復興支援こそが望まれているのであり、これを理解することが日本のプレゼンスを高めることにもつながる。

一方、クロアチア内戦、ボスニア内戦、コソヴォ紛争に際しては、国連の明石康氏が旧ユーゴ問題担当・事務総長特別代表として、緒方貞子氏が国連難民高等弁務官として、そのほかＵＮＨＣＲ（国連難民高等弁務官事務所）、ＵＮＤＰ（国連開発計画）、欧州安全保障協力機構（ＯＳＣＥ）、国際赤十字などを通じて多くの日本人がこれらの紛争に関与したし、さまざまなＮＧＯも紛争時の緊急人道支援に着手した。ＮＧＯの中ではＪＥＮ（ジェン）が一連の旧ユーゴスラヴィア紛争に長期に渡ってかかわっている。１９９４年に始められたセルビア・モンテネグロ内の難民・避難民に対する精神的・経済的自立を支援する活動は10年後の２００４年をもって終え、現地スタッフによるＮＧＯが活動を引き継いだ。ボスニアでの活動は内戦時の緊急人道支援から、デイトン和平合意後は教育・行政機関やレクリエーション施設の再建支援が中心となり、平和構築に向けての活動へと変化させてきたが、これも九月末で幕を閉じた。

国際社会に広まりつつあり、日本が積極的にアピールしてきた考え方に「人間の安全保障」がある。それは人びとをさまざまな恐怖や欠乏から解き放つことを目指す考え方であり、人間の生存や尊厳、生活基盤を守り、個々人の豊かな可能性を保障するには伝統的な国家による安全保障だけでは不十分である現状の中から生み出された。紛争後の社会の平和構築は「人間の安全保障」の考え方を生かすことのできる重要な一分野であり、西バルカンは国際社会がこの考え方を政策として実践する格好の地域である。現地の人びとが西バルカン諸国に平和を実現するために、日本は人間を第一とする「人間の安全保障」の考えに基き、経済支援にとどまらない知恵を絞った息の長い援助を続ける必要があるだろう。

（柴　宜弘）

66

2015年難民危機とバルカン諸国

★21世紀の人の移動★

バルカン諸国の中でも旧ユーゴスラヴィア諸国は、20世紀の最後の10年間に紛争に見舞われ、とりわけボスニア、クロアチア、コソヴォからは、多くの人びとが難民として、周辺国や西欧諸国に向かった。21世紀を迎え、武力紛争は終わりを迎えたが、バルカン諸国から西欧諸国を目指す人びとの移動の波がすぐに収束したわけではなく、その後も最近まで継続している。政治的迫害を理由として難民認定を求める人びとも多く、ドイツをはじめとする西欧諸国において難民認定を求めたが、実態としてはその多くは、EU諸国における手厚い難民保護の制度を知り、経済的理由からそれらの国々を目指す「偽装難民」であったとされている。ただし、旧ユーゴスラヴィアの多くの国では、紛争の収束後も民族間関係は必ずしも良好ではなく、特にマイノリティに属する人びとにとっては、就業の機会も限られるケースが多く、「迫害」が何の根拠もないことだったわけではない。

第二次大戦の惨禍を背景に、1951年に採択された「難民の地位に関する条約（難民条約）」は、1967年の「難民の地位に関する議定書」により時間的・地理的な制約を取り払い、難民に対して権利を付与して保護するとともに、彼らを迫害の恐れのある地域に追放することを禁じている。ドイツなどでは、難民申請者に対して、現金給付を含む手厚い保護の体制がとられており、この制度自体が、バルカン諸国から「偽装難民」を惹きつけるものともなっていた。近年では特に、経済状況の悪いコソヴォやボスニアからドイツなどに向かう人びとが目立った。

EU諸国を目指す人の流れは、もちろんバルカン諸国からのものだけではない。長期間にわたって紛争地域であったアフガニスタン、イラクといった国や、アフリカの多くの国、あるいは、政変によって治安状況の悪化したリビアなどからも、多くの人びとが西欧を目指した。とりわけ、2011年以降のシリア内戦は、いわゆる「イスラム国」の伸張も招き、人口の5分の1に迫る400万人以上が国外に逃れたとされている。西欧を目指す多くの人びとがまずルートとして取ったのは、北アフリカから船でイタリアなどを目指すルートだった。しかし粗末な船に人びとを満載しての航海は危険が極めて多く、多くの人びとが遭難して命を落としている。

2015年には、地中海の海路ルートよりは危険の少ない、トルコから海路ギリシアに渡り、そこから陸路でドイツなどを目指す、いわゆる「バルカンルート」が人びとの流れの主流となった。人びとは携帯電話などで情報を収集し、最も容易に目的地に到達可能なルートに集中した。これらの人びとは、戦火のシリアを逃れた人びとが多くはあったが、その出身国はさまざまであった。こうした人びとは、どの立場に立つかによって、戦争や迫害を逃れる「難民」とも、経済的理由によるとのニュアンスの強い「移民」とも呼ばれるが、実際のところは「難民」と「移民」を明確な区別をすることはほとんど不可能である。経済的困窮が西欧を目指す動機であったとしても、その困窮がマイノリティの抑圧などの政治的背景を持つ場合も多く、また戦火を逃れた人びとが隣国の難民キャンプを出て西欧を目指すのには、経済的理由もあっただろう。

地中海を船で渡るよりは危険が少ないとされた「バルカンルート」ではあったが、もちろん安全であったわけではない。トルコからギリシアへのボートなどでの移動に際しては、転覆事故も多く発生し、子どもを含む多くの人びとが犠牲になった。特に2015年9月はじめに沈没事故で亡くなった3歳の少年の写真は、世界に大きな衝撃を与えた。また、同年8月末には、保冷車に閉じ込められ窒息死したとみられる70人以上の難民の遺体がオーストリア東部で発見された。「バルカンルート」の拡大の背景に、難民の西欧への移動を請け負う犯罪組織が存在することを強く疑わせる事件であった。

ベオグラード駅近くの公園でテント暮らしをする難民
（撮影：鈴木健太）

こうして2015年の夏には、多数の難民が、バルカン諸国を通過して西欧を目指した。場合によっては一日で数千人に及ぶ難民が国境通過を試みる中、これらの諸国では混乱が広がった。大量の難民を前に入国審査や難民申請の受付もままならず、多くの国がそのまま自国の通過を容認することとなった。主要駅の周辺には、宿泊場所のない難民がテントでしばらく暮らしたり、野宿したりといった光景が広がった。通過国の中には、セルビアやクロアチアとの間に鉄条網を設置して、物理的に難民の入国を遮断しようとしたハンガリーのように強硬策を取る国も現れた。難民の殺到を理由に、国境の一時閉鎖も見られ、交通や物流に大きな混乱が生じた。

こうした難民に対する強硬策は、実際のところは国内向けのアピールとしての側面が強い。2015年秋には、クロアチア国内でも、国境閉鎖や国境への物理的障壁設置の是非をめぐって議論が生じたが、これも同年の総選挙に向けたアピールの側面が強かった。逆に国内基盤の磐石なセルビアの政権は、難民問題への人道的対処を、加盟を志向するEUへのアピールの場とした。難民問題は国境を超える問題であり、難民の待遇を改善するためにも、各国が共同で対処する必要のある問題である。しかし、セルビア・ハンガリー間、セルビア・クロアチア間、クロアチア・スロヴェニア間などで、難民への対処をめぐる非難の応酬や対立が一部で見られ、ある種の「難民の押し付け合い」の様子を見せたことは残念であった。ただし対処能力を超えるような難民の殺到が背景にあることも確かであり、こうした殺到の背後に、難民問題への統一した方針を確立できないEU自体の問題も見て取れる。EU内では、難民受け入れに比較的積極的なドイツなどと、受け入れに反対する東中欧諸国の対立が見られ、難民問題への対処の速度は遅く、加盟国による16万人の難民割当も一致して決定することはできなかった。

「バルカンルート」の一般化により、バルカン諸国は否応なく難民問題に巻き込まれることになったわけだが、バルカンに暮らす人びとの、難民に対する連帯意識の強さは特筆に値するだろう。人道活動家に加えて、多くの普通の人びとが、難民に食料や衣服、さらには毛布を差し入れる姿が見られた。とりわけ近い過去に紛争の歴史を抱える旧ユーゴスラヴィア諸国では、自らのかつての境遇と重ね合せる人びとも多く、難民に対する意識は総じて同情的である。また、バルカン諸国は難民の「通過国」であり、難民を社会に受け入れることになるという意識が希薄であることも理由かもしれない。

この難民問題、２０１５年秋の時点では解決の見通しは見えず、問題の長期化が予想される。冬を前に、西欧を目指す難民の波はますます大きくなっている。問題の性質上、バルカン諸国が自立して問題を解決することは不可能で、シリアにおける今後の紛争の展開、ＥＵの難民政策といった点に依存する問題である。２０１５年11月にパリで発生したテロ事件を一つの契機として、各国は「紛争地」以外出身の人びとの送還を定めるなど、難民の選別に踏み出した。「イスラム国」の手によるテロの発生により、イスラム教徒難民に対する反感や危険視も広がった。しかし、難民もまた、「イスラム国」を原因とする紛争の被害者なのである。

バルカン諸国は、つい最近まで難民の送出国であったが、２０１５年には通過国となり、そして将来的には、欧州の一員として難民の受入国となっていくであろう。こうした経験を、どのようにこれからの難民問題への対処に生かすことができるのかが、今後の課題となるはずである。（山崎信一）

コラム6

20年目を迎えた リュブリャナ大学の日本研究

アンドレイ・ベケシュ

スロヴェニアの大学で日本研究が本格的に始まったのは1995年10月1日。今年（2015年）で丁度20年が経った。今までの卒業生は150人を超え、教育、観光、大学など、様々な分野で活躍している。さらに日本研究の各分野で博士号を獲得しているのも10人いる。

スロヴェニアと日本との経済交流があまりないという現状から見て、日本研究プログラムは、当初ダブルメージャーという形で行なわれてきたが、2009年以降、新しいボローニャ式カリキュラムではシングルメージャーも追加。ダブルメージャーのメリットはいくつかあると考える。まず、日本研究そのものが学際的で一つの方法論を持たないという「弱み」を帯びている。単独専攻だと、その「弱み」がそのまま受け継がれるが、ダブルメージャーの場合、ほかの専門領域との組み合わせでそれがいくらか避けられる。早い段階で研究領域の組み合わせが可能であり、また、必要に応じてさまざまな人材養成が柔軟に行えるのも利点だ。さらに、日本との関係が深まらない間は、二つの専攻を持っている卒業生にとって、就職がより容易になるというメリットも無視できない。

2009年以降の改革の結果、学部3年と修士2年が制度化されたため、学部のレベルでは、語学関係の科目が大半を占めている。それに、東アジア史および人文学研究・異文化研究方法論が加わっている。語学力が中級・上級レベルに至る3年では、日本文学入門を導入。修士に入ってからは翻訳論および、メディア研究、コーパス研究、思想史、文化史のようなより具体的な科目が導入される。学生の卒業論文及び修士論文の研究と関連して、さらに選択科目が用意されている。理想的には学生は3年間で単位を収得し短めの卒業論文を書く。さらに、修士課程の2年目ではかなり本格的な修士論文を書く。プログラム自体の一部ではないが、できるだけ多くの学生が在学中、日本の大学で1年間、短くてもせめて1カ月ほど、学習できるように努力している。そのためには日本の大学との交流が不可欠だ。

リュブリャナ大学文学部日本研究講座の３年生の講義（日本文学ゼミ発表会）

発足当時は教授一人と語学講師一人しかいなかった。人手不足を乗りきるために、同時にできた中国研究の姉妹プログラムのスタッフと協力しながら、日本研究専攻と中国研究専攻に東アジアというより広い視点を取り入れるように工夫した。２０１５年10月1日から加わった韓国・朝鮮研究という新しい姉妹プログラムで、共通の東アジア視点がさらに強くなった。日本研究プログラムでは現在、スタッフが８人に増えている。学生も定員は学部・修士を会わせて１３０人前後（そのうち新入生約40人）というように少し減らした。

リュブリャナ大学も波に乗ってか押されてか、2004年から独立法人になって、2009年を堺に、大学全体がボローニャ式カリキュラムシステムに切り替わった。徹底した学習時間短縮、そしてそれにともなう予算縮小が2008年のリーマンショック以降実施されているが、カリキュラムがより柔軟に組み立てられるという側面もある。このようなプラスとマイナスの間でいかに上手に舵を取るかがこれからの私たち日本研究プログラム・スタッフの最大の課題である。

コラム7 バルカンにおけるJICAの環境協力

黒澤　啓

２００６年10月、それまで東欧支援の拠点として ウィーンにあったＪＩＣＡ事務所は、現場主義を強化するとの観点から、セルビアのベオグラードに移され、それに合わせて名称もバルカン事務所と変更された。現在、ベオグラードを拠点として、セルビアの他に、モンテネグロ、ボスニア・ヘルツェゴヴィナ、マケドニア、アルバニア、コソボに対する日本の政府開発援助（ＯＤＡ）の実施を担っている。

この地域への協力は、もともとは冷戦終結後の東欧諸国の市場経済化支援として始められたが、１９９０年代後半からボスニア・ヘルツェゴヴィナでの復興支援が始まり、その後は、バルカン地域の安定と平和のために日本の援助が続けられている。

では、何故、ヨーロッパの国々に日本が援助をする必要があるのだろうか。実際、バルカンはヨーロッパなのだからEUに任せておけばいいとか、貧困層がいないのだから、援助は必要ないなどという意見が日本国内でもよく聞かれるが、それは当地域に対する認識不足と共に、ＪＩＣＡの援助を人道援助と誤解していると言わざるを得ない。

バルカン地域は、未だに難民・避難民、ロマなどの少数民族の問題を抱えると共に、貧困層の割合も他のヨーロッパ地域に比べてはるかに高いのが現状である。また、日本政府の開発協力大綱においても、国益、相互関係、外交、地球規模問題の解決等様々な側面を持つ援助の実施を謳っている。従って、まだまだ不安定要因を多く抱えるバルカン地域の平和と安定化や、日本企業の投資促進につながる環境整備のためにも、さらには、EU加盟への支援を行うことにより、欧州における親日的な橋頭堡を構築するためにも、当地域への援助は必要であると言える。外務省が作成している国別援助方針の中でも、例えばボスニア・ヘルツェゴヴィナについては「特に、今後のEU加盟に向けて環境分野でのEU基準を達成しなければならない同国の事情を勘案すれば、我が国の優れた技術と知見を活用できる環境インフラ整備のニーズは非常に高く、同分野での協力を積極的に推進している我が国の方針とも一致する。また、同国のEU加盟を側面的に支援することは、我が国と戦略的協力関係にあるEUとの関係強化の上でも重要である」と述べている。

さらにこの地域が非常に親日的であることも看過できない。セルビアでは、2010年9月に、日本の協力に対して感謝の印を示すために、ベオグラード市の資金により、市内のカレメグダン公園の中に噴水が作られ、英語、セルビア語と並んで、日本語で「日本の泉——日本国民への感謝の印として」と書かれた銘板が掲げられている。2011年3月の東日本大震災の際には、バルカン諸国から多大な援助の申し出がなされた。援助をすればする程、ますます日本との信頼関係が深まっていくという好事例の国々なのである。

さて、JICAでは、バルカン地域に対する援助の重点分野を①平和の定着、②民間セクター開発、③環境保全の3つに定め、その上で各国のニーズに合わせた援助を実施している。環境分野での協力として大きなものとしては、ボスニア・ヘルツエゴヴィナのウグレヴィック火力発電所排煙脱硫装置建設（2009年度、126・33億円）と、セルビアのニコラテスラ発電所の排煙脱硫装置建設（2011年度、283億円）に対する円借款があげられる。どちらも、排煙の中に大量に含まれている亜硫酸ガスの濃度をEU基準にまで引き下げるための事業である。また、アルバニアのティラナ市の下水道整備事業が、円借款（2008年度、111・21億円）を使って進められている他、これまでほぼ未処理でドナウ川に流されているベオグラードの生活排水の処理ために、下水処理施設の整備に対して円借款を供与するための準備調査も現在進められている。

コソボでは技術協力と無償資金協力を組み合わせた廃棄物管理能力向上のためのプロジェクトが進められている。首都プリシュティナ市及び第2の都市プリズレン市の廃棄物公社に対し、コンパクタートラック43台とスペアパーツを無償資金協力（2011年度、供与限度額：5・43億円）で供与するとともに、主にプリズレン市を対象として、廃棄物管理計画の立案支援、3Rの概念も含めた廃棄物処理に対する住民への

日本の **ODA** により供与されたコンパクタートラック
（2012年10月、写真提供 JICA）

理解の醸成などのための技術協力を２０１１年９月から行っている。ゴミ収集に際しては、セルビア系やロマなどの少数民族の地区も対象に含めるようにするなど、民族間のバランスを保つよう留意している。プリズレンは、古都として歴史のある街であり、市内にはモスクの他に、セルビア正教会、オスマントルコ時代の城跡や、公衆浴場（ハマム）跡などの多くの文化遺産が現存し、昔からの文化の多様性を彷彿とさせてくれるが、残念なことに、市内のいたるところにゴミが不法投棄されており、せっかくの景観が損なわれている。この日本の協力により、コソボにおけるごみ処理能力が向上するとともに、日本に対する信頼関係がますます深まることが期待される。

ゴミが散乱しているプリズレン旧市街（筆者撮影）

主要参考文献

以下では、まず本書の参照文献が各部ごとに配列してある。その際、各章の執筆担当者が提示した文献のうち、読者の便宜を考えた上で主要と思われるものだけ列挙し、外国語文献は割愛した（山カッコ内の数字が各章番号）。その後に、本書の参照文献以外の関連文献で比較的新しく基本的なものが、各部のテーマごとにあげてある。また、最後には別枠でバルカン基本文献を配置した。より詳しくは、各著書の中に、文献案内や参考文献表を付したものがあるので、それらを参照されたい。

Ⅰ部　歴史から

山崎洋・山崎淑子共訳編『ユーゴスラビアの民話Ⅱ――セルビア英雄譚』恒文社、１９８０年〈１〉

ミルチャ・エリアーデ（堀一郎監修、斉藤正二訳）『エリアーデ著作集第11巻 ザルモクシスからジンギスカンへ①――ルーマニア民間信仰史の比較宗教学的研究』、せりか書房、１９７６年〈３〉

栗原成郎『スラヴ吸血鬼伝説考』（増補新版）、河出書房新社、１９９１年〈３〉

平賀英一郎『吸血鬼伝承――「生ける死体」の民俗学』（中公新書１５６１）、中央公論新社、２０００年〈３〉

ブラム・ストーカー（平井呈一訳）『吸血鬼ドラキュラ』（創元推理文庫）、東京創元社、２０００年〈３〉

レイモンド・T・マクナリー、ラドゥ・フロレスク（矢野浩三郎訳）『ドラキュラ伝説――吸血鬼のふるさとをたずねて』（角川選書26）、角川書店、１９７８年〈３〉

新井政美『トルコ近現代史――イスラム国家から国民国家へ』みすず書房、２００１年〈５〉

永田雄三「歴史のなかのアーヤーン――19世紀初頭トルコ地方社会の反映」（「社会史研究」第7号、日本エディタースクール出版部、１９８６年）〈５〉

村田奈々子「ギリシア独立戦争と匪賊クレフテス――コロコトロニスに見る『地域』と『国家』」（歴史学研究会編『地中海世界史5 社会的結合と民衆運動』青木書店、１９９９年）〈６〉

今井淳子「バルカン「安定と発展のゾーン」へ――地域協力の歴史と現状」（百瀬宏編『下位地域協力と転換期国際関係』有信堂高文社、１９９６年）〈11〉

千田善『ユーゴ紛争――多民族・モザイク国家の悲劇』(講談社現代新書1168)、講談社、1993年〈15〉
高木徹『ドキュメント 戦争広告代理店――情報操作とボスニア紛争』講談社、2002年〈15〉
岩田昌征『ユーゴスラヴィア――衝突する歴史と抗争する文明』、NTT出版、1994年
カール・カーザー(越村勲・戸谷浩編訳)『ハプスブルク軍政国境の社会史――自由農民にして兵士』(学術叢書)、学術出版会、2013年
ジョルジュ・カステラン(萩原直訳)『ルーマニア史』(文庫クセジュ747)、白水社、1993年
唐沢晃一『中世後期のセルビアとボスニアにおける君主と社会――王冠と政治集会』刀水書房、2014年
木戸蓊『バルカン現代史』(世界現代史24)、山川出版社、1977年
R・J・クランプトン(高田有現・久原寛子訳)『ブルガリアの歴史』(ケンブリッジ版世界各国史)、創土社、2004年
スティーヴン・クリソルド編著(田中一生・柴宜弘・高田敏明訳)『ユーゴスラヴィア史』(増補第2版)、恒文社、1995年
リチャード・クロッグ(高久暁訳)『ギリシャの歴史』(ケンブリッジ版世界各国史)、創土社、2004年
桜井万里子編『ギリシア史』(新版世界各国史17)、山川出版社、2005年
B&C・ジェラヴィチ(野原美代子訳)『バルカン史』恒文社、1982年
シオラン(金井裕訳)『ルーマニアの変容』(叢書・ウニベルシタス990)、法政大学出版局、2013年
柴宜弘『ユーゴスラヴィア現代史』(岩波新書 新赤版445)、岩波書店、1996年
柴宜弘編『バルカン史』(新版世界各国史18)、山川出版社、1998年
柴宜弘『図説 バルカンの歴史』(新装版)河出書房新社、2015年
周藤芳幸編『ギリシア』(世界歴史の旅)、山川出版社、2003年
月村太郎『ユーゴ内戦――政治リーダーと民族主義』東京大学出版会、2006年
藤嶋亮『国王カロル対大天使ミカエル軍団――ルーマニアの政治宗教と政治暴力』彩流社、2012年
エドガー・ヘッシュ(佐久間穆訳)『バルカン半島』みすず書房、1995年
黛秋津『三つの世界の狭間で――西欧・ロシア・オスマンとワラキア・モルドヴァ問題』名古屋大学出版会、2013

年
Mark Mazower, *The Balkans: A Short History*, New York: Modern Library, 2000.
Maria Todorova (ed.), *Balkan Identities: Nation and Memory*, London: Hurst & Company, 2004.

Ⅱ部　都市めぐり

臼杵陽「サラエヴォからエルサレムへ――東方スファラディー的文化地域の終焉と再生」（『現代思想』（12月臨時増刊号　総特集＝ユーゴスラヴィア解体）、第25巻第14号、１９９７年）〈16〉
フアン・ゴイティソーロ（山道佳子訳）『サラエヴォ・ノート』みすず書房、１９９４年
平賀英一郎「クローンシュタット」（『トランシルヴァニア通信』島根トランシルヴァニア協会会報、第14号、２００２年８月）〈22〉
柴宜弘編『もっと知りたいユーゴスラヴィア』弘文堂、１９９１年〈22〉
直野敦・佐藤純一・森安達也・住谷春也共訳編『バルカンの民話』恒文社、１９８０年〈23〉
バリシァ・クレキッチ（田中一生訳）『中世都市ドゥブロヴニク――アドリア海の東西交易』（叢書東欧２）、彩流社、１９９０年
Fama編（P3 Art and Environment訳、監修：柴宜弘）『サラエボ旅行案内――史上初の戦場都市ガイド』三修社、１９９４年

Ⅲ部　民族を超える、国を超える

ロバート・J・ドーニャ、ジョン・V・A・ファイン（佐原徹哉・柳田美映子・山崎信一訳）『ボスニア・ヘルツェゴヴィナ史――多民族国家の試練』、恒文社、１９９５年〈24〉
柴宜弘編『バルカン史』（新版世界各国史18）、山川出版社、１９９８年〈24〉
佐原徹哉「ユーゴ内戦と宗教――バルカンにおける民族意識と宗教意識」（『現代思想』（12月臨時増刊号　総特集＝ユーゴスラヴィア解体）、第25巻第14号、１９９７年）〈24〉
みやこうせい『マラムレシュ――ルーマニア山村のフォークロア』未知谷、２０００年〈26〉

みやこうせい『森のかなたのミューズたち――ルーマニア音楽誌』音楽之友社、1996年〈26〉
みやこうせい『羊と樅の木の歌――ルーマニア農牧民の生活誌』朝日新聞社、1988年〈26〉
みやこうせい『ルーマニア賛歌――Europe of Europe』平凡社、2002年〈26〉
スティーヴン・クリソルド編著（田中一生・柴宜弘・高田敏明訳）『ユーゴスラヴィア史』恒文社、1980年〈27〉
石田信一『ダルマチアにおける国民統合過程の研究』刀水書房、2004年〈28〉
石田信一「クロアチアにおける地域主義の現状」（『ロシア研究』第29号、1999年）〈29〉
今岡十一郎『ブルガリア』新紀元社、1962年〈33〉
オウィディウス（木村健治訳）『悲しみの歌／黒海からの手紙』（西洋古典叢書第I期第13回配本）、京都大学学術出版会、1998年〈33〉
『東欧の光――ルーマニア近代絵画の巨匠たち展』朝日新聞社、1995年〈33〉
尚瀬啓太郎『ビザンツ帝国史』東海大学出版会、1999年〈33〉
イブン・バットゥータ著、イブン・ジュザイイ編（家島彦一訳注）『大旅行記4』（東洋文庫659）、平凡社、1999年〈33〉
梅原季哉『戦火のサラエボ100年史――「民族浄化」もう一つの真実』（朝日選書936）、朝日新聞出版、2015年
長有紀枝『スレブレニツァ――あるジェノサイドをめぐる考察』東信堂、2009年
コーシュ・カーロイ（田代文雄監訳、奥山裕之・山本明代訳）『トランシルヴァニア――その歴史と文化』恒文社、1991年
木村元彦『終わらぬ「民族浄化」セルビア・モンテネグロ』（集英社新書0297A）、集英社、2005年
佐原徹哉『ボスニア内戦――グローバリゼーションとカオスの民族化』（国際社会と現代史）、有志舎、2008年
スコット・タイラー（佐原徹哉訳）『アメリカの正義の裏側――コソヴォ紛争その後』平凡社、2004年
ドゥシコ・タディチ（岩田昌征訳・著）『ハーグ国際法廷のミステリー――旧ユーゴスラヴィア多民族戦争の戦犯第一号日記』社会評論社、2013年
坪井睦子『ボスニア紛争報道――メディアの表象と翻訳行為』みすず書房、2013年

内藤陽介『トランシルヴァニア／モルダヴィア歴史紀行――ルーマニアの古都を歩く』（切手紀行シリーズ２）、彩流社、２００９年
ピーター・ブロック（田辺希久子訳）『戦争報道メディアの大罪――ユーゴ内戦でジャーナリストは何をしなかったのか』ダイヤモンド社、２００９年
ジョン・ヘーガン（本間さおり訳）『戦争犯罪を裁く――ハーグ国際戦犯法廷の挑戦』（上・下、全２巻／ＮＨＫブックス１１７８〜１１７９）、ＮＨＫ出版、２０１１年
町田幸彦『コソボ紛争――冷戦後の国際秩序の危機』（岩波ブックレット４８７）、岩波書店、１９９９年
ドラーゴ・ロクサンディチ（越村勲訳）『クロアティア＝セルビア社会史断章――民族史を越えて』（叢書東欧７）、彩流社、１９９９年

Ⅳ部　暮らしと社会

栗原成郎「ことわざ生活」（柴宜弘編『もっと知りたいユーゴスラヴィア』弘文堂、１９９１年）〈35〉
村田奈々子「女性たちのレジスタンス――伝統的女性像からの脱却」（周藤芳幸・村田奈々子『ギリシアを知る事典』東京堂出版、２０００年）〈35〉
アーウィン・Ｔ・サンダース（寺島憲治訳）『バルカンの村びとたち』平凡社、１９９０年〈35〉
越村勲・山崎信一『映画『アンダーグラウンド』を観ましたか？――ユーゴスラヴィアの崩壊を考える』彩流社、２００４年〈38〉
村田奈々子「『移民』でみるギリシア」（周藤芳幸・村田奈々子『ギリシアを知る事典』東京堂出版、２０００年）〈39〉
みやこうせい『ルーマニア賛歌――Europe of Europe』平凡社、２００２年〈41〉
川又一英『聖山アトス――ビザンチンの誘惑』（新潮選書）、新潮社、１９８９年〈42〉
川又一英『エーゲ海の修道士――聖山アトスに生きる』集英社、２００２年〈42〉
佐原徹哉『近代バルカン都市社会史――多元主義空間における宗教とエスニシティ』刀水書房、２００３年〈43〉
寺島憲治編著『ダヴィドコヴォ村民衆歌謡集――イスラム教徒・キリスト教徒共住村』（全３巻）、東京外国語大学アジア・

アフリカ言語文化研究所、２００４〜２００９年〈43〉
松前もゆる「キリスト教徒とイスラームの接点――ブルガリアの場合」（『季刊リトルワールド』第73号、２００２年）〈43〉
越村勲編訳『バルカンの大家族ザドルガ』（叢書東欧６）、彩流社、１９９４年
ストヤン・ノヴァコヴィチ（越村勲・唐沢晃一訳）『セロ――中世セルビアの村と家』（人間科学叢書35）、刀水書房、２００３年
早坂隆『ルーマニア・マンホール生活者の記録』現代書館、２００３年［文庫版（中公文庫は－56－２）、中央公論新社、２００８年］
文化学園服飾博物館編『ブルガリアの女性と伝承文化――風土・こころ・暮らし』文化学園服飾博物館、１９９６年
Manevska 真基子『東欧の小国マケドニアつれづれ歩き』新風舎、２００３年
益田朋幸文・写真『地中海紀行 ビザンティンでいこう！』東京書籍、１９９６年
みやこうせい文・写真『ルーマニア人・酒・歌』東京書籍、２００３年
Norica Panayota『東欧ブルガリア・ルーマニアのなつかしいモノたち』合同出版、２００８年

Ⅴ部　フォークロア

大林太良・岸野雄三・寒川恒夫・山下晋司編『民族遊戯大事典』大修館書店、１９９８年〈47〉
新免光比呂『祈りと祝祭の国――ルーマニアの宗教文化』淡交社、２０００年〈47〉
森安達也編『スラヴ民族と東欧ロシア』（民族の世界史10）、山川出版社、１９８６年〈47〉
伊東一郎「バルカンにおける降雨儀礼と儀礼歌――ドドラあるいはペペルーダ」（『季刊人類学』第12巻第２号、１９８０年）
誠文堂新光社編『東欧のかわいい陶器――ポーリッシュポタリーと、ルーマニア、ブルガリア、ハンガリー、チェコに受け継がれる伝統と模様』誠文堂新光社、２０１４年

Ⅵ部　ことば

村田奈々子「ギリシア語とギリシア人」（周藤芳幸・村田奈々子『ギリシアを知る事典』東京堂出版、２０００年）〈49〉

主要参考文献

直野敦「アルバニアの文字」（亀井孝編『言語学大事典 別巻』三省堂、２００１年）〈50〉

金指久美子『スロヴェニア語入門』大学書林、２００１年

金指久美子『スロヴェニア語日本語小辞典』大学書林、２００９年

川原拓雄『現代ギリシア語辞典＝*Νεο Ελληνο-Ιαπωνικο λεξικο*』（第３版）、リーベル出版、２００４年

木戸雅子『まずはこれだけギリシャ語』（CD book）、国際語学社、２００４年

木戸雅子『現代ギリシア語』（ニューエクスプレス）、白水社、２０１２年

桑野隆・長與進編著『ロシア・中欧・バルカン世界のことばと文化』（早稲田大学国際言語文化研究所編、世界のことばと文化シリーズ）、成文堂、２０１０年

中島由美・田中一生編『マケドニア語会話練習帳』大学書林、１９８１年

中島由美・野町素己『セルビア語クロアチア語』（ニューエクスプレス）、白水社、２０１０年

鈴木信吾・鈴木エレナ『ルーマニア語』（ニューエクスプレス）、白水社、２００８年

鈴木信吾・鈴木エレナ『ルーマニア語単語集』（ニューエクスプレス）、白水社、２０１２年

鈴木信吾・菅井健太『まずはこれだけルーマニア語』（CD book）、国際語学社、２０１４年

寺島憲治『ブルガリア語』（ニューエクスプレス）、白水社、２０１２年

直野敦『ルーマニヤ語文法入門』（大学書林語学文庫 No.3020、第２版）、大学書林、１９８２年

直野敦『ルーマニア語辞典』大学書林、１９８４年

直野敦編『アルバニア語基礎１５００語』大学書林、１９８６年

直野敦『アルバニア語入門』大学書林、１９８９年

二宮由美『まずはこれだけブルガリア語』（CD book）、国際語学社、２００６年

倍賞和子『やさしいルーマニア語の決まり文句――新正書法』南雲堂フェニックス、２００２年

アンカ・フォクシェネアヌ、飯森伸哉『ゼロから話せるルーマニア語――会話中心』三修社、２０１０年

福田千津子『ゼロから話せる現代ギリシャ語――会話中心』三修社、２００６年

福田千津子『現代ギリシア語文法ハンドブック』白水社、２００９年

松永緑彌『ブルガリア語文法』大学書林、1991年
松永緑彌『ブルガリア語辞典』大学書林、1995年
三谷惠子『クロアチア語ハンドブック』大学書林、1997年
三谷惠子『クロアチア語常用6000語』大学書林、1998年
三谷惠子『クロアチア語のしくみ』白水社、2009年
村田奈々子『ギリシア語のかたち』白水社、2004年［新版、2013年］
百瀬亮司著、大阪大学世界言語センター監修『セルビア語読解入門』大阪大学出版会、2012年
山崎洋編『セルビア語常用6000語』大学書林、2001年

Ⅶ部　食文化

中島由美『バルカンをフィールドワークする――ことばを訪ねて』大修館書店、1997年〈53〉
スラヴェンカ・ドラクリッチ（長場真砂子訳）『カフェ・ヨーロッパ』恒文社、1998年〈57〉
マリア・ヨトヴァ『ヨーグルトとブルガリア――生成された言説とその展開』東方出版、2012年

Ⅷ部　文化とスポーツ

ミルチャ・エリアーデ（住谷春也・直野敦訳）『エリアーデ幻想小説全集』（全3巻）、作品社、2003〜2005年〈58〉
ミロラド・パヴィチ（工藤幸雄訳）『ハザール事典――夢の狩人たちの物語』（男性版／女性版）、東京創元社、1993年［文庫版（創元ライブラリ）、2015年］〈58〉
イスマイル・カダレ（平岡敦訳）『誰がドルンチナを連れ戻したのか』白水社、1994年〈58〉
ナディア・コマネチ（鈴木淑美訳）『コマネチ――若きアスリートへの手紙』青土社、2004年
関口義人『バルカン音楽ガイド』青弓社、2003年〈60〉
井口壽乃・圀府寺司編『アヴァンギャルド宣言――中東欧のモダニズム』三元社、2005年

伊東信宏『中東欧音楽の回路──ロマ・クレズマー・20世紀の前衛』岩波書店、２００９年
宇都宮徹壱『幻のサッカー王国──スタジアムから見た解体国家ユーゴスラヴィア』勁草書房、１９９８年
奥彩子『境界の作家ダニロ・キシュ』松籟社、２０１０年
亀田真澄『国家建設のイコノグラフィー──ソ連とユーゴの五カ年計画プロパガンダ』成文社、２０１４年
木村元彦『誇り──ドラガン・ストイコビッチの軌跡』東京新聞出版局、１９９８年〔文庫版（集英社文庫５７１）、集英社、２０００年〕
木村元彦『悪者見参──ユーゴスラビアサッカー戦記』集英社、２０００年〔文庫版（集英社文庫７２４）、２００１年〕
木村元彦『オシムの言葉──フィールドの向こうに人生が見える』集英社インターナショナル、２００５年〔増補改訂版『オシムの言葉』（文春文庫 き-38-1）、文藝春秋、２０１４年〕
木村元彦『オシム 終わりなき闘い』ＮＨＫ出版、２０１５年
近藤健児『辺境・周縁のクラシック音楽 2──中・東欧篇』青弓社、２０１１年
七字英輔『ルーマニア演劇に魅せられて──シビウ国際演劇祭への旅』せりか書房、２０１３年
関口義人『ロマ・素描──ジプシー・ミュージックの現場から』東京書籍、２００３年
田中一生『バルカンの心──ユーゴスラビアと私』（叢書東欧12）、彩流社、２００７年
ミランカ・トーディチ（荒島浩雅訳）『写真とプロパガンダ──１９４５～１９５８』三元社、２００９年
マルコ・トマシュ（千田善訳）『オシム──ゲームという名の人生』筑摩書房、２０１５年
沼野充義・西成彦・奥彩子編『東欧の想像力』松籟社、２０１６年（刊行予定）
畠山陸雄『ルーマニア音楽史──音楽家の足跡から辿る』えにし書房、２０１５年
藤田恭子『「周縁」のドイツ語文学──ルーマニア領ブコヴィナのユダヤ系ドイツ語詩人たち』東北大学出版会、２０１４年
ディミトリエ・ボグダノヴィチ、デヤン・メダコヴィチ、ヴォイスラヴ・J・ジューリッチ（田中一生・鐸木道剛共訳）『ヒランダル修道院』恒文社、１９９５年
三宅理一・羽生修二監修『モルドヴァの世界遺産とその修復──ルーマニアの中世修道院美術と建築』西村書店、２０

09年
柳澤寿男『戦場のタクト――戦地で生まれた、奇跡の管弦楽団』実業之日本社、2012年
柳澤寿男『バルカンから響け！ 歓喜の歌――紛争の跡地で奏でる奇跡の旋律』晋遊舎、2015年
ヴァルター・ルグレ（奥村賢訳）『アンゲロプロス――沈黙のパルチザン』フィルムアート社、1996年

【文学】
ルイス・アダミック（田原正三訳）『わが祖国ユーゴスラヴィアの人々』（ルイス・アダミック作品集2）、PMC出版、1990年
アンドリッチ（松谷健二訳）『ドリナの橋』（現代東欧文学全集12）、恒文社、1966年
イヴォ・アンドリッチ（岡崎慶興訳）『ボスニア物語』（東欧の文学）、恒文社、1972年
イヴォ・アンドリッチ（田中一生訳）『ゴヤとの対話』恒文社、1976年
イヴォ・アンドリッチ（田中一生訳）『サラエボの女』恒文社、1982年
イヴォ・アンドリッチ（栗原成郎訳）『呪われた中庭』恒文社、1983年
イヴォ・アンドリッチ（田中一生・山崎洋共訳）『サラエボの鐘――短編集』恒文社、1997年
飯島周・小原雅俊編『ポケットのなかの東欧文学――ルネッサンスから現代まで』成文社、2006年
イワン・ヴァーゾフ（松永緑彌訳）『軛の下で』恒文社、1973年
ドゥブラヴガ・ウグレシィチ（岩崎稔訳）『バルカン・ブルース』、未來社、1997年
ミルチャ・エリアーデ（住谷春也訳）『妖精たちの夜』（I・II、全2巻）作品社、1996年
ミルチャ・エリアーデ（住谷春也訳）「マイトレイ」［『マイトレイ／軽蔑』（池澤夏樹＝個人編集 世界文学全集II-03）、河出書房新社、2009年］
オデュッセアス・エリティス（山川偉也訳）『アクシオン・エスティ 讃えられよ――詩集』人文書院、2006年
小沢俊夫編訳『世界の民話4 東欧［I］』ぎょうせい、1977年［新装版、1999年］
小沢俊夫編訳『世界の民話16 アルバニア・クロアチア』ぎょうせい、1985年［新装版、1999年］

主要参考文献

小原雅俊編『文学の贈物――東中欧文学アンソロジー』未知谷、２０００年
ニコス・カザンザキス（秋山健訳）『その男ゾルバ』恒文社、１９６７年
イスマイル・カダレ（村上光彦訳）『夢宮殿』（海外文学セレクション）、東京創元社、１９９４年［文庫版（創元ライブラリ）、２０１２年］
イスマイル・カダレ（井浦伊知郎訳）『死者の軍隊の行進』（東欧の想像力5）、松籟社、２００９年
ミルチャ・カルタレスク（住谷春也訳）『ぼくらが女性を愛する理由』（東欧の想像力11）、松籟社、２０１５年
ダニロ・キシュ（山崎佳代子訳）『若き日の哀しみ』（海外文学セレクション）、東京創元社、１９９５年［文庫版（創元ライブラリ）、２０１３年］
ダニロ・キシュ（山崎佳代子訳）『死者の百科事典』東京創元社、１９９９年
ダニロ・キシュ（奥彩子訳）『砂時計』（東欧の想像力1）、松籟社、２００７年
ダニロ・キシュ（山崎佳代子訳）「庭、灰」（『庭、灰／見えない都市』（池澤夏樹＝個人編集 世界文学全集II‐06）、河出書房新社、２００９年）
栗原成郎・田中一生共訳編『ユーゴスラビアの民話』恒文社、１９８０年
志田信男訳編『セフェリス詩集』（世界現代詩文庫14）、土曜美術社、１９８８年
ゾラン・ジヴコヴィッチ（山田順子訳）『12人の蒐集家／ティーショップ』（海外文学セレクション）、東京創元社、２０１５年
ゾラン・ジフコヴィッチ（山田順子訳）『ゾラン・ジフコヴィッチの不思議な物語』黒田藩プレス、２０１０年
ドラゴ・シュタンブク（アイーダ・ヴィダン英語訳、橋本博美日本語訳）『黒い波――ドラゴ・シュタンブク詩集』思潮社、２００９年
ブラニミル・シュチェパノビッチ（田中一生訳）『土に還る』恒文社、１９７８年
正津勉編『白い乳房黒い乳房――地球をむすぶ72のラブ・メッセージ』ホーム社、２００９年
ザハリア・スタンク（直野敦訳）『はだしのダリエ』恒文社、１９６７年
メシャ・セリモヴィッチ（三谷惠子訳）『修道士と死』（東欧の想像力10）、松籟社、２０１３年

高野史緒編『時間はだれも待ってくれない——21世紀東欧SF・ファンタスチカ傑作集』東京創元社、２０１１年
高橋勝之・直野敦・吉上昭三編『世界短編名作選 東欧編』新日本出版社、１９７９年
イヴァン・ツァンカル（イヴァン・ゴドレール、佐々木とも子訳）『イヴァン・ツァンカル作品選』成文社、２００８年
イヴァン・ツァンカル（イヴァン・ゴドレール、佐々木とも子訳）『慈悲の聖母病棟』成文社、２０１１年
ディミートル・ディーモフ（松永緑彌訳）『タバコ』（第1部・第2部、全2巻／東欧の文学）、恒文社、１９７６〜１９７７年［第2版、１９８９年］
スラヴェンカ・ドラクリッチ（三谷恵子訳）『バルカン・エクスプレス——女心とユーゴ戦争』三省堂、１９９５年
直野敦・住谷春也共訳編『ルーマニアの民話』（東欧民話集1）、恒文社、１９７８年
D・ナネフスキー編（香壽・レシュニコフスカ訳）『マケドニアの民話』恒文社、１９９７年
沼野充義編『東欧怪談集』（河出文庫）、河出書房新社、１９９５年
ミロラド・パヴィチ（青木純子訳）『風の裏側——ヘーローとレアンドロスの物語』（海外文学セレクション）東京創元社、１９９５年
ミロラド・パヴィッチ（三谷恵子訳）『帝都最後の恋——占いのための手引き書』（東欧の想像力4）、松籟社、２００９年
『バラーダ——口承物語詩』（住谷春也訳、シルヴィウ・バイアシュ挿絵）未知谷、２００８年
ヤスミンコ・ハリロビッチ編著（角田光代訳、千田善監修）『ぼくたちは戦場で育った——サラエボ１９９２〜１９９５』集英社インターナショナル、２０１５年
東千尋編訳『現代ギリシア詩集』土曜美術社出版、２０１１年
ミオドラーク・ブラトーヴィッチ（上島建吉訳）『赤いおんどり』（新しい世界の文学33）、白水社、１９６６年
ミオドラグ・ブラトーヴィッチ（大久保和郎訳）『ろばに乗った英雄』（現代東欧文学全集13）、恒文社、１９６６年
ミオドラグ・ブラトーヴィッチ（飯吉光夫訳）『冷血の地』集英社、１９８１年
イワナ・ブルリッチ＝マジュラニッチ（山本郁子訳、二俣英五郎絵）『見習い職人フラピッチの旅』（おはなしメリーゴーラウンド）、小峰書店、２００６年

イヴァーナ・ブルリッチ＝マジュラニッチ（栗原成郎訳）『昔々の昔から』松籟社、２０１０年
ペタル二世ペトロビッチ＝ニェゴシュ（田中一生・山崎洋訳）『山の花環――十七世紀末の歴史的事件』ニェゴシュ財団／彩流社、２００３年
ペタル二世ペトロビッチ＝ニェゴシュ（田中一生・山崎洋訳）『小宇宙の光』ニェゴシュ財団／彩流社、２００８年
イヴァイロ・ペトロフ［ほか］（松永緑弥［ほか］訳）『ノンカの愛』（東欧の文学）、恒文社、１９７１年
真木三三子訳編『ブルガリアの民話』恒文社、１９８０年
プレドラグ・マトヴェイエーヴィチ（土屋良二訳）『旧東欧世界――祖国を失った一市民の告白』未來社、２０００年
ドラゴスラヴ・ミハイロヴィチ（山崎洋・山崎佳代子訳）『南瓜の花が咲いたとき』未知谷、２００５年
ヘルタ・ミュラー（山本浩司訳）『狙われたキツネ』（ドイツ文学セレクション）、三修社、１９９７年［新装版、２００９年］
ヘルタ・ミュラー（山本浩司訳）『澱み――ヘルタ・ミュラー短編集』三修社、２０１０年
ヘルタ・ミュラー（山本浩司訳）『息のブランコ』三修社、２０１１年
ヘルタ・ミュラー（小黒康正訳）『心獣』三修社、２０１４年
八百板洋子編訳、高森登志夫画『吸血鬼の花よめ――ブルガリアの昔話』（福音館文庫F-13）、福音館書店、２００５年
山崎佳代子『ベオグラード日誌』書肆山田、２０１４年
山崎光絵、山崎佳代子文『戦争と子ども』（「文明の庫」双書）、西田書店、２０１５年
リビウ・レブリャーヌ（住谷春也訳）『処刑の森』恒文社、１９９７年

Ⅸ　世界のなかで

柴宜弘「ヨーロッパ統合とバルカン――自立的な地域協力の可能性」（宮島喬・羽場久浘子編『ヨーロッパ統合のゆくえ――民族・地域・国家』人文書院、２００１年）〈63〉
柴宜弘「バルカンで進む歴史副教材の出版」（『歴史評論』第６３２号、２００２年12月）〈64〉
柴宜弘「バルカン諸国共通の歴史認識をつくる試み」（『東欧史研究』第24号、２００２年）〈64〉
外務省ホームページ「西バルカンの平和定着・経済発展閣僚会合」http://www.mofa.go.jp/mofaj/area/europe/w_balkans

〈65〉
森田太郎『サッカーが越えた民族の壁――サラエヴォに灯る希望の光』明石書店、２００２年〈65〉
柴宜弘編『バルカン史と歴史教育――「地域史」とアイデンティティの再構築』明石書店、２００８年
南東欧における民主主義と和解のためのセンター（ＣＤＲＳＥＥ）企画、クリスティナ・クルリ総括責任著（柴宜弘監訳）『バルカンの歴史――バルカン近現代史の共通教材』（世界の教科書シリーズ37）、明石書店、２０１３年

バルカン基本文献

【総論・事典】

芦田均『バルカン』（岩波新書 赤版55）、岩波書店、１９３９年
梅棹忠夫監修、松原正毅・ＮＩＲＡ編集『世界民族問題事典』（新訂増補版）、平凡社、２００２年
ジョルジュ・カステラン（萩原直訳）『バルカン世界――火薬庫か平和地帯か』（叢書東欧８）、彩流社、２０００年
小山洋司『南東欧（バルカン）経済図説』（ユーラシア・ブックレット１６０）、東洋書店、２０１０年
柴宜弘『バルカンの民族主義』（世界史リブレット45）、山川出版社、１９９６年
柴宜弘・佐原徹哉編『バルカン学のフロンティア』（叢書東欧10）、彩流社、２００６年
柴宜弘・木村真・奥彩子編『東欧地域研究の現在』山川出版社、２０１２年
柴宜弘・伊東孝之・南塚信吾・直野敦・萩原直監修『東欧を知る事典』（新版）、平凡社、２０１５年
南塚信吾編『東欧の民族と文化』（叢書東欧１、増補版）、彩流社、１９９３年
Maria Todorova, *Imagining the Balkans*, Oxford: Oxford University Press, 1997.

【各国・地域別】（8〜11頁の「バルカン各国・地域概要」の順）

井浦伊知郎『アルバニア・インターナショナル――鎖国・無神論・ネズミ講だけじゃなかった国を知るための45カ国』（共産趣味インターナショナル Vol.1）、社会評論社、２００９年
柴宜弘・山崎信一編著『ボスニア・ヘルツェゴヴィナを知るための60章』（エリア・スタディーズ１７３）、明石書店、２

019年
森安達也・今井淳子共訳編『ブルガリア――風土と歴史』恒文社、1981年
ジョルジュ・カステラン、ガブリエラ・ヴィダン（千田善・湧口清隆訳）『クロアチア』（文庫クセジュ828）、白水社、2000年
柴宜弘・石田信一編著『クロアチアを知るための60章』（エリア・スタディーズ121）、明石書店、2013年
周藤芳幸・村田奈々子『ギリシアを知る事典』東京堂出版、2000年
村田奈々子『物語 近現代ギリシャの歴史――独立戦争からユーロ危機まで』（中公新書2152）、中央公論新社、2012年
六鹿茂夫編著『ルーマニアを知るための60章』（エリア・スタディーズ66）、明石書店、2007年
柴宜弘・山崎信一編著『セルビアを知るための60章』（エリア・スタディーズ137）、明石書店、2015年
ジョルジュ・カステラン、アントニア・ベルナール（千田善訳）『スロヴェニア』（文庫クセジュ827）、白水社、2000年
柴宜弘、アンドレイ・ベケシュ、山崎信一編著『スロヴェニアを知るための60章』（エリア・スタディーズ159）、明石書店、2017年
柴宜弘編『もっと知りたいユーゴスラヴィア』弘文堂、1991年
鈴木健太・百瀬亮司・亀田真澄・山崎信一『アイラブユーゴ――ユーゴスラヴィア・ノスタルジー』（全3巻：1大人編、2男の子編、3女の子編／自主管理社会趣味 Vol. 1-3）、社会評論社、2014～2015年
百瀬亮司編、柴宜弘監修『ユーゴ研究の最前線』溪水社、2012年

長島大輔（ながしま　だいすけ）
1973年生まれ。東京経済大学、東京都市大学非常勤講師。ユーゴスラヴィア地域研究（ナショナリズムと宗教）専攻［24］

沼野充義（ぬまの　みつよし）
1954年生まれ。東京大学名誉教授、名古屋外国語大学教授。ロシア東欧文学専攻［58］

平野共余子（ひらの　きょうこ）
ニューヨーク市ジャパン・ソサエティー映画部門勤務中にニューヨーク大学、ニュースクール大学で、その後テンプル大学ジャパンキャンパス、明治学院大学などで非常勤講師を務めた。映画史専攻［コラム2］

アンドレイ・ベケシュ
リュブリャナ大学文学部教授。日本語学専攻［コラム6］

松前もゆる（まつまえ　もゆる）
早稲田大学文学学術院教授。文化人類学専攻［35、43、47］

みやこうせい
カルパチアの農牧の村の民俗に65年以来かかわり、国内外で民俗写真集出版。ルーマニア文化機構（アカデミー）会員。フォトアート、エッセイ、批評、絵本翻訳他。［26、40、41］

村田奈々子（むらた　ななこ）
東洋大学文学部教授。近現代ギリシア史専攻［6、13、16、18、39、49］

山崎信一（やまざき　しんいち）
1971年生まれ。東京大学教養学部非常勤講師、明治大学兼任講師。ユーゴスラヴィア現代史専攻［10、12、15、25、38、60、66］

山崎　洋（やまさき　ひろし）
1941年生まれ。翻訳家、元ベオグラード大学文学部講師。社会主義経済論専攻［14、19］

茂野　玲（しげの　れい）
1973年生まれ。政治思想史・政治理論専攻［61］

＊**柴　宜弘**（しば　のぶひろ）
編著者紹介参照［1、34、63、64、65］

定直正光（じょうじき　まさみつ）
1937年生まれ。東京外国語大学ロシア語科卒業。兼松株式会社（1961～1988年）を経てJICE嘱託（2001～2004年）。兼松株式会社勤務時20年強ベオグラード在住［55］

菅原（今井）淳子（すがはら　じゅんこ）
1954年生まれ。二松学舎大学名誉教授。国際関係史・バルカン近現代史専攻［7、11］

鈴木健太（すずき　けんた）
1980年生まれ。神田外語大学グローバル・リベラルアーツ学部准教授。ユーゴスラヴィア現代史、東欧・バルカン地域研究専攻［バルカン各国・地域概要、主要参考文献］

鐸木道剛（すずき　みちたか）
1950年生まれ。東北学院大学文学部教授。ビザンティン美術史、東欧美術史、日本近代美術史専攻。2024年2月15日逝去［59、コラム1］

関口義人（せきぐち　よしと）
1950年東京生まれ。明治大学卒。商社勤務を経て現職は音楽評論、プロデュースなど［コラム4］

田中一生（たなか　かずお）
1935年生まれ。バルカン文化史、旧ユーゴスラヴィア文学専攻。2009年3月9日逝去［2、17、21、57］

寺島憲治（てらじま　けんじ）
1948年生まれ。スラヴ・バルカン文化研究専攻［37、56］

中島崇文（なかじま　たかふみ）
学習院女子大学国際文化交流学部国際コミュニケーション学科教授。東欧地域研究（特にルーマニア、モルドヴァ）専攻［3、22、23、32、33、44］

中島由美（なかじま　ゆみ）
1951年生まれ。一橋大学名誉教授。言語学専攻［51、52、53、54］

〈執筆者一覧（＊編著者）および担当章〉

井浦伊知郎（いうら　いちろう）
1968 年生まれ 。福山国際外語学院校長。
アルバニア語・バルカン言語学専攻［20、50］

石田信一（いしだ　しんいち）
跡見学園女子大学文学部教授。東欧地域研究（特に旧ユーゴ・クロアチア近現代史）［28、29］

伊東一郎（いとう　いちろう）
1949 年生まれ。早稲田大学名誉教授。スラヴ民俗学専攻［45、46］

稲垣紀夫（いながき　のりお）
ルーマニア・クルージ・フォークロア研究所客員研究員。ルーマニア現代史、民族舞踊学専攻［48］

稲葉光俊（いなば　みつとし）
1977 年生まれ。東京大学大学院総合文化研究科地域文化研究専攻博士課程。ボスニア・ヘルツェゴヴィナ近代史専攻［5］

宇都宮徹壱（うつのみや　てついち）
1966 年生まれ。写真家、ノンフィクションライター［62、コラム 5］

長　有紀枝（おさ　ゆきえ）
1963 年生まれ。立教大学大学院社会デザイン研究科教授。特定非営利活動法人難民を助ける会会長［コラム 3］

川又一英（かわまた　かずひで）
1944 年生まれ。作家。2004 年 10 月 16 日逝去　享年 59 歳［42］

木村　真（きむら　まこと）
1960 年生まれ。日本女子大学非常勤講師。東欧地域研究（特にブルガリア）専攻［4、8、9、30、31、36］

黒澤　啓（くろさわ　さとる）
元 JICA バルカン事務所長、元共立女子大学教授。国際協力、国際公共政策専攻［コラム 7］

齋藤　厚（さいとう　あつし）
外務省在ヒューストン日本国総領事館首席領事。政治社会論・バルカン地域研究専攻［27］

編著者紹介

柴　宜弘（しば　のぶひろ）

1946年東京生まれ。早稲田大学大学院文学研究科西洋史学博士課程修了。1975～77年、ベオグラード大学哲学部歴史学科留学。敬愛大学経済学部、東京大学大学院総合文化研究科教授を経て、現在、城西国際大学特任教授、ECPD国連平和大学（ベオグラード）客員教授、東京大学名誉教授。専攻は東欧地域研究、バルカン近現代史。2021年5月28日逝去。

【主な著書】

『バルカンの民族主義』（山川出版社、1996年）、『ユーゴスラヴィア現代史』（岩波新書、1996年）、『図説　バルカンの歴史』（新装版、河出書房新社、2015年）

【共著】

『世界大戦と現代文化の開幕』（世界の歴史26、中央公論社、1997年〔文庫版、2009年〕）

【編著】

『バルカン史』（山川出版社、1998年）、『東欧を知る事典』（新版、平凡社、2015年）、『バルカン史と歴史教育——「地域史」とアイデンティティの再構築』（明石書店、2008年）、『東欧地域研究の現在』（山川出版社、2012年）、『クロアチアを知るための60章』（明石書店、2013年）、『セルビアを知るための60章』（明石書店、2015年）、『スロヴェニアを知るための60章』（明石書店、2017年）、『ボスニア・ヘルツェゴヴィナを知るための60章』（明石書店、2019年）

エリア・スタディーズ48

バルカンを知るための66章【第2版】

2005年4月10日　初　版 第1刷発行
2016年1月31日　第2版 第1刷発行
2024年10月10日　第2版 第3刷発行

編著者　柴　宜弘
発行者　大江道雅
発行所　株式会社 明石書店

〒101–0021 東京都千代田区外神田6-9-5
電話 03（5818）1171
FAX 03（5818）1174
振替　00100-7-24505
http://www.akashi.co.jp/

組版／装丁　明石書店デザイン室
印刷　日経印刷株式会社
製本　日経印刷株式会社

（定価はカバーに表示してあります）　ISBN978-4-7503-4298-6

エリア・スタディーズ

1 **現代アメリカ社会を知るための60章**
明石紀雄、川島浩平 編著

2 **イタリアを知るための62章【第2版】**
村上義和 編著

3 **イギリスを旅する35章**
辻野功 編著

4 **モンゴルを知るための65章【第2版】**
金岡秀郎 著

5 **パリ・フランスを知るための44章**
梅本洋一、大里俊晴、木下長宏 編著

6 **現代韓国を知るための61章【第3版】**
石坂浩一、福島みのり 編著

7 **オーストラリアを知るための58章【第3版】**
越智道雄 著

8 **現代中国を知るための54章【第7版】**
藤野彰 編著

9 **ネパールを知るための60章**
日本ネパール協会 編

10 **アメリカの歴史を知るための65章【第4版】**
富田虎男、鵜月裕典、佐藤円 編著

11 **現代フィリピンを知るための61章【第2版】**
大野拓司、寺田勇文 編著

12 **ポルトガルを知るための55章【第2版】**
村上義和、池俊介 編著

13 **北欧を知るための43章**
武田龍夫 著

14 **ブラジルを知るための56章【第2版】**
アンジェロ・イシ 著

15 **ドイツを知るための60章**
早川東三、工藤幹巳 編著

16 **ポーランドを知るための60章**
渡辺克義 編著

17 **シンガポールを知るための65章【第5版】**
田村慶子 編著

18 **現代ドイツを知るための67章【第3版】**
浜本隆志、髙橋憲 編著

19 **ウィーン・オーストリアを知るための57章【第2版】**
広瀬佳一、今井顕 編著

20 **ハンガリーを知るための60章【第2版】** ドナウの宝石
羽場久美子 編著

21 **現代ロシアを知るための60章【第2版】**
下斗米伸夫、島田博 編著

22 **21世紀アメリカ社会を知るための67章**
明石紀雄 監修 赤尾千波、大類久恵、小塩和人、落合明子、川島浩平、高野泰 編

23 **スペインを知るための60章**
野々山真輝帆 著

24 **キューバを知るための52章**
後藤政子、樋口聡 編著

25 **カナダを知るための60章**
綾部恒雄、飯野正子 編著

26 **中央アジアを知るための60章【第2版】**
宇山智彦 編著

27 **チェコとスロヴァキアを知るための56章【第2版】**
薩摩秀登 編著

28 **現代ドイツの社会・文化を知るための48章**
田村光彰、村上和光、岩淵正明 編著

29 **インドを知るための50章**
重松伸司、三田昌彦 編著

30 **タイを知るための72章【第2版】**
綾部真雄 編著

31 **パキスタンを知るための60章**
広瀬崇子、山根聡、小田尚也 編著

32 **バングラデシュを知るための66章【第3版】**
大橋正明、村山真弓、日下部尚徳、安達淳哉 編著

33 **イギリスを知るための65章【第2版】**
近藤久雄、細川祐子、阿部美春 編著

34 **現代台湾を知るための60章【第2版】**
亜洲奈みづほ 著

35 **ペルーを知るための66章【第2版】**
細谷広美 編著

36 **マラウィを知るための45章【第2版】**
栗田和明 著

37 **コスタリカを知るための60章【第2版】**
国本伊代 編著

38 **チベットを知るための50章**
石濱裕美子 編著

39 **現代ベトナムを知るための63章【第3版】**
岩井美佐紀 編著

40 **インドネシアを知るための50章**
村井吉敬、佐伯奈津子 編著

41 **エルサルバドル、ホンジュラス、ニカラグアを知るための45章**
田中高 編著

42 **パナマを知るための70章【第2版】**
国本伊代 編著

43 **イランを知るための65章**
岡田恵美子、北原圭一、鈴木珠里 編著

44 **アイルランドを知るための70章【第3版】**
海老島均、山下理恵子 編著

エリア・スタディーズ

45 **メキシコを知るための60章**
吉田栄人 編著

46 **中国の暮らしと文化を知るための40章**
東洋文化研究会 編

47 **現代ブータンを知るための60章【第2版】**
平山修一 著

48 **バルカンを知るための66章【第2版】**
柴宜弘 編著

49 **現代イタリアを知るための44章**
村上義和 編著

50 **アルゼンチンを知るための54章**
アルベルト松本 著

51 **ミクロネシアを知るための60章【第2版】**
印東道子 編著

52 **アメリカのヒスパニック＝ラティーノ社会を知るための55章**
大泉光一、牛島万 編著

53 **北朝鮮を知るための55章【第2版】**
石坂浩一 編著

54 **ボリビアを知るための73章【第2版】**
真鍋周三 編著

55 **コーカサスを知るための60章**
北川誠一、前田弘毅、廣瀬陽子、吉村貴之 編著

56 **カンボジアを知るための60章【第3版】**
上田広美、岡田知子、福富友子 編著

57 **エクアドルを知るための60章【第2版】**
新木秀和 編著

58 **タンザニアを知るための60章【第2版】**
栗田和明、根本利通 編著

59 **リビアを知るための60章【第2版】**
塩尻和子 編著

60 **東ティモールを知るための50章**
山田満 編著

61 **グアテマラを知るための67章【第2版】**
桜井三枝子 編著

62 **オランダを知るための60章**
長坂寿久 著

63 **モロッコを知るための65章**
私市正年、佐藤健太郎 編著

64 **サウジアラビアを知るための63章【第2版】**
中村覚 編著

65 **韓国の歴史を知るための66章**
金両基 編著

66 **ルーマニアを知るための60章**
六鹿茂夫 編著

67 **現代インドを知るための60章**
広瀬崇子、近藤正規、井上恭子、南埜猛 編著

68 **エチオピアを知るための50章**
岡倉登志 編著

69 **フィンランドを知るための44章**
百瀬宏、石野裕子 編著

70 **ニュージーランドを知るための63章**
青柳まちこ 編著

71 **ベルギーを知るための52章**
小川秀樹 編著

72 **ケベックを知るための56章【第2版】**
日本ケベック学会 編

73 **アルジェリアを知るための62章**
私市正年 編著

74 **アルメニアを知るための65章**
中島偉晴、メラニア・バグダサリヤン 編著

75 **スウェーデンを知るための64章【第2版】**
村井誠人 編著

76 **デンマークを知るための70章【第2版】**
村井誠人 編著

77 **最新ドイツ事情を知るための50章**
浜本隆志、柳原初樹 著

78 **セネガルとカーボベルデを知るための60章**
小川了 編著

79 **南アフリカを知るための60章**
峯陽一 編著

80 **エルサルバドルを知るための66章【第2版】**
細野昭雄、田中高 編著

81 **チュニジアを知るための60章**
鷹木恵子 編著

82 **南太平洋を知るための58章** メラネシア ポリネシア
吉岡政德、石森大知 編著

83 **現代カナダを知るための60章【第2版】**
日本カナダ学会 編
飯野正子、竹中豊 総監修

84 **現代フランス社会を知るための62章**
三浦信孝、西山教行 編著

85 **ラオスを知るための60章**
菊池陽子、鈴木玲子、阿部健一 編著

86 **パラグアイを知るための50章**
田島久歳、武田和久 編著

87 **中国の歴史を知るための60章**
並木頼壽、杉山文彦 編著

88 **スペインのガリシアを知るための50章**
坂東省次、桑原真夫、浅香武和 編著

89 **アラブ首長国連邦（UAE）を知るための60章**
細井長 編著

エリア・スタディーズ

90 コロンビアを知るための60章
二村久則 編著

91 現代メキシコを知るための70章【第2版】
国本伊代 編著

92 ガーナを知るための47章
高根務、山田肖子 編著

93 ウガンダを知るための53章
吉田昌夫、白石壮一郎 編著

94 ケルトを旅する52章 イギリス・アイルランド
永田喜文 著

95 トルコを知るための53章
大村幸弘、永田雄三、内藤正典 編著

96 イタリアを旅する24章
内田俊秀 編著

97 大統領選からアメリカを知るための57章
越智道雄 著

98 現代バスクを知るための60章【第2版】
萩尾生、吉田浩美 編著

99 ボツワナを知るための52章
池谷和信 編著

100 ロンドンを旅する60章
川成洋、石原孝哉 編著

101 ケニアを知るための55章
松田素二、津田みわ 編著

102 ニューヨークからアメリカを知るための76章
越智道雄 著

103 カリフォルニアからアメリカを知るための54章
越智道雄 著

104 イスラエルを知るための62章【第2版】
立山良司 編著

105 グアム・サイパン・マリアナ諸島を知るための54章
中山京子 編著

106 中国のムスリムを知るための60章
中国ムスリム研究会 編

107 現代エジプトを知るための60章
鈴木恵美 編著

108 カーストから現代インドを知るための30章
金基淑 編著

109 カナダを旅する37章
飯野正子、竹中豊 編著

110 アンダルシアを知るための53章
立石博高、塩見千加子 編著

111 エストニアを知るための59章
小森宏美 編著

112 韓国の暮らしと文化を知るための70章
舘野晳 編著

113 現代インドネシアを知るための60章
村井吉敬、佐伯奈津子、間瀬朋子 編著

114 ハワイを知るための60章
山本真鳥、山田亨 編著

115 現代イラクを知るための60章
酒井啓子、吉岡明子、山尾大 編著

116 現代スペインを知るための60章
坂東省次 編著

117 スリランカを知るための58章
杉本良男、高桑史子、鈴木晋介 編著

118 マダガスカルを知るための62章
飯田卓、深澤秀夫、森山工 編著

119 新時代アメリカ社会を知るための60章
明石紀雄 監修 大類久恵、落合明子、赤尾千波 編著

120 現代アラブを知るための56章
松本弘 編著

121 クロアチアを知るための60章
柴宜弘、石田信一 編著

122 ドミニカ共和国を知るための60章
国本伊代 編著

123 シリア・レバノンを知るための64章
黒木英充 編著

124 EU(欧州連合)を知るための63章
羽場久美子 編著

125 ミャンマーを知るための60章
田村克己、松田正彦 編著

126 カタルーニャを知るための50章
立石博高、奥野良知 編著

127 ホンジュラスを知るための60章
桜井三枝子、中原篤史 編著

128 スイスを知るための60章
スイス文学研究会 編

129 東南アジアを知るための50章
今井昭夫 編集代表 東京外国語大学東南アジア課程 編

130 メソアメリカを知るための58章
井上幸孝 編著

131 マドリードとカスティーリャを知るための60章
川成洋、下山静香 編著

エリア・スタディーズ

132 ノルウェーを知るための60章
大島美穂、岡本健志 編著

133 現代モンゴルを知るための50章
小長谷有紀、前川愛 編著

134 カザフスタンを知るための60章
宇山智彦、藤本透子 編著

135 内モンゴルを知るための60章
ボルジギン・ブレンサイン 編著　赤坂恒明 編集協力

136 スコットランドを知るための65章
木村正俊 編著

137 セルビアを知るための60章
柴宜弘、山崎信一 編著

138 マリを知るための58章
竹沢尚一郎 編著

139 ASEANを知るための50章【第2版】
黒柳米司、金子芳樹、吉野文雄、山田満 編著

140 アイスランド・グリーンランド・北極を知るための65章
小澤実、中丸禎子、高橋美野梨 編著

141 ナミビアを知るための53章
水野一晴、永原陽子 編著

142 香港を知るための60章
吉川雅之、倉田徹 編著

143 タスマニアを旅する60章
宮本忠 著

144 パレスチナを知るための60章
臼杵陽、鈴木啓之 編著

145 ラトヴィアを知るための47章
志摩園子 編著

146 ニカラグアを知るための55章
田中高 編著

147 台湾を知るための72章【第2版】
赤松美和子、若松大祐 編著

148 テュルクを知るための61章
小松久男 編著

149 アメリカ先住民を知るための62章
阿部珠理 編著

150 イギリスの歴史を知るための50章
川成洋 編著

151 ドイツの歴史を知るための50章
森井裕一 編著

152 ロシアの歴史を知るための50章
下斗米伸夫 編著

153 スペインの歴史を知るための50章
立石博高、内村俊太 編著

154 フィリピンを知るための64章
大野拓司、鈴木伸隆、日下渉 編著

155 バルト海を旅する40章　7つの島の物語
小柏葉子 著

156 カナダの歴史を知るための50章
細川道久 編著

157 カリブ海世界を知るための70章
国本伊代 編著

158 ベラルーシを知るための50章
服部倫卓、越野剛 編著

159 スロヴェニアを知るための60章
柴宜弘、アンドレイ・ベケシュ、山崎信一 編著

160 北京を知るための52章
櫻井澄夫、人見豊、森田憲司 編著

161 イタリアの歴史を知るための50章
高橋進、村上義和 編著

162 ケルトを知るための65章
木村正俊 編著

163 オマーンを知るための55章
松尾昌樹 編著

164 ウズベキスタンを知るための60章
帯谷知可 編著

165 アゼルバイジャンを知るための67章
廣瀬陽子 編著

166 済州島を知るための55章
梁聖宗、金良淑、伊地知紀子 編著

167 イギリス文学を旅する60章
石原孝哉、市川仁 編著

168 フランス文学を旅する60章
野崎歓 編著

169 ウクライナを知るための65章
服部倫卓、原田義也 編著

170 クルド人を知るための55章
山口昭彦 編著

171 ルクセンブルクを知るための50章
田原憲和、木戸紗織 編著

172 地中海を旅する62章　歴史と文化の都市探訪
松原康介 編著

173 ボスニア・ヘルツェゴヴィナを知るための60章
柴宜弘、山崎信一 編著

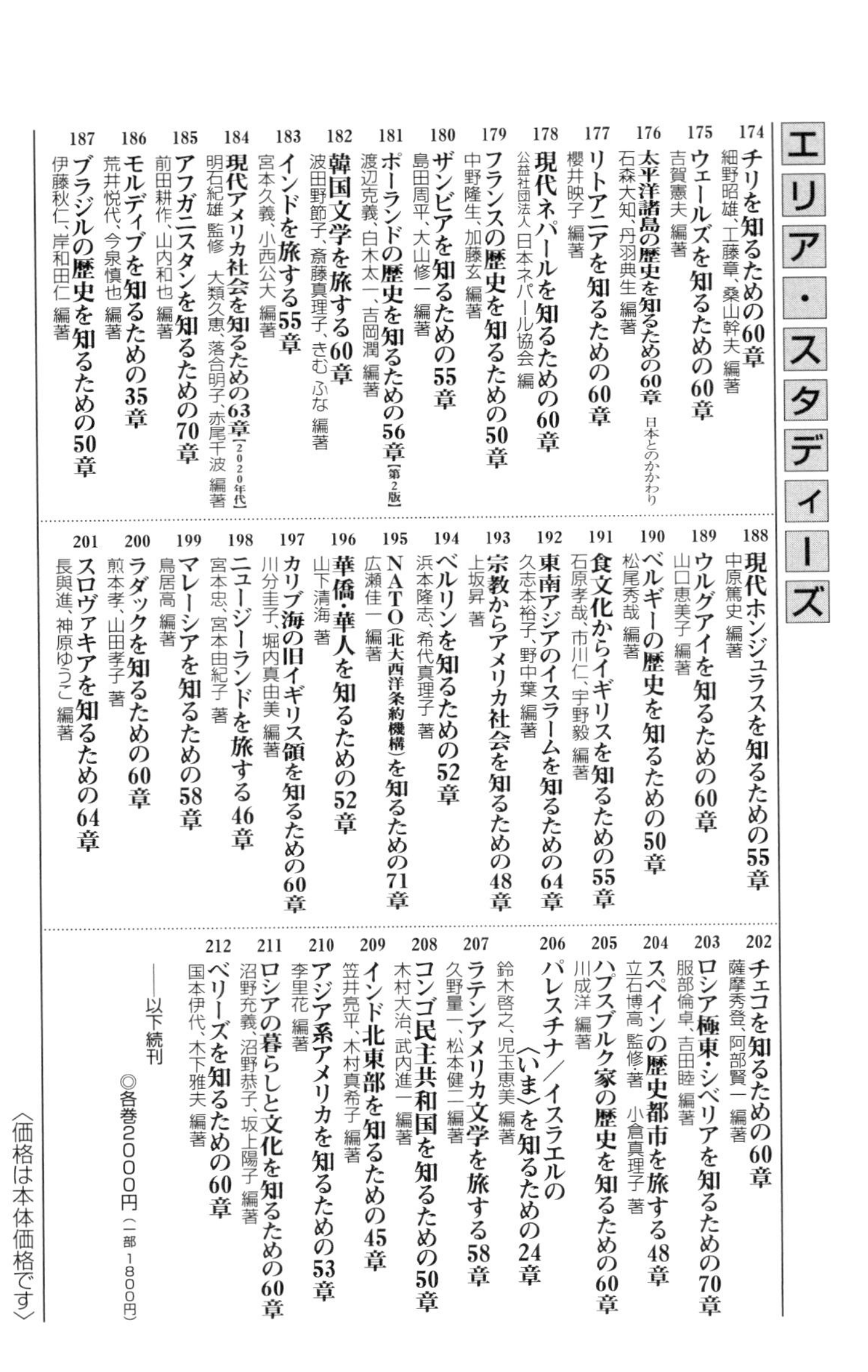

エリア・スタディーズ

174 **チリを知るための60章** 細野昭雄、工藤章、桑山幹夫 編著

175 **ウェールズを知るための60章** 吉賀憲夫 編著

176 **太平洋諸島の歴史を知るための60章** 日本とのかかわり 石森大知、丹羽典生 編著

177 **リトアニアを知るための60章** 櫻井映子 編著

178 **現代ネパールを知るための60章** 公益社団法人日本ネパール協会 編

179 **フランスの歴史を知るための50章** 中野隆生、加藤玄 編著

180 **ザンビアを知るための55章** 島田周平、大山修一 編著

181 **ポーランドの歴史を知るための56章**【第2版】 渡辺克義、白木太一、吉岡潤 編著

182 **韓国文学を旅する60章** 波田野節子、斎藤真理子、きむ ふな 編著

183 **インドを旅する55章** 宮本久義、小西公大 編著

184 **現代アメリカ社会を知るための63章**【2020年代】 明石紀雄 監修 大類久恵、落合明子、赤尾千波 編著

185 **アフガニスタンを知るための70章** 前田耕作、山内和也 編著

186 **モルディブを知るための35章** 荒井悦代、今泉慎也 編著

187 **ブラジルの歴史を知るための50章** 伊藤秋仁、岸和田仁 編著

188 **現代ホンジュラスを知るための55章** 中原篤史 編著

189 **ウルグアイを知るための60章** 山口恵美子 編著

190 **ベルギーの歴史を知るための50章** 松尾秀哉 編著

191 **食文化からイギリスを知るための55章** 石原孝哉、市川仁、宇野毅 編著

192 **東南アジアのイスラームを知るための64章** 久志本裕子、野中葉 編著

193 **宗教からアメリカ社会を知るための48章** 上坂昇 著

194 **ベルリンを知るための52章** 浜本隆志、希代真理子 著

195 **NATO（北大西洋条約機構）を知るための71章** 広瀬佳一 編著

196 **華僑・華人を知るための52章** 山下清海 著

197 **カリブ海の旧イギリス領を知るための60章** 川分圭子、堀内真由美 編著

198 **ニュージーランドを旅する46章** 宮本忠、宮本由紀子 著

199 **マレーシアを知るための58章** 鳥居高 編著

200 **ラダックを知るための60章** 煎本孝、山田孝子 著

201 **スロヴァキアを知るための64章** 長與進、神原ゆうこ 編著

202 **チェコを知るための60章** 薩摩秀登、阿部賢一 編著

203 **ロシア極東・シベリアを知るための70章** 服部倫卓、吉田睦 編著

204 **スペインの歴史都市を旅する48章** 立石博高 監修・著 小倉真理子 著

205 **ハプスブルク家の歴史を知るための60章** 川成洋 編著

206 **パレスチナ／イスラエルの〈いま〉を知るための24章** 鈴木啓之、児玉恵美 編著

207 **ラテンアメリカ文学を旅する58章** 久野量一、松本健二 編著

208 **コンゴ民主共和国を知るための50章** 木村大治、武内進一 編著

209 **インド北東部を知るための45章** 笠井亮平、木村真希子 編著

210 **アジア系アメリカを知るための53章** 李里花 編著

211 **ロシアの暮らしと文化を知るための60章** 沼野充義、沼野恭子、坂上陽子 編著

212 **ベリーズを知るための60章** 国本伊代、木下雅夫 編著

――以下続刊

◎各巻2000円（一部1800円）

〈価格は本体価格です〉